高职高专公共基础课系列教材

职业发展与就业指导

李琦 主编
杨俊峰 张丽然 副主编

清华大学出版社
北京

内容简介

当前,大学生职业发展教育已成为促进高校人才培养的重要环节。本书强调职业在人生发展中的重要地位,从关注大学生的全面和长远发展出发,配合当前各高校开设的"职业发展与就业指导"课程教学内容,设置了"学业与生涯探秘""走进工作环境""自我的准确认知""职业和岗位认知""职业生涯的规划与实施""就业形势、政策与程序的了解""就业准备与求职技巧""职场适应与职业发展"和"创业机会的把握"等9个模块的内容,旨在通过激发大学生职业生涯发展的自主意识,使大学生树立正确的就业观、创业观,促使大学生理性地规划自身未来的发展,并努力在大学生活中学会自主管理、科学决策,自觉地提高职业发展素质和就业能力。

本书读者对象广泛,既可以是大学生、职业生涯发展及就业指导人士,也可以是即将步入大学的学生及其家长。

本书封面贴有清华大学出版社防伪标签,无标签者不得销售。
版权所有,侵权必究。举报: 010-62782989, beiqinquan@tup.tsinghua.edu.cn。

图书在版编目(CIP)数据

职业发展与就业指导/李琦主编. —北京:清华大学出版社,2020.8(2025.2重印)
高职高专公共基础课系列教材
ISBN 978-7-302-55771-5

Ⅰ. ①职… Ⅱ. ①李… Ⅲ. ①大学生-职业选择-高等职业教育-教材 Ⅳ. ①G647.38

中国版本图书馆 CIP 数据核字(2020)第 105540 号

责任编辑:张龙卿
封面设计:范春燕
责任校对:袁 芳
责任印制:宋 林

出版发行:清华大学出版社
网　　址:https://www.tup.com.cn, https://www.wqxuetang.com
地　　址:北京清华大学学研大厦 A 座　　　　邮　编:100084
社 总 机:010-83470000　　　　　　　　　　邮　购:010-62786544
投稿与读者服务:010-62776969, c-service@tup.tsinghua.edu.cn
质量反馈:010-62772015, zhiliang@tup.tsinghua.edu.cn
课件下载:https://www.tup.com.cn, 010-83470410

印 装 者:三河市君旺印务有限公司
经　　销:全国新华书店
开　　本:185mm×260mm　　　印　张:16.5　　　字　数:376 千字
版　　次:2020 年 8 月第 1 版　　　　　　　　印　次:2025 年 2 月第 7 次印刷
定　　价:45.00 元

产品编号:088709-02

前　言

习近平总书记在党的二十大报告中指出：教育、科技、人才是全面建设社会主义现代化国家的基础性、战略性支撑；必须坚持科技是第一生产力、人才是第一资源、创新是第一动力；深入实施科教兴国战略、人才强国战略、创新驱动发展战略，这三大战略共同服务于创新型国家的建设。

2020年全国普通高校毕业生人数约为874万，再创历年新高，"促进就业创业特别是高校毕业生就业创业，是实现经济持续健康发展、民生改善和社会大局稳定的重要保障"[①]，关系千万家庭幸福，关系财富创造、高质量发展[②]。2020年高职院校将继续扩招，未来必将会进一步加大毕业生就业工作的压力，因此规划好高职学生的职业生涯并帮助其创业、就业，是高职院校教学的重要内容。

《国家职业教育改革实施方案》对高职院校优化专业设置，促进招生、教学、就业、学生工作联动，提高人才培养质量等方面提出了更高的要求，职业教育改革推进力度加大，产教融合深化、1＋X证书制度试点的开展等工作，都将帮助学生提高职业技能和就业能力。教育部前期启动了专业教学标准的制订工作，2019年又发布了《教育部关于职业院校专业人才培养方案制订与实施工作的指导意见》等一系列文件，从已公布的专业学标准和全国各院校初步修订的人才培养方案来看，所有专业教学标准和院校都将"大学生职业发展与就业指导"课程列入公共基础课。因此，全国高职院校在此类课程的教学中，迫切需要一本适合职业教育特点的、内容更新的教材，根据指导意见中"严格按照国家有关规定开齐开足公共基础课程""高等职业学校应当将思想政治理论课、体育、军事课、心理健康教育等课程列为公共基础必修课程，并将马克思主义理论类课程、党史国史、中华优秀传统文化、职业发展与就业指导、创新创业教育、信息技术、语文、数学、外语、健康教育、美育课程、职业素养等列为必修课或限定选修课"等具体要求，将新版教材名称定为《职业发展与就业指导》。

《职业发展与就业指导》教材在编写过程中广泛研究、参考了国内外已有的同类教材、文献，针对高职教育的特点，组织相关专家、学者和有丰富教学经验的教师进行编写。本书包括职业生涯规划、就业创业指导两部分，共9个模块的内容，涵盖了学业与生涯探秘，走进工作环境，自我的准确认识，职业和岗位认知，职业生涯的规划与实施，就业形势、政策与程序的了解，就业准备与求职技巧，职场适应与职业发展，创业机会的把握。

[①] 李克强对2019年5月13日在京召开的全国就业创业工作暨普通高等学校毕业生就业创业工作电视电话会议的批示。

[②] 李克强对2020年6月3日在京召开的全国普通高等学校毕业生就业创业电视电话会议的批示。

清华大学出版社"高职高专公共基础课系列教材"由王文槿教授担任丛书主编。全国人力资源和社会保障职业教育教学指导委员会副主任、北京劳动保障职业学院李琦教授统筹全书，并具体负责编写了模块六和模块九；杨俊峰主要负责编写模块一至模块三、模块五；张丽然负责编写模块七；模块四和模块八由李琦、杨俊峰共同编写。葛海燕为部分案例的提供作出了贡献。

《职业发展与就业指导》教材根据国家最新政策组织编写，结合高职院校课程体系和教学实际的需要，适合应用型人才的培养，其主要特点如下。

（1）大力宣传党和国家的最新政策。2020年高校毕业生就业形势更为严峻，任务更为艰巨。教材大力宣传国家稳企稳岗位各项举措，大力宣传支持"双创"有关政策和"放管服"改革的举措，大力宣传新产业、新业态、新职业的促进就业作用，大力宣传做好职业培训和就业见习的政策，大力宣传对毕业生各项就业帮扶政策以及户籍地、求职地、学籍地之间的政策和服务协同，努力做到让大学生对政策应知尽知。

（2）采用了更为易读和可读的编写理念。由于职业规划和就业指导的内容专业跨度大，涉及经济学、管理学、心理学、社会学等学科领域的知识，因此，在教学过程中无论对教师还是对学生都是一个挑战。本书充分考虑职业院校学生的阅读理解能力，先导入形象的案例，再尽量用平实的语言讲述内容，在编排上力求内容简洁、形式新颖、可读性强。

（3）体例编排具有针对性和可操作性。每个模块都有明确的学习目标和学习指南，大部分小节都包括了学习目标、相关的知识与技能、活动与训练、探索与思考等内容。内容的编排尽量体现职业教育的特色，突出案例教学和实践能力的培养，理论知识的讲解尽可能深入浅出，体现出较强的针对性和可操作性。

（4）强调学训结合和实践教学。学生的职业生涯规划与管理、求职技巧等都是实践性很强的内容，要想取得比较理想的教学效果，就需要加强模拟训练。本书设计了许多相应知识技能点的活动和拓展训练，紧密结合模块的知识技能点，保证活动的可操作性和效果，激发学生的学习兴趣，使学生在实践操作中体会职业规划和就业方面的技巧。

《职业发展与就业指导》教材的编写团队由从事职业生涯规划、从事就业与创业指导多年的一线教师和教育专家组成，编写人员以高度的责任心和严谨的工作态度全力投入编写过程中，保证了教材的教学实用价值和编写质量。同时，在编写过程中还得到了有关各个方面的大力支持和帮助，特别是借鉴了国内外学者的一些理论研究成果，为本书的理论知识提供了重要支撑。

由于编者能力有限，本书的疏漏和不足之处在所难免，恳请广大读者批评指正，使本书更加完善。

编　者

2023年1月

目 录

第一部分 职业生涯规划

模块一 学业与生涯探秘 ... 3
  1.1 学业揭秘 ... 3
  1.2 生涯揭秘 ... 9

模块二 走进工作环境 ... 16
  2.1 宏观环境变化的感知 ... 16
  2.2 微观环境变化的感知 ... 25

模块三 自我的准确认识 ... 35
  3.1 探索自我 ... 35
  3.2 探索职业兴趣 ... 40
  3.3 探索职业性格 ... 52
  3.4 探索职业能力 ... 56
  3.5 澄清职业价值观 ... 63

模块四 职业和岗位认知 ... 69
  4.1 认识职业和专业 ... 69
  4.2 认识组织和岗位 ... 84

模块五 职业生涯的规划与实施 ... 93
  5.1 职业决策 ... 93
  5.2 职业生涯规划的制订和实施 ... 103

第二部分 就业创业指导

模块六 就业形势、政策与程序的了解 ... 121
  6.1 就业形势分析与就业观念的树立 ... 121
  6.2 就业政策和就业服务 ... 134
  6.3 毕业去向和就业渠道 ... 141
  6.4 就业协议与就业程序 ... 151

模块七 就业准备与求职技巧 ... 171
  7.1 就业信息的获取和利用 ... 171

7.2 就业心理的调适 ··· 177
7.3 求职准备 ··· 185
7.4 笔试与面试技巧 ··· 197
模块八 职场适应与职业发展 ··· 209
8.1 逐渐适应职业 ··· 209
8.2 全面提高职业素养 ··· 223
模块九 创业机会的把握 ··· 234
9.1 创业意识和创业者的特质 ··· 234
9.2 创业模式和创业机会 ··· 246
参考文献 ··· 255

第一部分

职业生涯规划

模块一　学业与生涯探秘

模块导读

莎士比亚曾说过:"人生就是一部作品。谁有生活理想和实现它的计划,谁就有好的情节和结尾,谁便能写得十分精彩和引人注目。"

同学们,当你带着行囊从祖国的四面八方走进陌生的大学校门时,便开始了人生新的历程;当你满怀热情地去探索未知的世界时,是否觉得新鲜感在渐渐消失?面对竞争激烈的就业环境,你是迷茫、困惑、无奈,还是认真设计大学的生活,规划好学业,找到新的努力方向,利用新的发展平台,培养技能,提升素质,以期顺利就业呢?或许你正在思考:在大学里应该怎样学习、生活?怎样处理好学习与社团活动的关系?怎样进行职业生涯规划,实现自己的人生目标?

在今天这个人才竞争的时代,职业生涯规划已经成为在人才争夺战中的另一重要利器。对企业而言,如何体现公司"以人为本"的人才理念,关注员工的持续成长,职业生涯规划是一种有效的手段;而对每个人而言,职业生命是有限的,如果不进行有效的规划,势必会造成生命和时间的浪费。作为当代大学生,若是带着一脸茫然踏入这个拥挤的社会,怎能满足社会的需要,使自己占有一席之地呢?所以我们要对自己的职业生涯进行规划,给自己的梦想插上翅膀。远大的理想总是建立在坚实的基础上的,青春短暂,从现在起,就力争主动,好好规划一下未来的路,去描绘这张职业发展的白纸吧!

以上都将是本模块要与同学们探讨的问题及内容。通过本模块的学习,同学们应该能充分理解学业规划和职业生涯规划对人生发展的重要意义。

1.1　学业揭秘

【名人名言】

志不立,如无舵之舟,无衔之马,漂荡奔逸,终亦何所底乎?

——[明]王守仁

【学习目标】

(1) 认识高等职业教育的特点和作用。
(2) 了解学业的内涵和高职学业规划的制订步骤。
(3) 根据自身专业特点,做好高职学业规划。

【导入案例】

充实的大学生活

王磊是江苏某高职院校建筑工程技术专业 2011 级学生。入学之初,他参加了学校的职业生涯规划大赛,比赛后王磊对自己的未来有了更明确的目标,同时也对自己在校期间的生活做了认真详细的规划和计划。规划和计划的制订提醒他要着眼于现实,踏踏实实地过好大学的每一天,认真完成大学期间的每一门课程和每一次活动,提升自己各方面的素质,为将来就业打下坚实的基础,让大学的每一分钟都能够为将来的成功做准备。因此,他的高职生活非常丰富,不但学习成绩优秀,而且在班级担任班长,协助辅导员老师管理班级,同时积极参加社团活动,在兴趣的基础上积极提升与拓展。大三的时候王磊积极报名参加了专升本考试,经过努力顺利考上了南京某本科高校,成为了一名本科生,同时也为自己三年的高职生涯画上了完美的句号。

分析:面对激烈的就业竞争,大学生应该争取全面发展自己,认清就业形势,从自身出发,做好生涯规划,这样才能树立明确的目标,从而合理地安排自己的学习和生活。王磊从踏进大学校门后就对自己的未来生活做了明确的规划,并且按照规划的目标去一步一步实现,最终赢得了成功。谁都想成就一番事业,实现人生的价值。然而,成功的背后是实力与机遇的共同作用,而机遇往往只青睐有准备的人。想要有一个美好的明天,我们需要一个科学的规划来指导,职业生涯规划就是为你提供走向成功的技术与方法。

一、高等职业教育

中国高等教育发展迅速,已经从精英教育进入了大众教育阶段。高等职业教育具有高等教育和职业教育双重属性,其主要任务是培养生产、服务、管理第一线的高端技能型专门人才。从人才层次结构上看,高等职业教育处于技能型人才培养的高端,对职业教育的人才培养和教育教学具有引领和导向性的作用。

(一)高等职业教育的内涵

高等职业教育简称高职教育,是指以就业为导向,面向经济社会发展需要,以培养生产、建设、管理、服务一线的高等技术应用型人才为根本任务的高等教育。自 20 世纪 80 年代初新中国建立第一所职业大学开始,到 2019 年,教育部公布的具有高校招生资格的高职(专科)院校共有 1423 所,目前接受高职教育的在校学生数约有 1280① 万人,高职教育的院校数、在校生数已经占我国高等教育的半壁江山。

(二)高等职业教育的特点

我国的高职教育在发展中正在形成"专科教育—本科教育—专业学位研究生教育"的人才培养体系。高职教育有以下几个主要特点。

---

① 数据来源于《2019 年全国教育事业发展统计公报》,2020 年 5 月 20 日发布。

1. 突出职业能力培养

通常,高职院校都积极与行业企业合作开发课程,根据技术领域和职业岗位(群)的任职要求,参照相关职业资格标准改革教学内容,关注学生的实践能力、创造能力、就业能力和创业能力,培养全面发展的社会主义建设者和接班人。

2. 紧贴行业需要,服务社会需求

高等职业教育主动适应国家加快经济发展方式转变、产业结构调整和优化升级、主体功能区定位的要求,坚持以服务为宗旨、以就业为导向,立足区域办学校,围绕行业办专业,结合所在地区的经济社会发展情况和行业岗位需求开设专业,服务经济社会发展。

3. 实行"工学结合"和"校企合作"

高等职业教育以培养学生的技术应用能力为实践教学目标,在专业技术、技能课教学中,讲练结合,理实一体,实行"工学结合",将课堂搬到模拟实验室、车间等工作环境中,实行"现场教学",使学生的动手能力和应用技能得到较大的提升。高职院校通过"产学合作"与用人单位联合实施灵活开放的"订单式"人才培养模式,实现了人才培养有目标、就业去向有保证的"校企合作"的良性循环。

4. 以"社会化"和"市场化"的评价体系为标准

高职教育面向社会办学、面向就业市场培养人才,教育效果的优劣主要由社会和用人单位来评价和判断。其中最重要的评价指标包括毕业生的就业率、毕业生从事岗位工作的社会认可度等。

二、学业与学业规划

大学是人生最富有青春活力的阶段,也是因缺乏规划人生最容易留下遗憾的阶段。大学既是青年成才的新起点,又是人生发展历程的一大转折点。如何尽快适应大学生活、进行"学业"规划,对于新同学来说尤为重要。

(一) 学业的内涵

在《现代汉语词典》(第6版)中,学业一词被解释为学习的功课和作业。对于高职学生来讲,学业是指在高等职业教育阶段进行的以学习为主的相关活动,它既包括专业知识的学习,又包括政治思想、职业道德、综合素质、职业能力、创新精神的全面培养。

【职场箴言】

学习的敌人是自己的满足,要认真学习一点东西,必须从不满开始。人生像攀登一座山,而寻找出路,却是一种学习的过程,我们应当在这个过程中保持冷静的头脑,学习如何从慌乱中找到生机。

(二) 学业规划的概念和意义

学业规划是指学生依据自身的特点、兴趣及学业前景确定自己的学业目标,按照一定的原则、方法、步骤制订在校学习阶段的目标和实施方法的过程。大学生进行学业规划具有很强的实践和理论意义,体现在:学业规划有利于大学生正确认识自我,明确奋斗目标,增强生活与学习的主动性;学业规划有利于大学生更好地完成学业,提升自己的能力和综合素质,提高就业竞争力,顺利实现就业;学业规划有利于帮助新生缩短、度过适应期。

(三)学业规划的特点

对于大学生来讲,学业规划有如下特点。

(1) 独特性。学业生涯是学生依据自己的人生理想,为了自我实现而逐渐展开的一种独特的学习历程,不同的学生有不同的学业生涯。

(2) 发展性。学生在校学习的不同阶段会有不同的要求,这些要求会不断地发展与变化,学业规划也应随之发展与变化。

(3) 综合性。学业规划以学生角色的发展为主轴,也包括其他与学习有关的角色,如公民、子女等涵盖人生整体发展的各个层面的各种角色。

(四)学业规划的制订原则

对于大学生来讲,制订学业规划时应遵循如下原则。

(1) 可行性原则。学业规划是针对学生的实际制订的,应切实可行,具有现实性、可能性和可操作性,是经过努力能够实现的。

(2) 可调节原则。学业规划不是孤立的、静止的,应该能够根据社会需求的发展变化与学生个体主观条件的变化随时修正,具有发展性的特点。

(3) 最优化原则。应力求做到身心和谐,使个人的性格、兴趣、知识和能力等与目标和谐统一,实现优化组合。

(4) 共性与个性相结合原则。学业规划既要反映学生发展的共性问题,又要满足学生兴趣、爱好、特长培养和发展的需要,使学生的潜能得到充分发展。

三、高职生学业规划

(一)高职生学业规划简介

大学生活通常都是从学业规划开始的,高职生在规划学业时,应正确处理以下四种关系。

(1) 学业与专业的关系。重视自己的学业,努力培养自己的专业兴趣,把自己的爱好和国家的需要及社会发展的要求有机地统一起来,掌握专业知识、专业技能和相关能力,培养自己的专业素质。

(2) 学业与职业的关系。在学习期间就应注重学以致用,自觉地学好职业知识,培养职业素质,锻炼职业能力,收集职业信息,以期在将来的职业竞争中立于不败之地。

(3) 学业与事业的关系。将现在的学业、将来从事的事业联系起来,充分认识所学专业在国家建设和社会发展中的意义、作用和发展前景,献身其中。

(4) 学业与就业的关系。就业与学业存在着密切的关系,就业是学业的导向,学业对就业有重要影响。以就业为学业的导向,有利于高职生的专业选择、学业目标的调整、学习方式的改变、学习外延的拓展以及综合素质的提高。

（二）高职生学业规划的三个阶段

1. 第一阶段——大学一年级

同学们在这个阶段要尽快熟悉环境，结交朋友，认识教师，建立新的人际关系，积极参加各种社团活动，提高人际沟通能力，提高文明素养。同时要尽快完成学习观念和学习方法的转变，摆脱中学阶段形成的对家长、教师的依赖心理，培养自主学习能力，养成以创造性学习为主导、接受型学习与创造型学习相结合的学习习惯。

在大学一年级，同学们应主动学习计算机、英语等基本技能知识，注重人文素质的培养，使自己具有更高的思想境界、道德情操和更强的社会责任心。

2. 第二阶段——大学二年级

学校在这个阶段会开设主要的专业技能课，同学们应结合社会需求，注重专业知识的学习，培养自己的专业技能；根据高职教育的特点，加强实践能力的培养，通过校内外各种实践活动全面锻炼自己，提高综合素质。

在这个阶段，同学们应注重培养自己的创新能力、组织管理与社会活动能力、沟通能力及团队协作精神，尽可能全方位地展示自己的才能。对于基础知识的掌握，在这个阶段应继续向深度和广度两个方向努力拓展，并应注意随时了解本专业科学技术发展的前沿和方向。

3. 第三阶段——大学三年级

积极完成实习任务与毕业设计，培养就业能力和创业能力。同学们在大学三年级要到企业生产岗位进行体验性的实习和顶岗锻炼。实习期间，应认真接受学校指导教师的辅导和实习单位经验丰富的技术人员与工人师傅的现场指导，从而完成实习计划，为毕业后迅速适应工作打下基础。

在这个时期，同学们要重视培养就业能力与技巧，通过实习，从宏观上了解企业的运作模式、工作流程；从微观上明确个人的岗位职责与规范。实习是一次全面接触社会的好机会，可以在生产实践中运用和检验在学校所学的理论知识，还能学到书本上没有的知识，深化对理论知识的认识，进一步提升自身的专业技能。同学们在实习过程中要不断学习、总结、体会、探索，完善自己的知识结构，同时，拓宽求职信息渠道，积极收集工作信息，掌握个人简历、求职信的写法及其写作技巧，掌握面试要点和面试技巧，积极参加招聘活动，提高求职技能。

（三）高职生学业规划的制订步骤

1. 制订学业规划

找出自己想干什么、能干什么与社会要求自己干什么的结合点，正是同学们学业规划的关键所在。具体来说就是：分析自己的兴趣爱好，明确自己想从事何种工作；分析自己的能力、特长，明确自己能干什么；分析未来，把握社会需求。

【职场箴言】

大学最重要的责任是让学生将来能自信地走上适合自己的工作岗位。

2. 细化学业规划

当学业总目标确定后,需要逐步分解学习目标。一般情况下可遵循这样的思路进行分解:三年的学习总目标→一年的学习目标→一个学期的学习目标→一个月的学习目标→一周的学习目标→一天的学习目标。这样,使总的学业规划落实到学习生活的每一天,确保有条不紊地实现学业目标。

【职场箴言】

人生是一场战斗,真正的幸福不在于是否达到目标,而在于为了达到目标所付出的努力。如果在挫折中不能自拔,那将是一场悲剧。

【总结案例】

晓燕的学业规划实践

晓燕2008年毕业于河南某高职院校计算机专业,毕业后被推荐到深圳一家全国500强企业工作。在五年多的工作时间里,晓燕多次被评为先进个人、优秀共产党员、质量服务标兵,现为该公司的人事主管。

晓燕在工作单位为何进步得这样快,在较短的时间内取得如此骄人的成绩?原因在于入校时她就着手规划自己的学业。在老师的指导下,她寻找自己的学业目标,树立自己的职业理想。她按照学业规划,一步一个脚印地不断进取:努力学习,潜心钻研,苦练书法,热爱集体,遵章守纪,积极参与各种活动,培养自己的组织能力和处事能力,尤其注意良好的行为习惯的养成。她每个学期的平均成绩都排在专业前三名之列,颇受老师器重。在校期间,她先后担任班长、团委组织部部长、学生会副主席。

晓燕刚进公司时,本来要被安排到车间第一线,但由于她填写的个人推荐表字体娟秀,学的又是计算机专业,就被暂时留在了人事部。她工作时总是兢兢业业,满脸笑容,主动做事。人事部的计算机全由她主动维护,深受领导和同事的好评。公司领导暗示人事主管考察她,人事主管便找了晓燕一个所谓的"问题"后,将其派到了后勤部门,让她搞卫生。晓燕承受住了"挫折",每天仍然兢兢业业、笑意盈盈,三个月后就被调回人事部,担任人事主管助理。

晓燕并没有安于现状,她正朝着更高的职业目标挺进。

分析:进入大学校园后,同学们就应该及时分析自己的实际情况,结合专业确定学业目标,制订学业规划,解决学什么、怎么学、什么时候学等问题,只有这样,我们才会更加珍惜校园生活,指导我们的学习,满足自身发展的内在需要。晓燕同学之所以在五年多的时间内取得了职场的初步成功,就是因为她制订了符合实际的学业规划,并脚踏实地地不断进取。

【探索与思考】

你认为"一个人只要努力奋斗、前进不止,不一定非要进行学业规划"这个观点正确吗?请结合你的亲身经历或案例进行说明。

1.2 生涯揭秘

【名人名言】

谁若游戏人生，他就一世无成；谁不主宰自己，就永远是一个奴隶。

——[德]歌德

【学习目标】

(1) 理解生涯的含义。
(2) 了解职业生涯的含义及职业生涯教育。
(3) 了解职业生活。

【导入案例】

"随波逐流"的赵勇

2007年毕业于陕西某高职院校的赵勇，在2013年9月来到了陕西省人才交流中心组织的人才专场招聘会现场，他徘徊良久后向西藏某建筑公司申请了土木建筑的岗位。赵勇学的是建筑工程技术专业，大学所学课程也门门优秀，是学校学生会宣传部长，所学专业也很对口，况且工作六年多了，有一定的实际工作经验，按理说用人单位应该非常乐意接收。但是招聘公司看过他的个人简历后，委婉地拒绝了赵勇的申请。原来赵勇毕业之后，从来没有确立自己的职业理想，也没有对自己的生涯进行规划。他先后从事过医药销售、饮料营销、开办二手车专卖店等七八种工作，却没有从事过建筑方面的相关工作。

分析：赵勇的事例说明了很多大学生的盲目就业给自身的发展带来的危害。大学生在校期间如果没有进行生涯规划，毕业时随意找工作，那么对自己职业发展的消极影响是很大的。大学生应走出这一就业怪圈，充分利用高校这一学习和成长的平台，做好生涯规划，朝着既定的目标不懈努力。在毕业时，大学生应通过甄别信息，选择最适合自己的工作，只有坚持不懈，才能实现人生的价值。

一、生涯规划

生涯规划就是对影响人们生涯发展的经济、社会、心理、教育、生理等各种因素的选择和创造，这通常建立在个体对自我全面、深刻的认识的基础上，需要结合职业发展的一般性特点。

1. 生涯的含义

"生涯"的英文单词是career。在西方，"生涯"强调从事职业的过程。同时，它强调这不是一般的职业，而是一个人终生孜孜追求的事业，并在这个过程中获得人生的意义。

舒伯(Super)对生涯的界定是：生涯是一个人生活中各种事件的演进方向和历程，统合个人一生中各种职业和生活的角色,并由此表现出个人独特的自我和发展形态。后来,沙因(Schein)的理论进一步拓宽了生涯的广度,他强调了人生的生命历程是由三个旋律所交织、激荡而成的,一是工作、职业或事业;二是情感、婚姻或家庭;三是个人的自我成长和身心发展。美国的国家生涯发展协会定义生涯为,指个人通过从事工作所创造出的一个有目的的,并延续一定时间的生活模式。

目前,"生涯是个人通过从事工作所创造出的一个有目的的、延续一定时间的生活模式"的定义在人们的职业生涯领域中被广泛接受。

2. 生涯的特点

(1)独特性。每个人都有自己独特的个性和独立的价值观,有自己特有的行为方式,因此,在同样的职业中,我们做出的努力不同,获得的感受也各异。世界千姿百态,每个人都有独特的生涯。

(2)终身性。生涯发展是人一生当中连续不断的过程,我们在人生不同的阶段都有自己不同的追求和任务。这个蜕变与发展的生涯历程,就是我们整个的生命历程。

(3)综合性。生涯是人生扮演的各种角色的整合。我们除了从事职业,还要担当家庭和社会角色,比如,子女、父母、朋友、学生、公民等。我们的生活经验会影响职业选择和职业发展,而我们的职业选择又往往决定了一定的生活状态和方式。生涯是一个整合的概念,它涉及人生整体发展的各个层面。

二、职业生涯

(一)职业生涯的含义

沙特尔、麦克·法兰德、萨帕、韦伯斯特等人都曾对职业生涯给出界定,综合他们的观点,一言以蔽之:"职业生涯是个体职业发展的历程。"职业生涯的基本含义如下。

(1)职业生涯是个体的概念,是指个体的行为经历,而非群体或组织的行为经历。

(2)职业生涯是职业的概念,实质上是指一个人一生中的职业活动或经历。

(3)职业生涯是时间的概念,是指职业生涯期。职业生涯期起始于最初工作之前的专门的职业学习和训练,终止于完全结束或退出职业工作。

(4)职业生涯是发展和动态的概念,是指个人职业内容和职位的发展变化。

(5)职业生涯并不包含对职业生活的评价。一个人的职业生涯,是其一生中从事职业工作的经历,只要有工作经历、有职业生活内容,无论从事何种职业、具有何种素质和业绩水平,都拥有属于自己的职业生涯记录。

(二)职业生涯的特征

职业生涯具有以下特征。

(1)独特性。每个人都有自己的职业发展条件、职业动力、个人需求、职业选择、不同的职业发展路径。

(2)动态性。每一个人的职业生涯都是一种发展的、演进的动态过程,一方面,员工的知识技能不断增强,薪酬水平将会相应增加,职务也会不断地改变;另一方面,员工和企业之间也会从最初的磨合到相互接纳和共同发展。

(3) 阶段性。员工的职业生涯发展过程有着不同的发展阶段。

(4) 互动性。职业生涯是个人与他人、环境、组织和社会之间互动的结果。

(5) 整合性。整合性是指由于个人所从事的工作或职业往往会决定其生活形态，与其家庭和生活的各个阶段紧密相连。

(三) 职业生涯教育

职业生涯教育可分为四个阶段。

1. 生涯认知阶段

生涯认知阶段的任务是培养日常生活中必需的基础能力素养和对工作世界的认知。生涯认知主要是在小学阶段完成的。

2. 职业探索阶段

职业探索阶段的任务是培养一个有素养的人所必需的能力，通过更加具体实际的经验探索符合自己个性、兴趣、性格、价值观、能力、身体特征的职业。职业探索主要是在中学阶段完成的。

3. 生涯规划及准备阶段

生涯规划及准备阶段的任务是从探索的职业中选出最适合自己的职业，开发从事该职业的能力，规划并准备与就业相关的事务。生涯规划及准备主要是在高中、大学、各种职业培训机构中完成的。

4. 生涯维持与改善阶段

生涯维持与改善阶段的任务是在工作岗位上提高业务能力，有的人会做好换工作和离职的准备，以及为了充实老年的业余生活接受相关教育。也就是说，不仅包含职场生活、家庭生活、社会生活，还包含终身学习的成人期及老年期教育。

(四) 职业生涯规划的含义

职业生涯规划是指个人根据对自身的主观因素和客观环境的分析、总结和测定，确立自身生涯发展目标，选择实现这一目标的职业，制订相应的工作、培训和教育计划，并按照一定的时间安排，采取必要的行动来实现生涯目标的过程。

如图 1-1 所示，在职业生涯规划中，自我剖析与环境分析是基础。自我剖析侧重于内因分析：明晰自己的世界观、人生观和价值观；分析自己的专业知识和技能以及职业素养水平；审视自己的性格、兴趣与人格特征。环境分析侧重于外因分析，包括宏观环境分析和微观环境分析，以及竞争者的挑战和威胁。通过自我剖

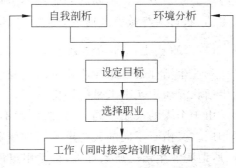

图 1-1 职业生涯规划过程示意图

析和环境分析，逐渐确立职业目标。

三、职业生活

职业生活既属于人类公共生活的范畴，也是个人生活的一部分，是人们从事职业活动的总和。

（一）职业生活与其他生活的关系

1. 职业生活与家庭生活

职业生活制约着家庭生活。比如，在时间支配上，工作时间是优先考虑的时间段，"先工作、后生活"是时间管理的一般原则。职业工作时间的长短，与家庭生活密切相关。反过来说，职业生活也受家庭生活的影响。一般来说，家庭生活和睦幸福的人，工作效率高、质量好，比较容易创造出业绩；相反，如果家庭生活不顺心，就很难保证工作效率和质量。

总之，职业生活与家庭生活是连在一起的，把职业生活和家庭生活绝对地分开几乎是不可能的，无论是"不把工作带回家"还是"不把家事带进职场"，都是一厢情愿的。至于那些因家庭生活不幸反而迸发出工作热情并取得辉煌成就的人，在现实生活中是少之又少的。

2. 职业生活与社会公共生活

社会公共生活对个人职业生活有很大的影响。比如，社会政治变革、经济结构调整、社区文化繁荣等现象，都可能对个人的职业生活产生重大影响。现代社会中，虽然个人的职业生活更加自由了，但从本质上说，个人的职业生活永远都无法摆脱社会生活的影响，而这种影响有的是正面的，有的是负面的。

（二）职业生活方式

职业生活方式是指个人在长期的职业生活实践中形成的相对稳定的思维方式和行为方式。因为职业生活是以职业活动为核心的，所以某种职业活动的循环往复，必然给劳动者的生活习惯、言行举止、服饰爱好等打下深刻的烙印。所谓习惯成自然，无论在家庭生活中，还是在社会公共生活中，人们都会明显地感受到一个人职业生活习惯的延伸反应。职业种类的千差万别决定了职业生活方式也有很大差异，甚至可以说有多少种职业，就有多少种职业生活方式。不同的职业群体呈现出不同的职业生活图景，比如，男性与女性的职业生活、农村人与城市人的职业生活、残疾人与正常人的职业生活是有差异的。

（三）职业生活评价体系

职业生活评价是指在职业生活过程中，运用自我评价或社会评价的方法，对个人的职业生活状况做出实事求是的评价。

由于个人的素质不同，所处的环境不同，因此个体对职业生活的感受和评价标准也不尽相同。又由于不同的人要求不同的职业满足度，相同的职业可以满足不同人的需求，所以，所谓职业生活的质量标准，很难用定量的指标测定，只能用定性的指标评价衡量。我们采用"职业生活品位"作为一个整体性的职业生活质量标准，分为以下三个层次。

1. 高品位的职业生活

职业活动与个人的日常活动融为一体，个人把职业视为发展自己、服务社会、创造财富的工具和手段，超脱了个人私利的羁绊，达到了进退有序、行止从容、得失坦然的境界。清贫也罢、富有也罢、顺遂也罢、坎坷也罢，都不辱没职业使命，都不会影响生活的潇洒。他们有远大的职业生活目标，能很好地处理生活和工作的关系。他们是职业生活的主人，每天都在创造和享受着职业生活的快乐。

2. 中品位的职业生活

职业活动与个人的日常活动有机结合，个人把职业作为满足生存发展需要的工具和手段，注重现实的职业活动效果，如金钱、地位、名誉等。他们热爱人生，重视职业，把职业生活安排得井然有序，他们在职业生活天地里辛勤耕作，收获着成功和失败、痛苦和欢乐，品尝着一个普通人职业生活的苦辣酸甜。

3. 低品位的职业生活

职业活动与个人的日常活动脱节，个人把职业看得无足轻重，充其量将其当成点缀生活的小道具，采取不负责任的态度对待职业生活，随心所欲、低级庸俗、混乱无序。他们没有在职业生活中体现人生价值，体会不到职业生活的欢乐和幸福。

职业生活品位是客观存在的，每个人都能找到相应的位置。职业生活品位的高低，并不是由名声、地位、薪水等因素决定的，而是由职业观、职业习惯等因素决定的。

【总结案例】

失败的大学生活——一位高职毕业生的反思

时间过得很快，不经意间已经离开校园近两年了。回想大学生活仍有些怀念，希望能回到我熟悉的校园完成未了的心愿。回想大学三年，我浪费了很多时间，也错过了很多机会。没有方向、没有目标、意志消沉、精神颓废、停滞不前的我，真的是愧对父母，愧对自己，甚至都不好意思与别人谈起我的大学生活。今天，回首我的大学时光，反思过去的种种不足，希望别人吸取我的教训，少走弯路，好好珍惜大学时光。

2017年我毕业于广州某高职院校的国际商务专业，可以说大学期间我根本没有考虑或者说不知道什么是学业规划，更谈不上努力进取了。大一的时候激情满怀，什么都不懂，却对未来充满了信心和渴望。大二的时候经历了一些失败和挫折，逐渐对学习和社会活动失去兴趣，并且沾染了沉迷游戏的恶习。大三上学期我继续沉沦，彻底对学习失去兴趣，除了应付实习任务，就是疯狂地玩游戏，甚至到了旷课被点名批评的地步。大三下学期虽然玩游戏有所收敛，但我依然找不到努力的方向，根本不知道毕业后要做什么工作。别人都在制作个人简历、争取招聘机会、参加面试，而我则选择了逃避。这就是我的大学生活，这就是我19岁到21岁的青春，这段青春某一点也曾有过闪光，但总体的旋律却是迷茫和放纵。

对于就业，我认为是大学生活的结束。企业招聘员工看重的是工作经验，而这是每个应届大学毕业生最缺乏的，也是最明显的一块短板，能否补齐这块短板体现了一个应届大学毕业生的竞争实力。我也一直想通过参加社团活动或者暑期的社会实践来弥补短板。

但每次要么因为懒惰而没有迈出第一步,要么是受了点挫折就退缩。另外,周围的同学很少有人参加社会实践,这一点也影响了我。大三时,学校为我们提供了较好的实习场所和岗位,可我没有好好利用,在浑浑噩噩中错失了提升专业技能、培养就业能力、获取就业信息的好机会。直到现在,我还只能在一家物流公司打工,而与专业性岗位无缘。

分析:这位同学之所以到现在还没有找到满意的工作,有几方面的原因。一是没有明确的奋斗目标和努力方向。这位同学虽然顺利地进入高职院校开始新的学习生活,但目标不明确、方向错位,导致其学习动力不足。二是没有进行学业规划。学业规划对大学生来说至关重要,大学生通过解决学什么、怎么学、什么时候学等问题,可以确保顺利完成学业,为成功就业及开辟事业打好基础。三是没有认识到大学生活的重要性。大学阶段是一个人求知的关键时期,在良好的学习环境熏陶下,不但要实现知识技能的提升,更重要的是学会为人处世,学会参与,为将来走向工作岗位打下坚实的基础。这位得过且过的同学,既没有充分利用好学校提供的学习平台,也没有抓住实习的机会,一错再错地虚掷了三年的青春时光,毕业后才会追悔莫及。

【活动与训练】

畅想二十年——新闻发布会

(一)活动目标

通过畅想20年后的你,初步思考你的职业生涯,了解职业生涯的内涵。

(二)活动规则与程序

(1)你对20年之后的自己有憧憬吗?是否仔细想过20年后的你是怎样的?大家来畅想一下20年以后的自己吧。

(2)4~6人一组,选择一个共同关心的主题,想想20年后的自己处于人生的什么位置?你是怎样达到这个程度的?假如你畅想的是20年后成为某集团的人力资源总监,需要具备什么素质?什么能力?小组成员共同收集信息,保证畅想内容的合理性。

(3)同一小组的同学不但要收集你所畅想的内容信息,还要集思广益,设想记者团可能会提出的问题,以便做好准备,接受记者团的提问。

(4)每一小组成员针对其他各组的主题设想出3~5个问题,并选出3个问题作为对其他组发言的提问。

(5)每一小组中,选出1名同学作为新闻发言人,2名同学作为记者,新闻发言人根据本小组的畅想情况进行发言,记者负责收集小组成员对其他小组发言提出的问题。

新闻发言人的职责:用5分钟来讲述你"20年的畅想"的内容,然后用5分钟的时间接受记者的采访,回答记者的提问。

记者的职责:根据新闻发言人的主题提问,可以由你们小组成员共同提出,也可以根据新闻发言人的内容现场提出你认为重要的问题。

(三)讨论

(1)在畅想活动中,你看到的20年后的景象是什么?

(2)你的理想与现实之间主要的差距有哪些?

(3)怎样才能实现你的理想?

（四）总结

通过对自己理想职业生涯状态的畅想，了解自己期待的职业生涯愿景，初步觉察自己的职业生涯状态，树立职业生涯规划的意识。

【探索与思考】

（1）什么是生涯和生涯规划？

（2）职业生涯规划的含义是什么？

模块二　走进工作环境

模块导读

每个人都生活在一定的环境中,成长与发展都与环境息息相关。当今世界环境风云变幻,美国作家托马斯·弗里德曼在《世界是平的》一书中指出:"在我们睡大觉的时候,世界正在发生着惊人的变化。地球是圆的,但世界是平的。世界正在被快速地摊平或铲平,全球化也正在进入继国家全球化、公司全球化之后的全球化 3.0 时代,即个人全球化时代。"全球化浪潮已经深刻地影响了中国的经济、政治、文化、社会生活的各个方面,改变了每个人的工作方式、生活方式,乃至生存方式。大学生作为未来技能人才的主力军,应当放眼全球、立足国情、扎根乡土、超越自我,这样才能实现个人职业生涯的顺利发展,成就国家富强和个人理想的"双赢"。

所以,在制订个人职业生涯规划时,需要分析环境的特点、环境的发展变化、环境对自己提出的要求或挑战以及环境对自己的有利条件与不利条件等。只有充分了解这些环境因素,才能做出与环境相适应的职业生涯规划,才能做到在复杂的环境中避害趋利,使自己的职业生涯得以发展。

本模块把职业生涯探索的视角转向对工作环境的分析,帮助同学们不仅认识了形势,而且认识到工作环境是实现职业生涯目标的外部平台,关注用人单位的人才标准,因此要以积极的心态面对工作环境,利用好这个外部平台,学会多角度、多途径、多种方法与策略获取工作世界的信息并有效管理好这些信息,促使学生用外界的职业需求与职业要求指导自己的学习生活,提升自身的职业品质。环境分析是进行成功职业生涯决策的关键一步。

2.1　宏观环境变化的感知

【名人名言】

重要的不是环境,而是对环境作出的反应。

——[美]鲍勃·康克林

【学习目标】

(1) 掌握社会环境探索的含义及意义。
(2) 了解社会环境中影响职业生涯发展的因素。
(3) 认识社会环境探索中的关键问题,初步养成分析社会环境的思维模式。
(4) 学会在社会环境中找到定位,积极应对社会环境的变化。

【导入案例】

深受榜样激励的小梅

小梅在幼儿园的时候就很想当老师,是因为幼儿园的老师对她特别照顾,小梅带着一点朦胧的理想一直对教师行业充满好感。高中的时候,有一次老师让同学们上讲台去讲课,她发现原来自己讲得很好,得到班里学生和老师的一致好评。老师鼓励她高考的时候可以尝试报读师范,做一名老师。在老师的影响下,她努力学习,为自己的理想而奋斗。

高考的成功经验更坚定了她成为一名老师的想法。她如愿考上了师范学校,大学期间,她做过家教,也参加过学校组织的三下乡支教活动。她认真观察身边优秀的老师的模样,暗暗朝着这个方向而努力。大三快毕业的时候,她进入了一家幼儿培训机构工作。从她的朋友圈和工作的日常来看,她深爱着教育事业,下班之后,她经常写教案也从来不觉得累,她爱着她的孩子们,她把一切行动投入心爱的教育事业中。

分析:小梅受到身边优秀教师的激励,不断地努力朝着自己的梦想前进。随着实践经验的增多和不断地学习,她从事教师这一行业的知识不断丰富,在这个过程中坚定和明确了自己将来的职业发展方向。

物竞天择,适者生存。人的一生都身处环境之中,环境是个人职业生涯发展的约束条件,也是推进动力,对个人的职业生涯,乃至人生发展都有重大影响。一般来说,环境分析包括宏观环境分析和微观环境分析两方面。大学生只有全盘考量外部环境因素的利与弊,个人的职业定位才会趋于合理和现实,否则脱离实际的生涯规划只会给个人职业经历带来打击和失望。

一、经济发展环境

经济发展环境包括国家宏观经济和区域经济两个层面。国家宏观经济主要指一个国家的经济总量及其增长趋势、国民收入、国民生产总值及其变化情况以及通过特定指标能够反映的国民经济发展水平和发展速度。区域经济状况主要是指在一定区域内经济发展的状况,主要包括一个地区的经济结构、产业布局、资源状况、经济发展水平以及未来的经济走势等。经济环境的分析包括经济增长率、经济景气度、经济建设的速度等,经济环境是影响职业选择与职业发展的重要因素,高职院校大学生要注意经济环境对职业生涯规划的两个方面的影响。

(一)经济发展周期

经济发展具有周期性,有繁荣时期,也有衰退时期。一般来说在经济繁荣期,个人职业选择的机会就比较多,因而有利于个人职业的发展;相反,在经济萧条期,个人职业选择的机会就比较少,个人职业生涯也会受到限制。当前,我国经济发展已经步入新常态。所谓经济新常态有三个特点:一是从高速增长转为中高速增长;二是经济结构不断优化升级;三是从要素驱动、投资驱动转向创新驱动。经济新常态对就业状况产生广泛而深刻的影响。

（二）地域经济发展水平的差异

一般来说，经济发达地区的企业数量多，人才需求量大、个体选择职业的机会比较多，有利于个人的职业发展；反之，在经济发展水平较低的地区，无论是企业的数量还是优秀企业的数量都比较少，对人才的需求和吸引力都比较弱。大部分高校大学生的第一择业选择都是经济较发达的地区，而这些一、二线城市早已人员饱和，不可能在短期内提供更多数量的就业职位，而广大的欠发达地区急需大量高素质的人才，大学生有着广阔的就业空间。

大学生对我国经济发展的总体态势可以从以下几个方面开展调查研究。

首先，要了解国家经济建设方针、任务和发展战略，了解产业的分类与结构，以及伴随经济发展出现的产业结构调整和变化趋势；了解职业的分类与结构，以及该职业发展的趋势，使自己总揽全局，更好地把握自己，在国家建设的大背景下找到自己的正确位置。

其次，要了解人力资源市场对大学生的需求结构信息，了解职位具体的职责要求和自己就业能力的水平，把自身的优势、能力的信息传递给就业市场，通过就业市场确立自己的价值。

最后，要了解全国各地经济形势，特别要了解与自己专业直接对口或相关的行业、部门和单位的现状和发展趋势，结合自己的实际情况有针对性地选择就业区域，从而使自己的才能得到最大程度的发挥。

【案例】

智联招聘：2019届应届生就业市场景气报告

2019届全国普通高校毕业生预计834万人，比2018年将多出13万人。根据国家统计局的公开数据，中国三季度GDP同比增长6.5％，低于二季度的6.7％，创下2008年全球金融危机后的最低季度增速。外部挑战变数明显增多，国内结构调整阵痛继续显现，经济运行稳中有变、稳中有缓，下行压力加大。

智联招聘发布的《2019届应届生就业市场景气报告》发现供需双方的数据都呈现出上升趋势，其中需求人数同比上升81％，求职人数同比上升21％。需求增长幅度高于供给增长幅度，从而导致2019届应届生的就业景气指数高于去年，从1.78升至2.68。

报告要点如下。

（1）分行业看，2019届应届生就业景气度排名第一的依然是中介服务业。此外，教育培训、外包服务、互联网/电商和酒店餐饮行业景气度均较高，而航空/航天研究与制造、银行、能源/矿产/采掘/冶炼等行业针对应届生的就业景气度较差。

（2）分职位来看，2019届应届生就业景气度最好的10个职位中，排名第一的是销售业务相关职位,CIER指数①为1.35。此外,地产中介、教育培训等职位的景气度排名也比较靠前。而高级管理、IT管理等职业的就业景气度较差,很大程度上由于这类职位对工作经验和职场积累的要求比较高,很少对应届生开放。

(3) 分企业性质看,民营企业、合资企业和股份制企业的2019届应届生就业景气度最高,分别为3.85、2.01和1.77。国企、上市公司和外商独资公司的应届生就业景气指数较差,分别为0.22、0.55和0.62,均低于1。

(4) 分企业规模看,2019届应届生在中小微企业的就业景气度均高于1,其中,20~99人以及100~499人的中小企业CIER指数分别达到7.47和5,小微企业对应届生的需求量很大。相反,500人及以上规模的大型企业就业景气度较低,均在1以下。这也意味着初创型企业针对应届生释放了更多的就业机会,成熟型大企业对应届生热情不高。

大学生对于平均月薪的期待也在降低。智联招聘平台大数据显示,2019届应届生平均期望月薪为5331元,低于2017年的5409元,同比下降1%。

基于面向2019届毕业生群体的问卷调研情况,从大学生毕业后的职业规划来看,选择就业的学生占据81%,不就业占8.5%,绝大多数毕业生希望尽快步入职场。选择考研和出国学习的大学生比例分别为3.4%和1.2%,选择考取公务员的2019届应届生比例为1.7%,还有4.1%选择创业。

(资料来源:https://www.hroot.com/d-9386748.hr。)

二、政治法律环境

政治法律环境包括一个国家的社会政治制度、政府的方针政策、法律法规体系等。政治法律环境中的政治体制框架、经济管理体制、人才流动的政策导向等内容对于职业选择和职业发展有重要的影响。大学生应充分掌握国家政治法律环境的动态,如政府公务员招聘政策、工时和休假制度、最低工资的强制性规定、户籍管理制度、人事管理制度和社会保障制度。

(一) 我国大学生就业的总体政策

从2000年至今,我国大学生就业政策总体上是在"市场导向、政府调控、学校推荐、大学生与用人单位双向选择的就业机制"下进行。同时国家特别重视在政策上加大对大学毕业生的引导和鼓励,发挥了国家力量的调控性和补充性。具体表现为:消除就业体制障碍,引导高校毕业生到基层就业。各级政府通过健全鼓励大学生到基层就业的服务保障机制,完善学费补偿和助学贷款代偿、后续升学和就业服务等政策,组织实施"西部计划""大学生村干部""三支一扶"等各类基层服务项目。积极引导和鼓励大学生到城乡基层、中小微企业、中西部地区、边远民族地区就业,做好吸纳大学生就业的社保补贴、培训补贴、税费

---

① CIER(中国就业市场景气)指数由中国人民大学中国就业研究所与智联招聘联合发布,反映了就业市场的整体走势。该指标采用智联招聘全站数据分析而得,通过不同行业、城市职位供需指标的动态变化,来反映劳动力市场上职位空缺与求职人数的比例的变化,从而起到监测劳动力市场景气程度以及就业形势的作用。该指数于2011年1月15日在"2011年中国劳动力市场分析与展望研讨会"上首次向社会公开发布。

减免、毕业生落户、人事档案管理等政策的落实,支持更多的毕业生到基层发挥所长。

(二)就业扶持政策

国家出台了财税、金融、资金补贴等一系列鼓励大学生创业就业的扶持政策,为促进就业公平进行了一系列的制度改革,千方百计拓宽高校毕业生就业渠道,鼓励毕业生到城乡基层就业、到企业就业;实施大学生创业引领计划,鼓励自主创业;实施离校未就业高校毕业生就业促进计划,帮助未就业毕业生尽快实现就业;实施技能就业专项行动,提升毕业生就业能力。

【信息卡】
有关户籍政策、就业创业政策介绍

2015年2月,《关于全面深化公安改革若干重大问题的框架意见》提出,扎实推进户籍制度改革的路径,全面实施居住证制度,取消暂住证制度,基本公共服务与居住年限挂钩等。中央提出用改革的办法解决户籍制度,同样也要用改革的办法解决大学生就业问题,完善社会保障机制,吸引大学生到中小微企业和非公有制企业就业。

国务院《关于进一步做好新形势下就业创业工作的意见》(国发〔2015〕23号)指出,坚持把稳定和扩大就业作为宏观调控的重要目标,大力实施就业优先战略,推动大众创业、万众创新,实施更加积极的就业政策,把创业和就业结合起来,以创业创新带动就业,鼓励高校毕业生多渠道就业,把高校毕业生就业摆在就业工作首位。完善工资待遇进一步向基层倾斜的办法,健全高校毕业生到基层工作的服务保障机制,鼓励毕业生到乡镇特别是困难乡镇机关事业单位工作。对高校毕业生到中西部地区、艰苦边远地区和老工业基地县以下基层单位就业、履行一定服务期限的,按规定给予学费补偿和国家助学贷款代偿。对小微企业新招用毕业年度高校毕业生,签订1年以上劳动合同并缴纳社会保险费的,给予1年社会保险补贴。落实完善见习补贴政策,对见习期满留用率达到50%以上的见习单位,适当提高见习补贴标准。深入实施大学生创业引领计划,为高校毕业生就业创业提供支持。积极支持和鼓励高校毕业生投身现代农业建设。对高校毕业生申报灵活就业的,则各级公共就业人才服务机构要提供人事、劳动保障代理服务。技师学院高级工班、预备技师班和特殊教育院校职业教育类毕业生可参照高校毕业生享受相关就业补贴政策。

《关于支持和促进重点群体创业就业税收政策有关问题的补充通知》(财税〔2015〕18号)规定,毕业年度内高校毕业生从事个体经营的,持《就业创业证》享受税收优惠政策。

《关于进一步扩大小型微利企业所得税优惠政策范围的通知》(财税〔2015〕99号)指出,财政部将从三方面继续加大小微企业减税支持力度,促进创业创新:一是完善企业研发费用计核办法;二是统筹研究包括天使投资在内的投向种子期、初创期等创新活动投资的税收支持政策;三是进一步完善创业投资企业税收优惠。

目前不同部门、不同地区出台的促进大学生就业优惠政策较多,大学生应尽可能在规定范围内"用足"这些政策,同时,大学生也要善于比较在不同区域注册企业享受优惠税率的幅度大小,减少创业初期的成本,降低创业风险,提高成功几率。

(三)促进就业的相关服务

人力资源和社会保障部门(以下简称人社部门)建立了覆盖城乡的公共就业人才服务体系,凡有就业意愿的高校毕业生,均可到各级公共就业人才服务机构办理求职登记,服务机构免费提供就业服务:对有求职意愿的,提供职位信息、政策咨询和就业指导;对有培训意愿的,组织参加职业培训,提升职业技能;对有见习需求的,组织参加就业见习,积累工作经验和实践能力;对有创业意愿的,提供创业培训和创业服务;对就业困难的,提供一对一重点帮扶。同时,落实好相关就业扶持政策。

人社部门还建立了覆盖全国的公共就业信息服务平台,如中国公共招聘网、中国就业网、中国国家人才网、中国人力资源市场网等,为毕业生跨地区求职提供便捷的信息服务。人社部门开展了公共就业人才服务进校园活动,为高校毕业生送政策、送指导、送信息;精心组织民营企业招聘周、高校毕业生就业服务月、高校毕业生就业服务周、部分大中城市联合招聘(春季、秋季)等专项服务活动,促进供需对接。此外,很多地方搭建了信息化就业服务平台,求职者可以通过微博、微信、客户端查看招聘信息,并与招聘企业交流。

三、科学技术环境

科学技术环境主要包括国家对科技开发的投资方向和支持重点、科技发展动态、科技转移速度和科技产业化程度等。科技的发展不仅会带来职业发展的理论更新、观念转变、思维变革和技能的提升,也会改变人们的职业观念,这些影响深远的要素值得大学生给予特别关注。产业结构的调整从劳动密集型转化到资本密集型再转化到知识密集型,这给大学生职业生涯的发展提出新的挑战,也提供了新的机遇。

【信息卡】

人工智能对未来职业的影响

2017年10月,《纽约客》杂志的一张最新封面毫无征兆地在朋友圈里刷了屏。封面上,人类坐地行乞,机器人则扮演了施予者的角色,意指明显——在未来社会,人类的工作机会被不断进化的机器人剥夺,从而沦为了流落街头的弱者。其实,"人类是否会被机器人取代?"——这是一个老生常谈的话题,自从机器人的概念在科幻小说里首次出现……甚至更早,自从工业革命爆发,机器大生产最开始为商家创造利润的那一天开始,人类便开始了无休无止的焦虑。未来的职场,做什么工作最有可能被机器人淘汰?干什么最不容易被淘汰?

BBC基于剑桥大学研究者Michael Osborne和Carl Frey的数据体系分析了30多个职业在未来的"被淘汰概率","电话推销员"被机器人取代的概率最大,为99%。绝大多数来自第一产业和第二产业的工作都被BBC的研究人员列为了高危职业。例如:工人,以及瓦匠、园丁、清洁工、司机、木匠、水管工等第一、第二产业工作,被取代的概率为60%~80%。

一个令我们稍感安慰的数据是，BBC研究人员预计程序员、记者、编辑的职业被人工智能取代的概率仅为8.4%。相比人工智能，人类的另一个无法被机器模仿的特质就是同情心和情感交流技能，因此，在保姆这类真正需要情感投入的职业中，机器人尽管能完成大部分工作要求，但终究很难代替，被取代率只有8%。艺术家、音乐家、科学家，被取代概率分别为3.8%、4.5%、6.2%。因为无论技术如何进步，人工智能如何完善，对人类而言，创造力、思考能力和审美能力都是无法被模仿、被替代的最后堡垒。律师、法官的被取代概率为3.5%；牙医、理疗师的被取代概率为2.1%；建筑师的被取代概率为1.8%。心理医生的被取代概率为0.7%。教师职业的被取代概率是0.4%。但哪怕人类教师真的输给了"教学机器人"，也不能就此否认人类教师的存在意义。我们在之前提到的那些人类独有的、被视为最后堡垒的能力，都恰恰是机器所无法传道授业的。令人感到意外的是，酒店管理者的被取代概率为0.4%，与教师一样，是最不容易被机器人取代的职业。

人工智能和机器人未来虽然会被广泛应用并取代某些岗位的工作，但是我们大可不必太过悲观。从目前来看，机器人取代的工作大多是机械性、重复性的，大量需要创造力、想象力的工作机器人是无法胜任的。

1) 低取代率的职业特点

(1) 社交能力、协商能力以及人情练达的艺术。

(2) 同情心，以及对他人真心实意的扶助和关切。

(3) 创意和审美。

2) 高取代率的职业特点

(1) 无须天赋，经由训练即可掌握的技能。

(2) 大量的重复性劳动，每天上班无须过脑，但手熟尔。

(3) 工作空间狭小，坐在格子间里，不闻天下事。

随着人工智能的发展，未来很多技能操作型岗位将被取代或改造，劳动力市场对技能人才的素质与能力提出了新的需求。我们必须提前规划未来职场中的人们需要哪些核心素养、核心能力和新的职业技能。

(资料来源：许远. 未来的职场 职业教育准备好了吗——兼论职业核心素养对于未来职场的重要性[J]. 中国培训, 2017(12).)

四、教育文化环境

教育文化环境是影响人们职业期望、职业态度和职业行为的基本因素，包括一个国家和地区的居民教育程度与文化水平、宗教信仰、风俗习惯、审美观念、价值观念等诸多内容。大学生进行职业生涯规划时需要认真分析教育文化环境，尤其是社会价值观。社会价值观会随着社会的不断发展和进步而发生不同的变化，导致人们对职业的认识和需求发生变化，大学生要与时俱进，做出相应调整以适应环境变化。

教育文化因素还与人们的职业取向、职业技能、职业习惯密切相关。个人是在教育文化中成长发展的，任何职业取向和活动都打上了教育文化的烙印。职业技能则是个人通过教育环节后天习得的，并应用于社会实践过程。职业习惯(即职业活动的习惯倾向和行为习惯)体现在职业生涯的各个领域，包括从业方式、思维方式、社交方式、生活方式等，是在一定社会历史条件下形成的。人类自有社会分工以来就形成了职业习惯,并且代代相传,成为社会文化的一部分。社会文化的复杂性决定个人职业选择与职业发展必须要充分考虑国情状况、地域特色、行业氛围、企业内涵等教育文化因素。

（一）价值观

价值观是文化环境分析的核心部分。一个人生活在社会环境中,必然会受到社会价值观念的影响。大多数人的价值取向,很大程度上都是为社会主体价值取向所左右的。社会价值观念正是通过影响个人价值观念,进而影响个人的职业选择。应该来说,高职大学生的职业价值观主流是积极的,有一定的职业使命感,懂得奋斗成功的道理。但由于受社会转型时期多元化思潮的冲击以及传统文化中职业等级观念影响,部分高职大学生的职业价值观存在一些问题,例如,总认为"第一线"的工作为苦,向往"体面"的职业,不太甘心成为就业劳动大军中的普通一员,在职业选择时,过多关注的是外职业生涯目标,即把职业地位、经济收入、工作环境等因素考虑的比较充分,向往城市或发达地区,不愿去基层,更不愿去农村和不发达地区。

（二）社会舆论

社会舆论对大学生职业生涯的影响不可忽视。没有走上职业社会的高职大学生无论是社会阅历或者实践经验都不足,这就使得他们对于整个社会的认识不够成熟,从而在选择职业时容易受到一些舆论的误导;同时由于在心理和思想上都有着不稳定和不成熟的一面,这种社会舆论的影响就显得难以摆脱。使得他们在选择职业时,在满足社会对其提出的期望和自己在职业上的发展的内在需求时经常出现矛盾。

五、生态自然环境

生态自然环境是指与人类密切相关的、影响人类生活和生产活动的各种自然力量（物质和能量）或作用的总和。建设生态文明是关系人民福祉、关乎民族未来的大计,是实现中国梦的重要内容。大学生应当抓住环境保护的历史性机遇,顺应产业结构优化和经济转型升级趋势,积极关注和参与生态环境环保活动。结合自己的学识专长、兴趣爱好和体能状况,以适当超前的意识发掘环保产业的潜能和力量,践行绿色创业和绿色就业。这样做既可维护环境可持续发展,又能促进环保产业发展,实现"既要金山银山,又要青山绿水"的美好目标。

【信息卡】
2019年中国十佳宜居城市

中外城市竞争力研究会公布2019中国十佳宜居城市排行榜。在中国十佳宜居城市榜单中,上榜的前十城市分别是珠海、威海、金华、扬州、曲靖、梧州、广元、宁德、河池和宜春。

《GN中国宜居城市评价指标体系》由包括生态环境健康指数、城市安全指数、生活便利指数、生活舒适指数、经济富裕指数、社会文明指数、城市美誉度指数在内的7项一级指标、48项二级指标、74项三级指标组成。

六、人口资源环境

人口资源环境包括人口规模、人口增长、人口结构、人口的地理环境分布密度等。一切职业活动、职业关系、职业现象和职业问题都同人口发展过程相关。我国人口多、底子薄、资源相对不足、环境容量有限、区域发展不平衡、适龄劳动人群规模庞大,解决就业问题仍将是长期而艰巨的任务。

大学生未来的职业生涯将要面临如下人口问题。

(1) 老龄社会提前到来。老龄化是全人类面临的共同挑战,我国面临的老龄化形势更加严峻。目前我国老龄人口总量居世界第一,老龄化发展速度也居世界第一。

(2) 人口红利逐渐消失。今后的经济发展要依靠提高劳动者素质和科技创新来提高劳动生产率,以保持经济持续健康发展。面对招工难问题,现在一些企业已经采取了提高生产自动化程度以及加强科技研发提高产品附加值等应对之策,正在走出一条转变经济发展方式的新路。

(3) 人才流动趋于频繁。"水往低处流,人往高处走。"人才流动对现代社会的就业方向和职业发展的影响尤甚。

老龄问题的挑战和人口红利的消失意味着未来的人才竞争将不再依靠数量的扩张,而是注重质量的提升。大学生应当学会不仅要做一个"通才"(各种基本能力融会贯通),更要做一个"专才",专业技术水平精益求精。

七、行业环境分析

行业环境分析包括对目前从事或拟从事的目标行业的环境分析。其内容应包括行业的发展状况、国际、国内外该行业的发展现状,行业的人才结构及需求分析、行业发展的前景等。行业环境分析的主要内容包括以下几方面。

(一) 行业的发展基本情况

行业基本处于什么发展阶段?行业的发展趋势如何?行业的细分领域有哪些?国内外有代表性的业内公司有哪些?该行业的人才需求状况及趋势怎样?这些问题都需要我们深入分析。在分析行业环境时,一定要结合社会大环境的发展趋势。由于科学技术的飞速发展,会使某些行业如同夕阳西下,逐渐萎缩、消亡;更有许多极具发展前途的朝阳行业不断涌现并发展起来。同时还要注意国家政策的影响,要了解国家对某一行业是支持、鼓励和引导,还是限制、控制和制约。要尽量选择那些有前景、发展空间较大的行业。

(二) 行业规范及标准

每个行业都有自己的行业标准和规范,这些规范有可能是明示的,也有可能是潜在的;标准有可能是国家制定的,也有可能是行业内部制定的。行业的规范及标准代表了该行业的人才准入门槛以及从业人员基本守则,了解了该行业的规范和标准,也就为进入该行业铺平了道路。

【活动与训练】

感知宏观环境变化

(一) 活动目标

(1) 让学生通过调查研究,感知环境变化,提升洞察力。

(2) 让学生通过信息整理,积累相关资料,了解科技进步。

(3) 使学生更多地了解社会发展的特点和现实需求。

（二）建议时间

课下时间自定，课上用时 30 分钟。

（三）材料准备

黑笔、A4 纸、大卡纸。

（四）活动具体步骤及要求

活动具体步骤及要求如表 2-1 所示。

表 2-1　活动具体步骤及要求

步　骤	具体要求	注意事项
步骤 1	确定三个理想的行业（最好与专业相关）	带着问题去收集信息，更有针对性
步骤 2	明确想了解的行业信息有哪些	
步骤 3	进行有针对性的信息收集和整理	
步骤 4	小组活动。归纳整理信息，寻找各行业的特点、需求和发展趋势，对某一行业的各类信息进行分享	计划要具有合理性，更重要的是要按照计划采取积极的行动
步骤 5	通过信息的整合和分析，瞄准目标行业，制订发展计划	
步骤 6	课上交流，教师总结。充分了解行业信息，有利于学生更好地了解职场，弥补在校学生的经验不足	

【探索与思考】

分男生和女生两组讨论，通过社会环境因素，分析哪些因素对你的职业生涯发展影响比较大。

2.2　微观环境变化的感知

【名人名言】

谁若游戏人生，他就一世无成；谁不能主宰自己，便永远是一个奴隶。

——[德]歌德

【学习目标】

(1) 能界定微观环境对职业的影响，解析终身学习与职业发展的关系。

(2) 能运用观察周边环境的办法，创造有利于自我职业的外部条件。

(3) 认识自己的职业发展目标，增强学习的信心和动力。

【导入案例】

跑不起来的千里马

小马 2008 年毕业于广东某高职院校汽车技术服务与营销专业。由于从小喜欢汽车，所以他毕业后就开始创业了，但创业仅仅 2 年之后就鸣金收兵，败下阵来。回忆起那段创业经历,小马很痛苦:付出太多,回报太少。

创业之前,小马事先做了充分的准备工作。他先在网上搜索并整理了汽车消费品相关的项目资料,然后根据实际情况在本地区做了市场调研,精挑细选可以投资的汽车消费项目,最后决定开办一家汽车饰品店。

小马从阿里巴巴网站上搜索了经营汽车饰品的代理商的信息,并对各家的产品质量和价位进行了比较,最后选定了温州的一家代理商。经过联系,他和代理商商定好了价格并签订了协议,交了两万元的加盟费后,自己的汽车饰品店就正式开业了。

考虑到租金问题,小马将店铺选址定在城乡结合地带,地理位置靠近省道。店前道路的车流虽然非常大,但绝大部分是货车,基本不会在这样一个地段停车,不可能成为汽车饰品的潜在买家。小马每天早出晚归,商品也物美价廉。开业第一年,他只能勉强维持,惨淡经营。第二年,房租上涨,成本提高,小马的汽车饰品店开始入不敷出,经营困难,于是他只能关门歇业。

分析:初出茅庐的大学生,社会阅历少,人际关系不多,在创业道路上遇到挫折在所难免。小马应认真分析微观环境的有利和不利因素,汇聚同学、师长、家人、朋友等众人之力,调动一切可以调动的力量。大学生要耐得住寂寞,按捺住渴望创业的冲动,借鉴他人的经验教训,积累一定的物质、经济、人际和心理基础,等待条件成熟时再实施自己的创业计划。

除了宏观环境外,社会环境还包括微观环境。社会微观环境即社会小环境,是指个人所在的企业、组织、学校、社区、家族关系、交际圈子等较小的环境。这些微小的社会环境因素对个人的职业生涯有着直接或间接的影响,作用于个人具体的社会活动范围、内容及其所受到的条件限制,影响着个人职业岗位的选择和人生的发展轨迹,从而决定了个人职业生涯的具体际遇。

微观环境分析一般包括企业组织环境分析、学校环境分析、院系环境分析、家庭环境分析和人际关系分析等五大类。

一、企业组织环境

企业组织环境对个人的职业生涯有直接的影响,所有的职场人士都处于企业的小环境之中,个体的成长与企业的发展息息相关。企业组织环境对大学毕业生职业发展的正面影响主要体现在职业激励上。大学生对企业组织环境进行分析,可以及时了解企业的实际发展状况及前景,把个体的成长与企业的发展联系在一起,并融入企业组织之中,实现职业生涯目标。

(一)企业的性质

企业是行业的末级组织。粗略来说,中国国内企业按所有制可以分为国企、外企和民企。不同所有制的企业无论在人才需求和薪酬待遇上都有不同。一般来说,国企收入稳定、管理规范;外企善于高薪揽才,管理科学,注重绩效,鼓励创新,外企注重员工培训;民营企业以机制灵活,紧跟市场应变而被大家所知,讲究实效,注重员工的业务能力,对学历、学校、专业等"硬件"看得较淡,关注员工忠诚度。

（二）企业的发展阶段

对于初创和成长期的企业来说，企业规模小，人员少，工作职责界限比较模糊，更需要具备跨专业技能和综合素质的复合型人才，更看重人才的开拓精神、工作热情和学习能力，相比较而言会降低对专业教育背景的要求；企业发展稳定期，企业的规范化管理越来越重要，职位的专业化加强，这时候企业需要更多的专业人才和管理人才，对专业人才的专业教育背景的要求也大为增加。

（三）企业文化

企业文化是全体员工在长期的生产经营活动中形成并共同遵循的最高目标、价值标准、基本信念和行为规范。企业文化是影响企业经营效益的重要因素，往往左右一个员工的职业生涯。如果一个人的价值观与企业文化有冲突，就难以适应企业文化，最终在组织中无法立足。所以，企业文化是个人在制订职业生涯时要考虑的重要因素。

【案例】

"精"和"简"——苹果公司企业文化的精华

史蒂夫·乔布斯创立的苹果公司是美国的一家高新科技公司，以科技创新闻名于世，其核心业务为电子科技消费产品。2011年苹果公司成为全球市值最大的公司，是世界最大的高新科技企业之一。追求"精"和"简"的极致是苹果公司企业文化的精华。

苹果公司在产品的设计上注重"精"和"简"。苹果推出的知名的产品有 Apple Ⅱ、Macbook 笔记本电脑、iPod 音乐播放器、iTunes 商店、iMac 一体机、iPhone 手机和 iPad 平板电脑等。几乎每一款产品都注重细节，追求完美，以人为本，带给客户新的体验，引领着时代的潮流。

苹果公司在人才的使用上强调"精"和"简"。乔布斯相信由顶尖人才所组成的一个小团队能够运转巨大的"转盘"。乔布斯把他的许多时间和精力放在了寻找优秀的人才和激发人才的创造力上，最大限度地调动员工的积极性和创造性。

分析：苹果公司能有今天的成就，与很多因素有关，其中极其重要的一个因素就是崇尚"精"和"简"的企业文化。正是这样的企业文化，使员工自觉或不自觉地接受共同的信念和价值观，激发出自己的最大潜能。

（四）企业制度

企业员工的职业发展要靠企业的管理制度来保障，其中包含合理的培训制度、晋升制度、绩效考核制度、奖惩制度、薪酬制度等。企业价值观、企业经营哲学也只有渗透到制度中，才能使制度得到切实贯彻和执行。在没有制度或者制度不合理、不到位的企业中，员工的职业发展就难以实现。

（五）企业实力

企业实力主要包括财力、生产能力、技术水平、管理水平、销售能力等。在激烈的市场竞争中，不一定是最大、最强的企业才能生存，而是适者生存，即只有适应环境变化、适应发展趋势的企业才能生存。

（六）领导魅力

企业的文化和管理风格与其领导的素质及价值观有直接的关系，企业经营哲学往往就是企业家的价值观。企业主要领导的抱负及能力是企业发展的关键因素。优秀的管理者善于倾听员工的心声，贯彻以人为本的思想，恰当地引导和激励员工，从而促进企业的良性循环。

二、学校环境

学校环境是指个体所在学校的教学特色与专业优势、课程设置、社会影响力等。其中办学理念是学校的灵魂，它包括学校的办学宗旨、办学目标、办学策略，具体表现在校训、校风、校规、校歌、建校原则、办学宗旨、育人取向、培养目标、育人途径、学风建设、教师形象、校园文化、工作重心等方面。先进的办学理念对内是凝聚力、向心力，对外就是核心竞争力和品牌效应。

（一）校园文化

校园文化是以学生为主体、以校园为主要空间，涵盖院校领导、教职员工，以育人为主要导向，以精神文化、环境文化、行为文化和制度文化等建设为主要内容，以校园精神、文明观念为主要特征的一种群体文化。健康的校园文化，可以陶冶学生的情操，启迪学生的心智，促进学生的全面发展。

（二）专业学习

大学学业与基础教育相比，最大的不同就是整个阶段都是围绕着专业学习进行的，专业特色贯穿了学习过程的全部，甚至成为大学生形象识别的标志。学习专业知识、提高专业技能、培养职业素质是大学生的根本任务。大学生要根据社会需要、时代发展和个人兴趣、特长爱好及所学专业等确立自己在大学期间专业学习的目标，并依据制订的规划及早付诸行动。

（三）社团活动

参加社团活动是大学生学习的有益补充，有助于学生拓宽知识面，培养社交能力，提高综合素质，同时培养自己的组织能力和语言表达能力。但参加社团活动并不是越多越好，而应该精益求精，每个人都可以根据自身兴趣爱好或自我提高计划的具体内容，有针对性地选择相关活动项目，量身打造专属于自己的社会活动。

（四）实习兼职

大学生通过毕业之前的课外兼职和实习活动能够积累丰富的职业经验和社会体验。同时可以实际验证自己的职业生涯规划，判断规划是否适合自己，决定规划是否需要以及如何进行调整。大学生在兼职和实习期间要做个有心人，多结交相关专业的业内人士，积累自己的人脉资源，扩大自己的交际圈子，为今后的初次就业和职业发展铺垫道路。

三、院系环境

高职院校一般采用院系二级管理模式，专业建设、教学活动、学生管理、就业指导、社实践等具体项目主要通过院系开展实施。院系的培养目标是为社会提供具备职业素质、拥有专业技能、掌握操作能力的高职人才。院系建设必须紧跟时代发展,根据市场需求调整专业和课程设置,充分发挥高职教育的职业特色,提高人才培养的教育质量,加强对毕业生的就业指导。

大学生在院系学习时,首先要提升综合素质。在学习基础知识和职业技能过程中,逐渐培养强烈的事业心和高度的责任感,树立正确的世界观、人生观、价值观。其次要注重能力培养。能力是一个人素质的外在表现,当前社会需要大学生具有处理复杂信息的能力、处理人际关系的能力、系统分析的能力、与人协作的能力、利用资源的能力、运用技术的能力等。最后要加强实践活动。大学生可利用课余和假期积极参加社会实践,将所学的理论知识与实际工作相结合,在实践中增加社会认知和积累工作经验,提高自身的逻辑思维能力和处理实际问题的能力,为自己的职业生涯做充分的准备。

四、家庭环境

家庭作为一个人生活成长的小环境,对大学生生涯规划、未来职业选择有着重要的影响。具体来说,家庭对大学生的影响主要有家庭期望、家庭需要和家庭支持等。

(一)家庭期望

不同家庭对大学生的期望高低不同。期望值较高的家庭中,大学生选择的职业方向往往是社会上的"热门",社会地位和收入等都较高。期望值较低的家庭中,大学生则容易选择那些与自己爱好、能力等相匹配的职业方向。

(二)家庭需要

任何家庭都有正常的需要,对大学生选择职业方向也会有影响。父母的职业背景及从业经历必然对学生的职业生涯规划产生影响。如果父母是自己创业的,子女在长期熏陶中也会积累创业的意识和技能,尽管所从事的行业有可能与父母不一样。家庭经济状况及其变化不仅影响学生的就业和创业的基础,也影响他们对机遇的把握和职业理想的实现。

(三)家庭支持

家庭对大学生选择职业的支持态度是毋庸置疑的,但支持的力度有很大差别。这主要是由于家庭成员的社会地位、经济条件、社会关系等不同造成的。如果没有家庭的支持或家庭支持的力度太小,学生在选择职业方向时就较少考虑自己的兴趣、爱好等,而转向较容易进入的行业和较易获得的职位,反之则会寻求更高、更好的职业方向。

【案例】

周金东现象

周金东是一所技工学校高级技工班的学生,这所职业院校的数控专业比较强。三年前,由于家庭的变故,学习优异的他面对家庭的贫困状况选择了收费比较低的技工学校学习数控专业。周金东选择技工学校的时候曾经对父母说:"三百六十行,行行出状元,我会成为这一行里的状元的。"三年在校学习期间,他全心投入自己的专业学习中。三年后,他兑现了自己的承诺,参加了全国数控机床技能大赛。在参加这次大赛的700多名选手中,周金东获得学生组比赛的第一名。周金东在大赛上的表现,吸引了越来越多的企业联络周金东,邀请他去工作,有的甚至给予主任工程师的待遇。为了能挖来一个具有熟练操作能力的好苗子,很多企业竞相给出优厚的条件吸引周金东到他们那里去工作。幸福来得有点突然,然而周金东之所以能有现在的幸福生活完全是自己努力的结果。

分析:周金东的成功并非偶然,面对家庭经济水平较低的现实,选择一个专业特色突出的职业院校开始自己的学业生涯,最终通过自己的努力成功跨出了职业生涯的第一步。

五、人际关系

俗话说:"在家靠父母,出门靠朋友。"人际交往是指社会中人与人之间传递信息、沟通思想与交流情感的活动过程。人际关系就是人们在各种人际交往过程中形成的彼此之间较为稳定的心理关系。卡耐基曾经说过:"一个人的成功只有15%是靠他的专业能力,而85%要靠人际关系和他为人处世的能力。"人际关系是重要的就业资源,对职业生涯的影响是多方面的,丰富的人际关系和广泛的合作圈子对大学生未来事业的发展有着极为重要的作用。家人、亲戚、朋友、伙伴、师长、学长、同学、同事、邻里、老乡都是等待大学生发掘的一座座人际关系的"金矿"。

【案例】

"人脉"从何而来

小李2017年毕业于山西某职业技术学院会计专业,并在一家广告公司从事会计工作。由于感觉工作枯燥乏味,小李心中萌生了创业梦想,她打算开一家专门销售母婴用品的亲子店。但朋友的一些疑问让她清醒不少:创业的资金如何筹集?商品的货源如何组织?店面的营销如何开展?小李按捺住了心头的冲动,悄悄地开始准备了。

首先,处好同事关系。她在公司里总是积极参加团队活动和轮岗项目,短时间内在几个不同的部门里接受锻炼,在新的岗位上结识了新的同事,既提高了工作技能,又展示了自己的性格特质。

其次,整理收集名片。她从市场部和客服部收集了公司客户的信息,并将其划分为三类:第一类是母婴用品行业;第二类是金融服务行业;第三类是媒体行业。小李根据创业思路设计出详细方案,将名片分配到创业流程的各个环节,与潜在的合作伙伴建立联系。

最后,进行情感投资。小李开始经营人脉关系,不吝时间和精力陪伴朋友,如约人吃饭、一同打球、郊外野营、组织旅游、听音乐会。朋友们都把她当成可以信任的伙伴,一起分享喜怒哀乐,他们也愿意为她提供力所能及的帮助。

万事俱备后,小李在2010年正式辞职下海经商。她从一个金融界的朋友那里筹集了第一笔资金,通过一个从事房地产工作的同学在市区选定了店面,母婴用品行业的渠道保证了货源畅通,通过媒体方面的关系推出了版面广告。在众人的帮助下,小李的亲子店生意日渐红火,事业很快就走上了正轨。

分析:"一个篱笆三个桩,一个好汉三个帮。"这是大家常听到的一句俗话。人脉越广,路子越宽,事情就越好办。在建立人脉的过程中,"互惠"有助于自己建立正面的人脉,没有长期以来对朋友的坦诚相待和曾经的雪中送炭,也就没有日后朋友在自己最困难时伸出援手。

人际关系是大学生职业生涯规划中一个非常复杂又极其重要的课题。如今的大学毕业生自我意识强烈,在错综复杂的社会环境中,更应在人际关系上调整好自己的坐标。大学生应当充满自信,敞开胸怀,热情交往,学会分享,真诚待人,宽容豁达,心怀感恩,构建全面的人际关系网络,实现个人与他人的共赢。

六、工作环境探索的途径

感知和了解宏观和微观的环境,对大学生的就业决策有非常重要的作用。认知工作环境的途径有很多,不同途径得到的信息有不同的特点,如图 2-1 所示,可由近至远地探索。所谓近和远是从信息的提供源与使用者的接收距离来区分的。通常近的信息比较丰富,也比较容易获得,远的信息需要更多的投入与努力才能得到,往往也更为深入。由近至远地探索是一个逐渐缩小信息范围、加深了解的过程。

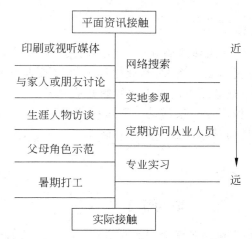

图 2-1　生涯信息来源与使用者接收距离之区分图

具体而言,工作环境探索的主要途径有以下几方面。

(一)网络系统

在这个网络四通八达的信息时代,职业信息的发展同样离不开网络。越来越多的网站开始提供丰富的职业信息内容,充分利用媒介搜索信息能力非常重要。可关注的比较大的招聘网站有职业搜搜(www.jobsoso.com)、智联招聘(http://www.zhaopin.com)、中华英才(http://www.chinahr.com/)以及各大公司的门户网站等。

微信基本上成为了智能手机的"标配",根植在微信中的公众号也逐渐成为网民们获取职业资讯的重要渠道。中商情报网整理了 2015 年十大职场类微信公众号,分别是 LinkedIn 中国、新海归精英联盟、会计网、商战、顶尖合伙人、管理技巧、CEO 管理语录、创意文字坊、人力资源研究及人力资源管理等优秀公众号。

(二)刊物杂志和视听媒体

印刷品有书籍、杂志和报纸等。我国最权威的职业信息来源当属《中华人民共和国职业分类大典》;图书、报纸杂志和期刊如《职业》《中国大学生就业》《成才与就业》等,也是职业信息的重要来源,它们包含大量企业内部的各种职位信息,还能提供行业信息和各地劳动力市场的信息。此外,电视节目、电影、视频等视听媒体的视听资料也能提供很多职业信息,如《非你莫属》《职来职往》《中国好商机》等。

(三)个人的直接经验

大学生参与到真实的职业世界中,亲身体验工作世界,这也是了解职业信息最直接、最有效的方法。学校的实训课、顶岗实习及大学生利用寒暑假、业余时间参加的社会实践等都是参与工作情境的最常见途径。大学生可以利用这些时机,更深入地了解职业的特性,更深入地了解企业文化、工作环境、管理方式等,从而真实地考察自己的兴趣、个性和能力是否与职业相吻合,尽早地完善自己的职业目标。通过实践,大学生还可以了解社会的就业需要,培养和提升自己的职业能力,发现适合自己的工作职位,为今后顺利就业打下基础。

(四)他人的间接经验

他人的间接经验对于缺乏工作经验和社会阅历的大学生来说,是帮助大学生进行职业探索和职业环境认识的重要活动。例如,开展生涯人物访谈活动等。生涯人物访谈,是通过与一定数量的职场人士(通常是自己感兴趣的职业从业者)会谈而获取关于一个行业、企业和单位"内部"信息的一种职业探索活动。通过访谈,了解该职业职位的实际工作情况,获取相关职业域的信息,进而判断你是否真的对该工作感兴趣,实际上是一次间接、快速的职业体验。

【总结案例】

成功属于有心人

龙波是四川农业大学经济管理专业的大学生,在校求学期间一个偶然的参观学习机会,使他看到了传统中国农村的养猪法与国外的差距。龙波是个有心人,他突发奇想,能否变个法养猪呢?于是,他在校期间便四处收集资料,研究养殖,让学食品工程专业的女友王旭则试着照科学方法,给猪配营养饲料。这对年轻人确立了科学环保养猪的职业梦想。

当许多农村娃跳出农门,想在城市里打拼出自己的一片天地时,大学生龙波顶着家人的压力和社会的非议却一头扎回农村当起了猪倌。经过几年的艰苦创业,龙波为自己的猪注册了名为"普兰克"的商标,创办了猪业合作社。如今,普兰克猪已是国内知名品牌猪,在全国建了12个养猪场,加盟的养猪合作社员达1400多户,拥有商标的猪有23万多头,产值已逾千万元。来自德、美等国家的相关人员也开始来他的合作社考察,有人甚至让他移民德国,与他合作养猪。作为四川唯一一个因科学环保养猪而发家致富的人,龙波获得了由中国青少年社会服务中心、团中央宣传部主办的"我与祖国共奋进"青春梦想奖。

对于自己的职业成功,龙波表示,大学生首先要认识自己,知道自己的强项是什么、喜欢做什么,然后在这个基础上去找工作。同时,现在的农村需要更多的有知识和有技术的人,现代农业有很大的发展空间,做一个新型农民比做一个城市打工者强。"我们合作社现在就有20多个博士和硕士。我们的社员中有100多位本科生。"

分析: 这是一个典型的新时期青年人创业、就业成功的范例。龙波的成功与他个人有独到的择业眼光和坚持不懈的努力分不开,更重要的是他把握住了现代农业发展契机,顺势而为。

【活动与训练】

盘点你的家庭职业族谱

（一）活动目标

通过家庭了解你的职业世界。

（二）建议时间

15 分钟。

（三）材料准备

彩笔、A4 纸、大卡纸。

（四）活动内容

参考图 2-2,画出你的家族职业树。

图 2-2　家族职业树

(1) 我家族中最多人从事的职业是：_____

(2) 我想要从事这种职业吗？为什么？_____

(3) 爸爸如何形容他的职业？爸爸平时会提到哪些职业？他怎么说的？_____
_____

(4) 爸爸的想法对我的影响是：_____

(5) 妈妈如何形容她的职业？妈妈平时会提到哪些职业？她怎么说的？_____
_____

(6) 妈妈的想法对我的影响是：_____

(7) 家族中还有谁对职业的想法对我影响深刻？他们是怎么说的？_____
_____
(8) 家族中对彼此职业感到满意或羡慕的是什么？_____
(9) 家族彼此羡慕的职业是：_____
(10) 对他们的想法我觉得：_____
(11) 我觉得家人对我未来选择职业的影响是：_____
_____
(12) 我的家人最常提到有关职业的事是：_____
(13) 对我的影响是：_____
(14) 哪些职业是我绝不考虑的：_____
(15) 哪些职业是我考虑的：_____
(16) 选择职业时，我还重视哪些条件：_____

【探索与思考】
(1) 家庭环境中哪些因素对你的职业选择有影响？
(2) 盘点自己校园内的资源，哪些资源可以用来帮助自己进行职业生涯规划？

模块三　自我的准确认识

模块导读

谁的心中不曾有过诗和远方！我们每个人都梦想去拥抱一个更广阔也更精彩的世界，然而有时却身不由己地走上了不喜欢的岗位，热情开朗的人成天与一堆枯燥乏味的数字打交道；经商的天才反而被困在教室中每天重复着相同的内容；可能成为名律师的人整日蹲守在机关的办公桌前煎熬。其实，我们每个人都是一个独立、鲜活、有差异的生命体。在我们中间，有的人开朗活泼，有的文静稳重、有的待人温和友善、有的生性严谨认真……如果在职业选择中，我们能够遵循人职匹配原则，做到人适其事、事宜其人，选择"性之所近、力之所能"的岗位，相信每一种性格的人都能成功；相反，如果职业与个性南辕北辙、不加调适，就如同鸟游水、鱼上树，我们的生活则会黯然失色，工作也会失去乐趣。

职业规划是一个"从内而外"的过程，首先，要认识自己。其次，能够使用霍兰德模型来对自己的兴趣进行分类组织，确认自己的兴趣类型。接着，能够利用性格理论探索自己的性格，了解自己的性格特征。从而初步找到自己理想的工作方式。再次，能正确理解能力与职业关系，在职业规划中重视对个人能力的认识和培养，着力提高自身的学习能力、实践能力、创新能力，学会动手动脑、生存生活和做人做事等。最后，认识到价值观对个人职业选择和发展的影响，在职业规划中要重视对个人价值观的澄清，能够澄清并真正"拥有"自己的价值观，尊重并合理评价别人的价值观。认识价值观与个人需要、人生不同阶段目标之间的关系。知道如何借助价值观分类卡等工具对自己的价值观进行澄清和排序。

3.1　探索自我

【名人名言】

无论在什么时候，永远不要以为自己已经知道了一切。不管人们把你们评价得多么高，你们永远要有勇气对自己说："我是个毫无所知的人。"

——[俄]巴甫洛夫

【学习目标】

(1) 能说明自我认知的概念。
(2) 能感悟自我认知的重要性。
(3) 能列举三种自我探索的方法。

【导入案例】

拼搏创业的张明

张明,个子不高,十分斯文,戴着一副眼镜,他毕业于美术学院室内设计专业,国家公务员。近十年来公务员这一职业被国内大多数群体认为是炙手可热、竭力追捧的铁饭碗,国考的报名甚至出现千军万马挤独木桥的现象。可是他因为不喜欢稳定工作,不甘心于上班族的平淡与寂寞,想在人生的舞台上展开拳脚打拼出一片灿烂天地,毅然选择了辞职。张明从大二起就开始了自己的实习和打工生涯,积累了专业设计的经验,了解了公司运作的模式,也为自己将来创业积累了人脉。张明辞职后与一个同学合作,两人借款筹钱,办理各种手续,经过多日的奔波与辛劳,张明的公司挂牌开张了,开始自己搞装饰设计。公司办得有声有色,还招聘了6名员工。说到为什么自主创业,张明解释道:"现在房地产发展得很火,我是学室内设计的,不愿意四平八稳地工作,我的梦想就是开一家自己的公司,做自己的老板,这样才能找到自己存在的价值。"

分析:职业价值观作为人们对待职业的一种信念和态度,往往决定了人们的职业期望,影响着人们对职业方向和职业目标的选择。有什么样的职业价值观就会有相应的职业选择,尤其是在诸多的选择有矛盾冲突时,是要工作舒适轻松,还是要高标准的工资待遇;是要成就一番事业,还是需要一个被关爱的工作环境。职业价值观起到决定性的作用。

有这样一个说法:"每一个门卫都是哲学家。"因为每个门卫每天都会高频率重复三个问题。问题的内容恰恰这是千百年来所有哲学家苦苦追寻的三个问题:你是谁?你从哪里来?要到哪里去?的确,这是认知自我的最基本问题。

一、自我认知的概念和内涵

(一)概念

自我认知(也称"自我探索")是指个人关于自己的反省与识别,是关于自己是个怎样的人,自己应该有怎样的行为以及他人对自己如何评价的认识。自我认知是主观自我对客观自我的认知与评价,包括自我感觉、自我观察、自我印象、自我分析、自我评价等。自我认知回答的一般问题是"我是谁""我是个什么样的人"等。

从职业生涯规划的范畴来讲,自我认知就是从个人职业发展角度对自我进行分析、研究,明确个人的职业发展方向,获得自我价值认同。它是个体进行职业决策的重要前提,可以从兴趣、人格、能力、价值观等几个维度进行探索。性格决定一个人最自然的行为,兴趣决定自己喜欢做什么,能力决定一个人能够做什么,价值观决定一个人愿意做什么。大学生可通过自我认知找到自己的潜在优势,洞察劣势,并进行有针对性的训练,认真规划自己的职业生涯,为自己做出最佳的职业选择。

(二)内涵

自我认知有四个维度。

(1)兴趣:这是解决问题的意愿与动机,不是测验的分数。

(2)性格：这是基因与心智成长共同作用的产物，不是道德修养。
(3)技能：这是合适的人生发展平台，不是他人的评价。
(4)价值观：这是意义的创造与表达，不是社会地位。

自我认知的四个维度之间的关系如图3-1所示，它们整合成一个完整的独特的个体，即"自我"，在职业选择中共同起作用。其中价值观是核心，性格是关键，兴趣和能力是两个重要的辅助因素。

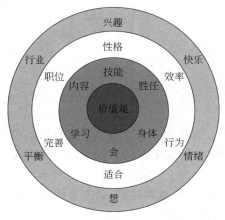

我们在选择职业的过程中，可能会遇到各种外来影响因素，比如金钱与地位、家人的期望、朋友的期望等。如果听凭这些去选择职业，会导致我们错戴"金手铐"。不要让他人观点发出的噪声淹没你内心的声音，一定要遵从自己的性格、兴趣、能力等找到方向，因为性格会告诉我们自己适合什么，兴趣会告诉我们自己喜欢什么，能力和技能会告诉我们自己能做什么。我们在选择职业时，一定要综合考虑以上因素，做出自己的选择，这样职业发展才会越来越好。

图3-1 自我认知的四个维度

自我探索不仅要通过分析式思维了解自己在价值观、兴趣、能力等各方面的特征，还应该把这些特征通过整合式思维综合起来，使我们各方面的心理特性协调发展。自我探索是一个持续不断的过程，是一个终生的过程。因为每个新发生的生活事件、经历等，都会在我们的兴趣、能力、价值观等方面增加新的经验和体会，从而对我们的职业生涯的发展产生影响。

二、自我探索的方法

自我探索的方法有很多，下面是一些经常用到的方法。

(一)内省法

内省法又称为"自省法"。曾子曰："吾日三省吾身。"说的就是内省法。内省法是指个体通过对自己一些成长经历的回顾，发现自己的职业兴趣、能力特点。通过反省，还可以发现自己的成绩和进步，找出存在的不足，明确努力的方向。

(二)他人比较法

《旧唐书·魏徵传》中说道："夫以铜为镜，可以正衣冠；以史为镜，可以知兴替；以人为镜，可以明得失。"一个人可以从自身与他人能力和条件的比较中进行自我认识。经常思考自己与他人的差距，有利于深入认识自我。

(三)橱窗分析法

橱窗分析法是自我探索的一个重要方法，是一种借助直角坐标系的不同象限来表示人的不同部分的分析方法，如图3-2所示。

纵横坐标把橱窗分成了四个部分，即四个橱窗，它们的含义如下。

图 3-2 橱窗分析法

橱窗 1:"公开我",是指自己知道、别人也知道的部分,属于个人展现出来、无所隐藏的信息。例如个人的外貌、身高、性别等。

橱窗 2:"隐私我",是指自己知道、别人不知道的部分,属于个人内在的隐私和秘密。例如,一些童年往事、痛苦辛酸的经历、身上的隐疾、心中的某些不快以及自身不愿意让人知道的信息。

橱窗 3:"潜在我",是指自己不知道、别人也不知道的部分,是潜能巨大、有待开发的部分。例如,从没有上台讲过话的人,可能一直不知道自己的演讲能力很棒。

橱窗 4:"背脊我",是指自己不知道、别人却知道的部分,就像自己的背部,自己看不到,别人却看得很清楚。例如,个体习惯的小动作、口头禅等,自己很难发现,除非别人告知。

通过橱窗分析法进行自我探索,能帮助个体有意识地探索"潜在我"和"背脊我"的内容。对于"潜在我"的探索,需要个体积极主动探索新的领域、尝试新的行动。对于"背脊我",个体只要能够虚心诚恳、真心实意地征询他人的意见和看法,多与家人、朋友、同事等开展交流,就能够了解"背脊我"的部分。

(四)360°评估法

360°评估法源自人力资源管理中的绩效考核方法,其特点是评价主体多元化(通常是4个或4个以上),评价主体通常是由熟悉自己、与自己关系密切的来自不同层面的人员担任,例如,家人、老师、朋友、同学等。这种方法可以减少盲目的自我评估,当别人对自己的印象都很一致时,这个反馈意见就非常值得重视。可以通过表 3-1 评估法测试一下自己,然后相互交流一下结论,看评价是否客观。

表 3-1 360°评估法

评价人群	优　点	缺　点
自我评价		
家人评价		
朋友评价		
同学评价		
老师评价		
结论		

（五）成就回顾法

通过对自己在学习、生活、社会实践、人际交往、文娱、体育等各个方面所取得的成绩来探索自我，可以获得许多关于自己兴趣、能力、意志、价值观等方面的信息。

（六）职业测评法

这是大学生在进行自我探索时最常用到的方法。职业测评法的优点是能够在较短的时间内了解个人某方面的特点。其缺点是，职业测评种类繁多、良莠不齐，有些测试的结果和自身的实际差异很大。当测评结果与自我认知差异较大的时候，建议寻求心理测量领域的专家或职业咨询顾问的帮助来解读测试结果，或者自己通过其他自我探索的方式来对测评结果进行求证和澄清。

（七）专业咨询法

专业咨询法就是寻找心理咨询方面的专业人士或职业指导师提供专业咨询，这也是一种常用的探索自我的方法。对于大学生来说，学校的就业指导中心、心理咨询中心都可以提供这方面的咨询。咨询师能整合咨询者提供的信息，运用自身的专业知识、经验，通过科学的咨询技术给咨询者提供帮助。在咨询过程中，咨询者能够获得大量的知识和信息资料，对问题有新的认识。更重要的是通过专业咨询，会帮助咨询者提高决策的能力。

【总结案例】

马克·吐温成功的秘密

作为职业作家和演说家，马克·吐温在文学领域和演说领域取得了很大的成功。在其成功之前，他曾经试图成为一名商人。他先是投资开发打印机，花费了整整三年时间，最后把千辛万苦借来的5万美元全部赔光了。他又发现出版商因为发行他的著作而赚了大钱，他很不服气，心想，自己写文章自己出版发行，所有的利润不都是自己的吗？为什么不自己开一家出版公司呢？于是他又投资开了一家出版公司。但是，写作与经商是截然不同的两回事，他很快就陷入了债务危机，出版公司破产了。经过两次失败的打击，马克·吐温终于认识到经商不是自己所擅长的，于是他彻底断绝了经商的念头，转而到全国巡回演讲，在演讲的间隙里埋头写作。很快，因其风趣幽默的风格而声名远扬，马克·吐温成为知名的演说家，其脍炙人口的作品也迅速走红。

分析：尺有所短，寸有所长。马克·吐温开始的经商经历是"把宝贝放错了地方"。成功的原则是去选择最能使自己的长处得以发挥的职业。因为，只有充分发挥了自己的长处，才能够使自己全力以赴，把事情做到极致。

【活动与训练】

写下我的成就事件

（一）活动目标

通过回顾过去的成就事件，更加准确地认识自己的优点和缺点。

（二）建议时间

30分钟。

（三）活动规则与程序

1）请同学们回忆过去曾取得的成就，或者是曾做过自认为比较成功、感觉很好的事情，可以是兼职、学习成绩、商业活动、社会活动、课外活动、领导、人际关系、艺术、运动、协作、研究、社团、家庭、旅游、爱好等方面。

2）请写出这些成功的经历，越详细越好。

(1) _____
(2) _____
(3) _____
(4) _____
(5) _____
(6) _____
(7) _____
(8) _____
(9) _____
(10) _____

3）对自己的答案进行分析，团队分享。

4）请个别同学发言，班级内分享。

（四）讨论

成就回顾法在职业生涯规划中可起到什么作用？

（五）总结

成就回顾法可以让人获得自信和满足，也能让人更清楚自己喜欢的职业与工作，发现自己的优势。但对于无实际职场经验的人来说，可能会出现偏差。

【探索与思考】

(1) 运用本节的方法，指出自己和别人在自我认识方面存在哪些差异。
(2) 根据自我认知的结果，简单规划大学的生活。

3.2 探索职业兴趣

【名人名言】

如果工作是快乐的，那么人生就是乐园；如果工作是强制的，那么人生就是地狱。

——[俄]高尔基

【学习目标】

(1) 了解兴趣的概念和分类。
(2) 辨析兴趣类型与职业的关系。
(3) 能运用霍兰德的职业兴趣理论探索个人职业兴趣。

【导入案例】

余丽的兴趣

余丽是某职业技术学院土木工程检测技术专业大二的学生。当年她高考填报志愿的时候就很彷徨。别人问她喜欢什么？她说没有什么喜欢的。问她课余时间干什么，她说除了写作业、看书，也没有什么爱好。

在这种情况下，余丽之所以来到土木工程检测技术专业，是填报志愿时接受调剂的结果。万万没有想到，她现在一点也不喜欢这个专业，对此缺乏兴趣，入学以后不能主动适应这个专业，余丽现在十分后悔。余丽出生在经商之家，家里三代从商，她也是在这种氛围下长大的，余丽更希望就读工商管理、市场营销之类的专业。

余丽对经商十分感兴趣。她是一个性格活泼、头脑灵活的女孩，但是现在却要每天对着一大堆枯燥的数字、工程图，真是感到无比难受。每当上课的时候，余丽就"身在曹营心在汉"；每次实训的时候，她就偷懒逃课。一年下来，她的成绩可想而知，几门补考是意料中的事情了。这时候，她才开始着急，再这样下去可能连毕业证都拿不到了。

余丽很想认真学习专业知识，但是专业不是她喜欢的，却因没办法转专业被迫读下去。她该怎么办？

分析：兴趣是最好的老师，但是不少同学就读了专业后发现，自己不喜欢这个专业，并以此为借口放弃专业学习。如何培养自己的专业兴趣，对专业学习和日后的就业有着十分重要的意义。

自己喜欢做什么、不喜欢做什么，直接影响到未来职业发展过程中的幸福指数。要明白：那些自己所喜欢和爱好做的事情，实际操作起来未必就是自己的专长；现实中有许多我们必须做好的事情，也未必就属于自己兴趣和爱好的范围，因此，我们必须主动客观地积极面对。

一、兴趣及其作用

（一）兴趣和职业兴趣

兴趣是人们力求认识某种事物或从事某项活动的心理倾向。这种倾向带有稳定、主动、持久等特征。职业兴趣是人们追求某种职业或从事某种职业的个性取向。拥有职业兴趣能够增加一个人的职业满意度。预测个人职业选择最好的方法就是询问这个人自己想做什么。

（二）兴趣的分类

1. 直接兴趣和间接兴趣

所谓直接兴趣，是指对认识事物或从事活动本身有兴趣；所谓间接兴趣，是指对事物或活动本身虽没有兴趣，但对认识事物或从事活动的结果有兴趣。例如，对做生意的兴趣，有人是指向做生意本身，对工作过程中需要与各色人物交往、周旋有兴趣，对需要面临新的挑战感兴趣；而有的人则指向做生意的结果，即对生意成功后带来的利润、报酬等物质刺激感兴趣。在工作过程中,两种兴趣都是必要的。如果缺乏直接兴趣,会使工作成为一种沉重的负担;如果没有间接兴趣,又会丧失工作的目标和恒心。

2. 具体兴趣和"深层结构兴趣"

(1) 具体兴趣。具体兴趣是可以观察得到的,比如有人喜欢花草树木,有人喜欢宇宙天空;有的人对研究自然科学感兴趣,有的人对研究社会科学感兴趣;有的人兴趣倾向于情感世界,活跃于人际关系领域,有的人则倾向于理性世界,在数学、公式领域内自由翱翔;有的人对智力操作感兴趣,对读书、写作、演算、设计乐此不疲,有的人则对技能操作感兴趣,对修理汽车等工作津津有味。

(2) "深层结构兴趣"。我们所谈到的"深层结构兴趣"与上述说法不同,它是指排除社会时尚、家人、朋友、功利等的影响之后,你的兴趣点是人、事还是宇宙等,是善于创新还是善于总结归纳,是善于提出问题还是善于解决问题等。你可能不能明确表述,甚至不能直接感知,但它确定无疑存在着。不然为什么达尔文的兴趣和爱迪生的兴趣会有那么大的不同呢?"深层结构兴趣"不甘寂寞,像地热煮沸的地下水竭力要找到出口冒出地表一样,会通过几种不同的途径表现出来,成为我们可以观察到的具体兴趣。但是,并非所有深层结构兴趣都能表现为具体兴趣,只有当人生经验引发深层结构兴趣时,具体兴趣才会形成。例如,一个人的深层结构兴趣是量化分析,但如果他不进入投资领域,那么这种特质就不一定会发展为像分析科技类股票这样的具体兴趣。对我们来说,找一份合适的工作,其实就是找到了自我深层结构兴趣得以实现的途径。

【案例】

莎士比亚的戏剧之路

莎士比亚小时候在家乡看过几场戏剧演出,激发了他对戏剧的浓厚兴趣,从而决心成为一名伟大的戏剧家。因为家境贫困,只上过五年学的他坚持刻苦自修,读了许多文学、哲学、历史学书籍,还学习了希腊文和拉丁文。为了走进戏剧界,22岁的他从家乡到伦敦的一家戏院当马夫,一有空就偷着看演出,细心琢磨演出角色。后来,他终于争取到了一个配角的角色,向着心中渴望的目标一步步靠近。从30岁开始,他坚持写剧本,一生写了包括《罗密欧与朱丽叶》《哈姆雷特》等大量的传世之作。

分析:通过对自己兴趣的认知,可以引导我们过滤无关紧要的需求,从而发现自己内在的真正需求。莎士比亚的成功在于他对自我兴趣的认知,他把自己感兴趣的事情作为职业成功的目标,从而激发了职业行动,并实现了职业目标。

(三) 兴趣的三个发展阶段

从兴趣的发生和发展来看,一般要经历这样一个过程:有趣—乐趣—志趣。

1. 有趣

有趣是兴趣过程的第一阶段,也是兴趣发展的低级水平,它往往易起易落,转瞬即逝,非常不稳定。处于这一阶段的兴趣常常与人们对某一事物的新奇感相联系,随着这种新奇感的消失,兴趣也会自然逝去。

2. 乐趣

第二阶段为乐趣,乐趣又被称为爱好。它是在有趣定向发展的基础上形成的,是兴趣发展的中级水平。在这一阶段或水平上,人们的兴趣会向专一的、深入的方向发展。如一个人对无线电很有乐趣,他不但会学习这方面的知识,还会亲自装配和修理,并参加有关的兴趣小组活动。

3. 志趣

当乐趣同一个人的社会责任感、理想、奋斗目标结合起来时,便会转化为志趣。它是兴趣发展的高级水平,是取得成就的根本动力,是成功的重要保证。

【案例】

一份来自哈佛的研究报告

在1960—1980年间,哈佛商学院对1500名毕业生进行研究,一开始即将其分成两组:第一组,计划先赚钱,然后做自己想做的事,共1245人,占83%;第二组,先追求自己真正的兴趣,认为以后财源自然会滚滚而来,共255人,占17%。结果20年后,两组共诞生101位百万富翁,其中,1人属于第一组,100人属于第二组。

分析: 兴趣可以激励一个人更好地从事某种职业。如果一个人对其所从事的工作有浓厚的兴趣,他就有坚持下去且为之努力的源源不断的动力,这也揭示了为什么人人常说"兴趣就是最好的老师"。

(四)发挥兴趣的影响作用

兴趣是人认识某种事物或从事某项活动时的心理倾向。一般来说,兴趣对于人的一生具有很大的作用,体现在:兴趣可以开发智力,它是一种强大的精神力量,可以使人集中精力去获得知识,并创造性地开展工作;兴趣可提高人的工作效率,它使工作不再是一种负担,而是一种享受,它可以调动身心的全部精力,以敏锐的观察力、高度集中的注意力、深刻的思维和丰富的想象投入工作;兴趣是行动的动力,对工作感兴趣,就有钻劲,有钻劲就会出成就。

二、霍兰德的职业兴趣理论

约翰霍兰德(John Holland,1929—)是美国著名的职业指导专家,他于1959年提出了具有广泛社会影响的职业兴趣理论。该理论认为,职业选择是个人兴趣的延伸和表现;每一个特定兴趣类型的人,会对相应的职业类型中的工作或学习感兴趣;个人的兴趣与工作环境之间的适配与对应,是职业满意度、职业稳定性与职业成就的基础。职业兴趣包括六种基本类型,即现实型(R)、研究型(I)、艺术型(A)、社会型(S)、管理型(E)和常规型(C),并以六边形表示出来,如图3-3所

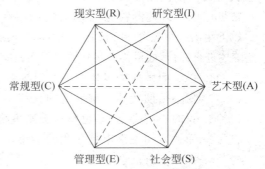

图3-3 霍兰德职业兴趣的六种基本类型

示。六个角分别代表六种职业兴趣类型；每种类型与其他五种类型之间有连线,连线距离越短,两种类型的相关系数越大；连线距离越长,两种类型的相关系数就越小。比如,现实型与研究型、常规型的相关度最高,与艺术型、管理型的相关度较高,与社会型的相关度最低。

霍兰德职业兴趣的六种基本类型内容如下。

现实型(R)：这类人习惯于发现目标、创造目标。特点是遵守纪律、喜欢安定、感情较为贫乏、洞察力不够敏锐。他们喜欢操纵工具、机器,能适应客观自然和具有明确任务的环境,重视物质的实际收益。这类人比较适合从事有明确要求和需要一定技能技巧,能按一定程序进行的工作,如农业、机械、电子技术、采矿等行业。

社会型(S)：这类人乐于助人、惯于交际、容易合作、重视友谊、责任心强。他们适合要求理解、缓和他人行为的环境。他们对那些为他人直接服务、为别人谋福利、与他人建立和发展各种关系的职业一往情深,如教育、咨询、医疗等行业。

研究型(I)：这类人好奇心强、强调分析和反省。他们乐于选择观念革新、具有开拓性的生产环境。他们喜欢需要观察和科学分析的创造性活动与需要探索精神的工作项目,如科研、创作、计算机编程等行业。

艺术型(A)：这类人具有丰富的想象力,有理想、好激动、善于创新。他们精于利用情感、直觉与想象来开创艺术形式或创造艺术作品。他们习惯从事非系统的、自由的、要求利用感情和直觉来欣赏、领会或创造艺术形式的行业,如美工、作曲、影视、文学创作等。

管理型(E)：这类人具有高度热忱和冒险精神,他们自信、交友广泛、精力旺盛、善于表达自己的意见。管理、生产销售、政治、外交等方面的职业比较适合他们。

常规型(C)：这类人顺从,具有良好的自我控制能力,但缺乏想象力。他们喜欢稳定、有秩序的工作环境。他们适合从事对众多信息进行加工和整理的工作,如办事员、仓库管理员、会计等。

然而,大多数人都并非只有一种性向(倾向性或适应性),比如,一个人的性向中很可能同时包含着社会性向、现实性向和研究性向。霍兰德认为,这些性向越相似,相容性越强,则一个人在选择职业时所面临的内在冲突和犹豫就会越少。

三、挖掘个人职业兴趣

找到自己的兴趣点,也就回答了职业生涯规划的第一个基本问题,即"我到底想干什么?"常见的职业兴趣测验有：库德测验、霍兰德测验、ACT测验等。

以下给出一个包含90道题目的问卷,每道题目是一个陈述句,请你根据自己的真实情况对这些陈述进行评价,如果符合实际情况就在相应的题目前打"√",否则打"×",请不要漏答。

( )1. 强壮而敏捷的身体对我很重要。
( )2. 我必须彻底地了解事情的真相。
( )3. 我的心情受音乐、色彩和美丽事物的影响极大。
( )4. 和他人的关系丰富了我的生命,并使它有意义。
( )5. 我相信自己会成功。
( )6. 我做事必须有清楚的指引。

(　)7. 我擅长自己制作、修理东西。
(　)8. 我可以花很长的时间去想通事情的道理。
(　)9. 我重视美丽的环境。
(　)10. 我愿意花时间帮别人解决个人危机。
(　)11. 我喜欢竞争。
(　)12. 我在开始实施一个计划前会花很多时间去计划。
(　)13. 我喜欢使用双手做事。
(　)14. 探索新构思使我满意。
(　)15. 我希望寻求新方法来发挥我的创造力。
(　)16. 我认为能把自己的焦虑和别人分担是很重要的。
(　)17. 成为群体中的关键任务执行者,对我很重要。
(　)18. 我对于自己能重视工作中的所有细节而感到骄傲。
(　)19. 我不在乎工作时把手弄脏。
(　)20. 我认为教育是个发展及磨炼脑力的终身学习过程。
(　)21. 我喜欢非正式的穿着,尝试新颜色和款式。
(　)22. 我常能体会到某人想要和他人沟通的需要。
(　)23. 我喜欢帮助别人不断改进。
(　)24. 我在决策时,通常不愿冒险。
(　)25. 我喜欢购买小零件,做成成品。
(　)26. 有时我长时间阅读,玩拼图游戏,冥想生命本质。
(　)27. 我有很强的想象力。
(　)28. 我喜欢帮助别人发挥天赋和才能。
(　)29. 我喜欢监督事情直至完工。
(　)30. 如果我面对一个新情境,会在事前做充分的准备。
(　)31. 我喜欢独立完成一项任务。
(　)32. 我渴望阅读或思考任何可以引发我好奇心的东西。
(　)33. 我喜欢尝试创新的概念。
(　)34. 如果我和别人有摩擦,我会不断尝试化干戈为玉帛。
(　)35. 要成功就必须定高目标。
(　)36. 我喜欢为重大决策负责。
(　)37. 我喜欢直言不讳,不喜欢拐弯抹角。
(　)38. 我在解决问题前,必须把问题进行彻底分析。
(　)39. 我喜欢重新布置我的环境,使它们与众不同。
(　)40. 我经常借着和别人交谈来解决自己的问题。
(　)41. 我常想起草一个计划,而由别人完成细节。
(　)42. 准时对我来说非常重要。
(　)43. 从事户外活动令我神清气爽。
(　)44. 我不断地问:为什么?

(　)45. 我喜欢自己的工作能够抒发我的情绪和感觉。
(　)46. 我喜欢帮助别人找到职业关注点。
(　)47. 能够参与重大决策是件令人兴奋的事情。
(　)48. 我经常保持清洁,喜欢有条不紊。
(　)49. 我喜欢周边环境简单而实际。
(　)50. 我会不断地思索一个问题,直到找到答案为止。
(　)51. 大自然的美会深深地触动我的灵魂。
(　)52. 亲密的人际关系对我很重要。
(　)53. 升迁和进步对我极重要。
(　)54. 当我把每天的工作计划好时,我会较有安全感。
(　)55. 我不害怕过重的工作负担,且知道工作的重点。
(　)56. 我喜欢能使我思考、给我新观念的书。
(　)57. 我希望能看到艺术表演、戏剧及好的电影。
(　)58. 我对别人的情绪低潮相当敏感。
(　)59. 能影响别人使我感到兴奋。
(　)60. 当我答应一件事情时,我会尽力监督所有细节。
(　)61. 我希望粗重的肢体工作不会给别人带来不便。
(　)62. 我希望能学习所有使我感兴趣的科目。
(　)63. 我希望能做些与众不同的事。
(　)64. 我对别人的困难乐于伸出援手。
(　)65. 我愿意冒一点险以求进步。
(　)66. 当我遵循成规时,我感到安全。
(　)67. 我选车时,最先注意的是好的引擎。
(　)68. 我喜欢能刺激我思考的话。
(　)69. 当我从事创造性的事情时,我会忘掉一切旧经验。
(　)70. 我对社会上有许多人需要帮助感到关注。
(　)71. 说服别人依计划行事是件有趣的事情。
(　)72. 我擅长检查细节。
(　)73. 我通常知道如何应对紧急事件。
(　)74. 阅读新发现的书是件令人兴奋的事情。
(　)75. 我喜欢美丽、不平凡的东西。
(　)76. 我经常关心孤独、不友善的人。
(　)77. 我喜欢讨价还价。
(　)78. 我花钱时小心翼翼。
(　)79. 我用运动来保持强壮的身体。
(　)80. 我经常对大自然的奥秘感到好奇。
(　)81. 尝试不平凡的新事物是件相当有趣的事情。
(　)82. 当别人向我诉说他的困难时,我是一个好听众。

（　）83. 做事失败了，我会再接再厉。
（　）84. 我需要确切地知道别人对我的要求是什么。
（　）85. 我喜欢把东西拆开，看看能否修理它们。
（　）86. 我喜欢研读所有的事实，再有逻辑地做出决定。
（　）87. 没有美丽事物的生活，对我而言是不可思议的。
（　）88. 人们经常告诉我他们的问题。
（　）89. 我常能借着资讯网络和别人取得联系。
（　）90. 小心谨慎地完成一件事是件有成就感的事情。

评分办法：表3-2的数字代表上列兴趣测验中的题号。

表3-2　评分办法

现实型(R)	1	7	13	19	25	31	37	43	49	55	61	67	73	79	85
研究型(I)	2	8	14	20	26	32	38	44	50	56	62	68	74	80	86
艺术型(A)	3	9	15	21	27	33	39	45	51	57	63	69	75	81	87
社会型(S)	4	10	16	22	28	34	40	46	52	58	64	70	76	82	88
管理型(E)	5	11	17	23	29	35	41	47	53	59	65	71	77	83	89
常规型(C)	6	12	18	24	30	36	42	48	54	60	66	72	78	84	90

请算出每种类型打"√"的数目，并填在下面。

现实型＿＿＿＿研究型＿＿＿＿艺术型＿＿＿＿社会型＿＿＿＿管理型＿＿＿＿常规型＿＿＿＿。

将上述分数从高到低依次排好，并填在下面。

第一位＿＿＿＿第二位＿＿＿＿第三位＿＿＿＿第四位＿＿＿＿第五位＿＿＿＿第六位＿＿＿＿。

根据以上的探索和测试结果，对照下面霍兰德职业代码，就可以找出与自己职业兴趣类型相符的职业，如表3-3所示。

表3-3　霍兰德职业代码

职业代码		对应的职业
现实型	RIA	牙科技术员、陶工、建筑设计员、模型工、细木工、制作链条人员
	RIS	厨师、林务员、跳水员、潜水员、染色员、电器修理工、眼镜制作工、电工、纺织机器装配工、服务员、装玻璃工人、发电厂工人、焊接工
	RIE	建筑和桥梁工程、环境工程、航空工程、公路工程、电力工程、信号工程、电话工程、一般机械工程、自动工程、矿业工程、海洋工程、交通工程等技术人员，制图员，家政经济人员，计量员，农民，农场工人，农业机械操作员，清洁工，无线电修理、汽车修理、手表修理工人，管工，线路装配工，工具仓库管理员
	RIC	船上工作人员、接待员、杂志保管员、牙医助手、制帽工、磨坊工、石匠、机器制造工、机车（火车头）制造工、农业机器装配工、汽车装配工、缝纫机装配工、钟表装配和检验工、电动器具装配工、鞋匠、锁匠、货物检验员、电梯机修工、托儿所所长、钢琴调音员、装配工、印刷工、钢铁工人、卡车司机
	RAI	手工雕刻工、玻璃雕刻工、制作模型人员、家具木工、制作皮革品人员、手工绣花人员、手工针织人员、排版员、印刷工、图画雕刻员、装订工

续表

	职业代码	对应的职业
现实型	RSE	消防员、交通巡警、警察、门卫、理发师、房间清洁工、屠夫、锻工、开凿工人、管道安装工、出租汽车驾驶员、货物搬运工、送报员、勘探员、娱乐场所的服务员、起卸机操作工、灭害虫者、电梯操作工、厨房助手
	RSI	纺织工、编织工、农业学校教师、某些职业课程教师（诸如艺术、商业、技术、工艺课程）、雨衣上胶工
	REC	抄水表员、保姆、实验室动物饲养员、动物管理员
	REI	轮船船长、航海领航员、轮船大副、试管实验员
	RES	旅馆服务员、家畜饲养员、渔民、渔网修补工、水手长、收割机操作工、搬运行李工人、公园服务员、救生员、登山导游、火车工程技术员、建筑工、铺轨工人
	RCI	测量员、勘测员、仪表操作者、农业工程技师、化学工程技师、民用工程技师、石油工程技师、资料室管理员、探矿工、煅烧工、烧窑工、矿工、保养工、磨床工、取样工、样品检验员、纺纱工、炮手、漂洗工、电焊工、锯木工、刨床工、制帽工、手工缝纫工、油漆工、染色工、按摩工、木匠、农民建筑工作、电影放映员、勘测员助手
	RCS	公共汽车驾驶员、一等水手、游泳池服务员、裁缝、石匠、烟囱修建工、混凝土工、电话修理工、爆炸手、邮递员、矿工、裱糊工人、纺纱工
	RCE	打井工、吊车驾驶员、农场工人、邮件分类员、铲车司机、拖拉机司机
研究型	IAS	普通经济学家、农场经济学家、财政经济学家、国际贸易经济学家、实验心理学家、工程心理学家、心理学家、哲学家、内科医生、数学家
	IAR	人类学家、天文学家、化学家、物理学家、医学病理及动物标本制作者、化石修复者、艺术品管理者
	ISE	营养学家、饮食顾问、火灾检查员、邮政服务检查员
	ISC	侦察员、电视播音室修理员、电视修理服务员、验尸室人员、编目录者、医学实验室技师、调查研究者
	ISR	水生生物学者、昆虫学者、微生物学家、配镜师、矫正视力者、细菌学家、牙科医生、骨科医生
	ISA	实验心理学家、普通心理学家、发展心理学家、教育心理学家、社会心理学家、临床心理学家、目标学家、皮肤病学家、精神病学家、妇产科医师、眼科医生、五官科医生、医学实验室技术专家、民航医务人员、护士
	IES	细菌学家、生理学家、化学专家、地质专家、地理物理学专家、纺织技术专家、医院药剂师、工业药剂师、药房营业员
	IEC	档案保管员、保险统计员
	ICR	质量检验技术员、地质学技师、工程师、法官、图书馆技术辅导员、计算机操作员、医院听诊员、家禽检查员
	IRA	地理学家、地质学家、声学物理学家、矿物学家、古生物学家、石油学家、地震学家、声学物理学家、原子和分子物理学家、电学和磁学物理学家、气象学家、设计审核员、人口统计学家、数学统计学家、外科医生、城市规划家、气象员
	IRS	流体物理学家、物理海洋学家、等离子体物理学家、农业科学家、动物学家、食品科学家、园艺学家、植物学家、细菌学家、解剖学家、动物病理学家、作物病理学家、药物学家、生物化学家、生物物理学家、细胞生物学家、临床化学家、遗传学家、分子生物学家、质量控制工程师、地理学家、兽医、放射性治疗技师

续表

职业代码		对应的职业
研究型	IRE	化验员、化学工程师、纺织工程师、食品技师、渔业技术专家、材料和测试工程师、电气工程师、土木工程师、航空工程师、行政官员、冶金专家、原子核工程师、陶瓷工程师、地质工程师、电力工程师、口腔科医生、牙科医生
	IRC	飞机领航员、飞行员、物理实验室技师、文献检查员、农业技术专家、动植物技术专家、生物技师、油管检查员、工商业规划者、矿藏安全检查员、纺织品检验员、照相机修理者、工程技术员、程序员、工具设计者、仪器维修工
常规型	CRI	簿记员、会计、记时员、铸造机操作工、打字员、按键操作工、复印机操作工
	CRS	仓库保管员、档案管理员、缝纫工、讲述员、收款人
	CRE	标价员、实验室工作者、广告管理员、自动打字机操作员、电动机装配工、缝纫机操作工
	CIS	记账员、顾客服务员、报刊发行员、土地测量员、保险公司职员、会计师、估价员、邮政检查员、外贸检查员
	CIE	打字员、统计员、支票记录员、订货员、校对员、办公室工作人员
	CIR	校对员、工程职员、海底电报员、检修计划员、发版员
	CSE	接待员、通讯员、电话接线员、卖票员、旅馆服务员、私人职员、商学教师、旅游办事员
	CSR	运货代理商、铁路职员、交通检查员、办公室通信员、簿记员、出纳员、银行财务职员
	CSA	秘书、图书管理员、办公室办事员
	CER	邮递员、数据处理员、办公室办事员
	CEI	推销员、经济分析家
	CES	银行会计、记账员、法人秘书、速记员、法院报告人
管理型	ECI	银行行长、审计员、信用管理员、地产管理员、商业管理员
	ECS	信用办事员、保险人员、各类进货员、海关服务经理、售货员、购买员、会计
	ERI	建筑物管理员、工业工程师、农场管理员、护士长、农业经营管理人员
	ERS	仓库管理员、房屋管理员、货栈监督管理员
	ERC	邮政局局长、渔船船长、机械操作领班、木工领班、瓦工领班、驾驶员领班
	EIR	科学、技术和有关周期出版物的管理员
	EIC	专利代理人、鉴定人、运输服务检查员、安全检查员、废品收购人员
	EIS	警官、侦察员、交通检验员、安全咨询员、合同管理者、商人
	EAS	法官、律师、公证人
	EAR	展览室管理员、舞台管理员、播音员、训兽员
	ESC	理发师、裁判员、政府行政管理员、财政管理员、工程管理员、职业病防治、售货员、商业经理、办公室主任、人事负责人、调度员
	ESR	家具售货员、书店售货员、公共汽车的驾驶员、日用品售货员、护士长、自然科学和工程的行政领导

续表

职业代码		对应的职业
管理型	ESI	博物馆管理员、图书馆管理员、古迹管理员、饮食业经理、地区安全服务管理员、技术服务咨询者、超级市场管理员、零售商品店店员、批发员、出租汽车服务站调度
	ESA	博物馆馆长、报刊管理员、音乐器材售货员、广告商售画营业员、导游、(轮船或班机上的)事务长、飞机上的服务员、船员、法官、律师
艺术型	ASE	戏剧导演、舞蹈教师、广告撰稿人、报刊、专栏作者、记者、演员、英语翻译
	ASI	音乐教师、乐器教师、美术教师、管弦乐指挥、合唱队指挥、歌星、演奏家、哲学家、作家、广告经理、时装模特
	AER	新闻摄影师、电视摄影师、艺术指导、录音指导、丑角演员、魔术师、木偶戏演员、骑士、跳水员
	AEI	音乐指挥、舞台指导、电影导演
	AES	流行歌手、舞蹈演员、电影导演、广播节目主持人、舞蹈教师、口技表演者、喜剧演员、模特
	AIS	画家、剧作家、编辑、评论家、时装艺术大师、新闻摄影师、男演员、文学作者
	AIE	花匠、皮衣设计师、工业产品设计师、剪影艺术家、复制雕刻品大师
	AIR	建筑师、画家、摄影师、绘图员、环境美化员、雕刻家、包装设计师、陶器设计师、绣花工、漫画工
社会型	SEC	社会活动家、退伍军人服务官员、工商会事务代表、教育咨询者、宿舍管理员、旅馆经理、饮食服务管理员
	SER	体育教练、游泳指导
	SEI	大学校长、学院院长、医院行政管理员、历史学家、家政经济学家、职业学校教师、资料员
	SEA	娱乐活动管理员、国外服务办事员、社会服务助理、一般咨询者、宗教教育工作者
	SCE	部长助理、福利机构职员、生产协调人、环境卫生管理人员、戏院经理、餐馆经理、售票员
	SRI	外科医师助手、医院服务员
	SRE	体育教师、职业病治疗者、体育教练、专业运动员、房管员、儿童家庭教师、警察、引座员、传达员、保姆
	SRC	护理员、护理助理、医院勤杂工、理发师、学校儿童服务人员
	SIA	社会学家、心理咨询者、学校心理学家、政治科学家、大学或学院的系主任、大学或学院的教育学教师、大学农业教师、大学工程和建筑课程的教师、大学法律教师、大学数学、医学、物理、社会科学和生命科学的教师、研究生助教、成人教育教师
	SIE	营养学家、饮食学家、海关检查员、安全检查员、税务稽查员、校长
	SIC	描图员、兽医助手、诊所助理、体检查员、监督缓刑犯的工作者、娱乐指导者、咨询人员、社会科学教师
	SIR	理疗员、救护队工作人员、手足病医生、职业病治疗助手

【总结案例】

郭晶晶的体育之路

作为国内运动员的代表,郭晶晶是跳水"梦之队"的领军人物,曾多次获得世界冠军。然而,辉煌的背后是她一步步走过的荆棘之路。5岁练跳水,15岁首次参加奥运会一无所获,1998年参加世锦赛,仅获女子3米跳板亚军,在之后的几年赛事中,她始终与奥运会冠军宝座失之交臂,其中包括悉尼奥运会3米跳板单人、双人亚军。巨大的压力,残酷而现实,并没有让她意志消沉、打退堂鼓。相反,基于对跳水运动的喜爱,她以坚韧的毅力和不服输的信心,加之更为艰苦的训练。2004年,她终于从雅典奥运会拿回2枚金牌。早可以光荣引退的她,在2008年奥运会上,再次获得了2枚金牌,演绎了一出完美的落幕。

作为一名老运动员,郭晶晶承受着长年伤痛的困扰,在一次次大型比赛中取得了如此辉煌的骄人战绩,是什么让她征战赛场多年却依然保持着良好的业绩?她成功的背后又有什么经历和特质?是什么动力在一路支撑着她?

郭晶晶说:"因为喜欢,才会投入,才会愿意付出。"

成功的背后是一路走过的荆棘之路,我们寻找郭晶晶动力的源泉,可以看到,对跳水的热爱是支持着她战胜种种艰辛、勇往直前的中流砥柱。

郭晶晶在跳板上的成功,是职业与兴趣结合的最佳体现。她喜欢跳水这项运动,为了实现那完美一跳而不停地去修正肢体、动作,不断地在重复练习中改进不足,缔造完美。

分析:由此可见,兴趣是成功的奠基石,兴趣对职业发展的影响是职业是否能走向真正成功的重要决定因素。对职业的兴趣能让自己全身心地投入工作中,不计较得失,更能忍受成功前的寂寞,加快职业生涯发展的步伐。

【活动与训练】

岛屿度假计划

(一) 目标:

分析自己的职业兴趣。

(二) 建议时间

40分钟。

(三) 活动要求

假如你获得了一次免费度假旅游的机会,可以去表3-4中的6个岛屿中的一个。唯一的要求是你必须在这个岛上待满半年的时间。请不要考虑其他因素,按照自己的喜欢程度选出你最想前往的3个岛屿。

表3-4 岛屿度假计划

岛屿名称	描 述
A岛:美丽浪漫的岛屿	岛上遍布着美术馆、音乐厅,弥漫着浓厚的艺术文化气息。同时,当地的原住民还保留了传统的舞蹈、音乐与绘画,许多文艺界的朋友都喜欢来这里寻找灵感
I岛:深思冥想的岛屿	岛上人迹较少,建筑物多僻处一隅,平畴绿野,适合夜观星象。岛上有多处天文馆、科博馆以及科学图书馆等。岛上居民喜好沉思、追求真知,喜欢和来自各地的哲学家、科学家、心理学家等交换心得
C岛:现代、井然的岛屿	岛上建筑物十分现代化,是进步的都市形态,以完善的户政管理、地政管理、金融管理见长。岛民个性冷静保守,处事有条不紊,善于组织规划,细心高效
R岛:自然原始的岛屿	岛上保留有热带的原始植物,自然生态保持得很好,也有相当规模的动物园、植物园、水族馆。岛上居民以手工见长,自己种植花果蔬菜、修缮房屋、打造器物、制作工具,喜欢户外运动

续表

岛屿名称	描述
S岛：温暖友善的岛屿	岛上居民个性温和、十分友善、乐于助人,社区均自成一个密切互动的服务网络,人们多互助合作,重视教育,关怀他人,充满人文气息
E岛：显赫富庶的岛屿	岛上的居民热情豪爽,善于企业经营和贸易。岛上的经济高度发展,处处是高级饭店、俱乐部、高尔夫球场。来往者多是企业家、经理人、政治家、律师等,财富论坛和其他行业峰会曾多次在这里召开

（四）活动步骤

（1）按自己第一选择的岛屿分组就座。

（2）同一岛屿的人交流一下,自己为什么选择这个岛屿,看看大家有什么共同的兴趣爱好,归纳为关键词。

（3）根据大家的交流给自己的小组命名并选取一个标志物和LOGO标识,在白纸上制作一张本小组的宣传海报。

（4）每个小组请一位同学用2分钟时间展示自己小组的宣传海报,并在全班介绍一下本小组成员的共同特点。

【探索与思考】

参考霍兰德代码表,说说你的想法。

3.3 探索职业性格

【名人名言】

每个人都有他隐藏的精华,和任何人的精华不同,他使人具有自己的气味。

——［法］罗曼·罗兰

【学习目标】

（1）了解兴趣与职业发展的关系。

（2）能分析不同性格与职业之间的关系。

（3）试探索个人职业性格。

【导入案例】

郑丹的进取心哪里去了?

郑丹是福建某高职毕业生,刚毕业半年。现在的她十分苦恼,原因是什么?入错了行。由于是独生子女,父母一直都希望她能找到一份稳定的工作,如公务员、事业单位之类。郑丹也是一个乖乖女,也希望能满足父母的愿望。毕业之后,她并没有留在大城市打拼,而是回到了小县城考了一个公务员。郑丹的性格活泼开朗,但没有耐心,一天八小时根本坐不住,她感觉工作日益没有滋味,少了进取心。

分析：一天一共只有24小时，工作就占据了8小时。快乐的工作能丰富人生的内涵。性格与职场相匹配能够让人在职业选择中少走很多的弯路，也能提高工作的效率和职场的幸福感。郑丹丢失进取心的原因主要在于，不知道自己的性格适合从事什么类型的工作，在寻找职业的时候就会丢掉自己的初心选择，忘记了自己想要的是什么，从而产生了烦恼。要解决这些困惑，就要更清晰地了解自己的性格，知道自己的性格和职业的内在联系是什么。

一、职业性格与求职择业

人们常说："性格决定命运。"在职业的选择上，性格和职业相匹配，能够提高人在职业上的幸福感。这也是近年来许多用人单位在招聘时加入了性格测试这一项目的原因。

（一）性格及其相关概念

性格是一个人在对现实的稳定态度和习惯化了的行为方式中所表现出来的个性心理特征。人的性格特点主要表现在态度、意志、情绪、理智四个方面。

态度主要是指处理各种社会关系方面的性格特征，如善于交际或行为孤僻、正直或虚伪、细致或粗心。

意志主要是指人在对自己行为的自觉调节方面的性格特征，如主动或被动、勇敢或怯懦。

情绪主要是指人产生情绪活动时在强度、稳定性、持续性和主导心境等方面表现出来的性格特征，如情绪起伏波动的大或小。人的基本情绪有愉快、惊奇、悲伤、厌恶、愤怒、恐惧、轻蔑、羞愧等。对于大学生来讲，应塑造阳光心态，把正面情绪调动出来，使自己经常处于积极的情绪当中。

理智主要是指人在认知过程中的性格特征，如幻想型和现实型。

性格的特征并不是孤立的，而是互相联系的，在个体身上结合为一体，形成一个人不同于他人的"标签"。大学生了解自己的性格特征，有利于今后的职业发展，从而形成自己的职业性格。

（二）职业性格

职业性格是指人们从事某种职业后，因为职业需求或者对该职业从业普遍要求所形成的较为固定的性格要素集合。每一种职业都对性格特征有特定的要求，如驾驶员要具备注意力稳定、动作敏捷的职业性格特征；护士要求具备耐心细致、热情待人的职业性格特征；艺术家要求有想象力、创造性等特征。

二、性格类型与职业偏好

性格类型的概念是由瑞士的精神分析家卡尔·G.荣格于1920年在他的《心理学类型》中提出来的。根据大量的观察，荣格推断不同的行为是源于个人在运用心智方面具有不同的倾向。人们习惯按照各自的倾向行事，就逐渐形成了各自的行为模式。荣格提出，世界上有三个维度和八种性格类型。到了20世纪50年代，美国的一对母女迈尔斯和布瑞格斯在此基础上发展出多一个维度，并逐渐形成了MBTI性格类型理论。

MBTI性格类型理论是目前国际上权威的、广泛使用的理论，它把人的性格分为四个维度，每个维度有两个方向，共计八个方面，分别是：

精神关注的方向,即我们与世界的相互作用是怎样的:外向(E)—内向(I)。
收集信息的方式,即我们自然留意的信息类型是什么:感觉(S)—直觉(N)。
决策的方式,即我们如何做决定:思维(T)—情感(F)。
行事方式,即我们的做事方式是什么:判断(J)—知觉(P)。

每个人的性格都落足于每个维度两端的中点的这一边或那一边,我们把每个维度的两端称作"偏好"。例如,如果落在外向的那一边,就可以说具有外向的偏好;如果落在内向的那一边,就可以说具有内向的偏好。在现实生活中,每个维度的两个方面人们都会用到,只是其中的一个方面用得更自然、更容易、更快捷、更舒适,就好像每个人都会用到左手和右手,有的习惯用左手,有的习惯用右手。同样,性格类型就是一个人用得更自然舒适、更便利快捷的那种。

由 MBTI 的四个维度和每个维度的两个方面,一共可以组成 16 种性格类型,如表 3-5 所示。

表 3-5　MBTI 人格理论的 16 种人格类型的职业偏好、可能适应的职业环境类型对照

性 格 类 型	可能的职业偏好	可能适应的职业环境类型
ISTJ 内向/感觉/思维/判断	会计,办公室管理人员,工程师,警察/法律工作者,生产、建设、保健人员	注重事实和结果; 提供安全结构和顺序; 能保持稳定的情绪
ISTP 内向/感觉/思维/知觉	科研、机械、修理人员,农业工作者,工程师和科学技术人员	注重迅速解决问题; 目标和行动取向一致; 不受规律限制; 着眼于眼前的经历
ESTP 外向/感觉/思维/知觉	市场销售、工程和技术人员,信用调查人员,健康、技术人员,建筑从业者,生产者,娱乐从业者	注重第一手经验; 工作具有灵活性; 及时满足需要及技术取向
ESTJ 外向/感觉/思维/判断	商业管理、银行、金融、建筑、生产、教育、技术、服务人员	注重正确高效地做事; 注重组织结构; 具有稳定性和可预知性; 实现可行的目标
ISFJ 内向/感觉/情感/判断	保健员,教师,图书管理员,办公室管理人员,个人服务人员,文书	看重有条理的任务; 注重安全与隐私; 有效率
ISFP 内向/感觉/情感/知觉	机械和维修、工厂操作、饮食服务、办公室工作、家务工作等从业者	善于合作,喜爱自己的工作; 允许有自己的私人空间; 灵活,具有审美能力,谦恭
ESFP 外向/感觉/情感/知觉	保健服务、销售工作、设计交通工作、管理工作、机械操作、办公室工作等从业者	注重现实,目标与行动取向一致; 活泼,精力充沛,适应性强; 以人为本,工作环境舒适
ESFJ 外向/感觉/情感/判断	保健服务员,接待员,销售人员,看护孩子人员,家务工作人员	喜欢帮助他人; 目标明确; 气氛友好,善于欣赏他人; 喜欢按实际条件办事

续表

性格类型	可能的职业偏好	可能适应的职业环境类型
INFJ 内向/直觉/情感/判断	宗教人员,教师,图书馆工作者,媒体专家,社会服务人员	关注人类的思想和心理健康; 协调能力强,有组织性; 注重情感,喜欢反省
INFP 内向/直觉/情感/知觉	咨询、教学、文学、艺术、戏剧、科学、心理学、写作、新闻从业人员	关注他人的价值; 有合作的氛围; 允许有思考的时间和空间; 灵活、安静、不官僚
ENFP 外向/直觉/情感/知觉	教学、咨询、宗教、广告、销售、艺术、戏剧、音乐从业人员	有大家积极参与的氛围; 不受限制的工作环境; 工作富于变化和挑战
ENFJ 外向/直觉/情感/判断	销售、艺术、演艺、宗教、咨询、教学、保健从业人员	愿意为帮助他人而改变; 具备社会化的、和谐的工作环境; 以人为本,鼓励自我表达
INTJ 内向/直觉/思维/判断	科学、工程、政治、法律、哲学、计算机从业人员	注重长远规划的实现; 有效率,以任务为重; 允许独自思考; 支持创造性和独立性
INTP 内向/直觉/思维/知觉	科学、研究、工程、社会服务、计算机、心理、法律从业人员	大家勇于解决复杂的问题; 鼓励独立并注重保护隐私; 工作灵活,不受限制; 自我决定性强
ENTP 外向/直觉/思维/知觉	管理、操作、系统分析、销售、营销、人事从业人员	大家喜欢解决复杂的问题; 目标与行动取向一致; 工作效率高; 工作人员敢于挑战困难

【总结案例】

转行成功的刘湘玉

刘湘玉毕业于某高职教育专业,曾希望能在教育领域闯出一番事业。毕业后,她在一所中学担任主课教师。但是,工作了一段时间后,她越来越不开心,她活泼开朗的性格忍受不了一成不变的模式,而且学校对教师的教学方式都有严格的要求,难以体现自己的风格。她觉得自己不太适合教师这个职业,于是她跳槽到教育发展投资公司做市场专员,开始天天跑业务。刘湘玉只用了短短一年的时间就成为公司的业务标兵,升职做了主管。后来,她又担任市场部经理助理。在这个岗位上,刘湘玉充分发挥了自己的性格优势,特别是在市场策划方面显示出她过人的能力,三年后,刘湘玉晋升为市场部经理。

分析:刘湘玉成功的秘密其实是找到适合自己性格的工作,然后果断转行。人生的目标和计划需要在充分认识自我的基础上不断调整,江山易改、本性难移,适合自己性格的工作会使人充满干劲,在职业生涯上更容易获得成功。

【活动与训练】

在老师的指导下,运用 MBTI 测试进行职业人格探索。

【探索与思考】

(1) 分析自己,您的性格究竟适合怎样的职业?

(2) 观察身边的人,您觉得性格类型与职业之间的影响大吗?

3.4　探索职业能力

【名人名言】

尽管我们常常谴责人类不了解自己的缺点,但恐怕也很少有人了解自己的长处,就像在泥土中埋藏着一罐金子,土地的主人却不知道一样。

——[美]约拿珊·斯威夫特

【学习目标】

(1) 明确能力的概念。

(2) 辨析能力与职业的关系。

(3) 能运用测评工具和个人经历估算个人职业能力。

【导入案例】

森林动物园

在美国,有一个关于成功的寓言故事,一直在职业经理人中广泛流传。它取自名为《飞向成功》的畅销书,该书的作者之一便是唐纳德·克里夫顿博士。这个寓言故事讲的是:为了像人类一样聪明,森林里的动物们开办了一所学校。学生中有小鸡、小鸭、小鸟、小兔、小山羊、小松鼠等,学校为它们开设了唱歌、跳舞、跑步、爬树和游泳 5 门课程。第一天上跑步课,小兔兴奋地在体育场地跑了一个来回,并自豪地说:"我能做好我天生就喜欢做的事!"再看看其他小动物,有噘着嘴的,有沉着脸的。放学后,小兔子到家对妈妈说:"这个学校真棒!我太喜欢了。"第二天一大早,小兔蹦蹦跳跳来到学校。上课时老师宣布,今天上游泳课。只见小鸭兴奋地一下子跳进了水里,而天生恐水、不会游泳的小兔傻了眼,其他小动物更没招。接下来,第三天是唱歌课,第四天是爬树课⋯⋯学校里的每一天课程,小动物们总有喜欢的和不喜欢的。

分析:这个寓言故事诠释了一个通俗的哲理:一个人只有最大限度地发挥自己天生的优势,才能获得成功。若没有天赋,任何试图通过培训的方式培养优势的努力都是徒劳的。判断一个人是否成功,最主要看他是否最大限度地发挥了自己的优势。而最大限度地发挥自己的优势,便是职业生涯设计成功的重要依据之一。因此,若想获得职业上的成功,你首先要学会识别、发现自己天生的才干与优势智能。

一、能力和职业能力

（一）能力的含义

从心理学上说，能力是人们成功完成某个任务所必须具备的个性心理特征。人要顺利、成功地完成一个任务，总要有一定心理和行为方面的条件作保证，这种能保证完成任务所需要的基本条件就属于能力。能力是在先天素质的基础上，在生活环境和教育的影响、熏陶下，在个体的人生经历中形成和发展起来的，对从事任何职业都十分必要。

能力按照其获得的方式（先天具有与后天培养），可以分为能力倾向和技能两大类。技能是人通过后天学习和练习而获得的能力。能力倾向是每个人与生俱来的特殊才能。

$$能力＝技能＋能力倾向$$

在现实生活中，个人的能力水平往往是能力倾向和技能两方面相互作用的结果，能力通常表示个人在工作中能够做什么。

（二）一般能力和特殊能力

人的能力多种多样。从职业的角度，按照能力的适用性一般可以将人的能力分为一般能力和特殊能力。

一般能力是指顺利完成各种活动所必备的基本能力。这种能力集中体现在认知活动中，也就是一般意义上的智力，也可称为"认知能力"或"认知智力"。如意志力、观察力、记忆力、想象力、思维能力和言语能力等。

特殊能力是指顺利完成某种特殊活动所必备的专门能力，与某些职业活动密切相关。如在进行音乐、绘画、飞行活动中，就需要相应的音乐、绘画以及高空适应能力等。由于个体的早期生活经历不同，能力会有差异。能力的差异表现在质和量两方面：质的差异表现在个体具备不同的特殊能力及能力类型方面；量的差异表现在能力发展的水平和年龄差异方面。

在职业活动中，个体还表现出职业能力的差异，他们在职业决策能力、实际动手能力、创造力、适应社会能力、人际交往能力等方面均有差异。职业活动中所表现出来的能力即职业能力，它既与特殊能力有关，又与一般能力密不可分。所以在职业活动中，我们在注重发展自己的特殊能力的同时，也应注重自己一般能力的发展，这样才能提高职业活动的效率。一个人的能力如果没有遇到合适的土壤，那么他的能力只能被称为潜在能力，不能叫作现实能力。潜在能力只有在外部环境和教育条件许可时，才能发展成为现实能力。所以我们只有投身到社会实践中，才能给自己的能力一个机会，从而为社会做贡献。

（三）影响职业能力发挥的因素

职业能力可以定义为个体所学的知识、技能和态度在特定的职业活动或情境中进行类化迁移与整合而形成的多种能力的综合。影响职业能力发挥的因素有个人因素和社会因素。

1. 个人因素

（1）兴趣

职业兴趣是指人们对某类专业或工作所抱的积极态度。不同的人对于同一职业可能抱积极的态度,或者抱消极的态度,或者抱无所谓的态度。

(2) 性格

性格影响着一个人对职业的适应性,一定的性格适合于从事一定的职业;同时,不同的职业对人有不同的性格要求。

(3) 职业发展愿望

职业发展愿望即自己愿意从事何种职业。如果一个人对某一种职业产生兴趣,就会迸发出强大的行为动力,推动着他去开掘自身的全部潜能,大大提高自身的工作效率。

(4) 能力

这里所说的能力指劳动者从事社会生产活动的能力,即职业工作能力。

(5) 教育

教育上的成功与社会阶层的晋升有明显的关联,凡是社会阶层高过父母所属阶层的人都觉得,教育是改变社会阶层的主要动力。

2. 社会因素

(1) 社会阶层

社交圈为某一类型的人提供机会,"生存机会"多半由社交圈决定。虽然社会阶层深深地影响着个人的职业生涯,但是阶层界限并非牢不可破。

(2) 经济发展水平

在经济发展水平高的地区,企业相对集中,优秀企业也就比较多,个人职业选择的机会就比较多,因而有利于个人职业的发展;反之,在经济落后的地区,个人职业选择的机会比较少,个人职业生涯也会受到限制。

(3) 社会文化环境

社会文化是影响人们行为、欲望的基本因素,它主要包括教育水平、教育条件和社会文化设施等。在良好的社会文化环境中,个人能力受到良好的教育和熏陶,从而为职业生涯打下更好的基础。

(4) 政治制度和氛围

政治和经济是相互影响的,政治不仅影响到一国的经济体制,而且影响着企业的组织体制,从而直接影响到个人的职业发展。政治制度和氛围还会潜移默化地影响个人的追求,从而对职业生涯产生影响。

二、能力和职业的关系

能力与职业的关系非常密切,是职业选择的重要依据,是大学生开启职业大门的钥匙。因此,我们对自己的能力要有一个清楚的认识,根据自己的能力选择与自己职业能力一致的职业,以便在社会的竞争中立于不败之地。

(一) 多元智能对职业选择的影响

美国哈佛大学心理学家加德纳教授认为人类智能是多元的,不是一种能力,而是一组能力。按照加德纳教授的多元智能理论,个体身上独立存在着与特定认知领域或知识范畴相联系的八种智能。

1. 音乐智能

音乐智能是指人能够敏锐地感知音调、旋律、节奏、音色等能力。这项智能对节奏、音调、旋律或音色的敏感性强,与生俱来就拥有音乐天赋,具有较高的表演、创作及思考音乐的能力。这种类型的人适合的职业是:歌唱家、作曲家、指挥家、音乐评论家、调琴师等。

2. 身体—运动智能

身体—运动智能是指善于运用整个身体来表达思想和情感,灵巧地运用双手制作或操作物体的能力。这项智能包括特殊的身体技巧,如平衡、协调、敏捷、力量、弹性和速度以及由触觉所引起的能力。这种类型的人适合的职业是:运动员、演员、舞蹈家、外科医生、宝石匠、机械师等。

3. 数学—逻辑智能

数学—逻辑智能是指有效地计算、测量、推理、归纳、分类,并进行复杂数学运算的能力。这项智能包括对逻辑的方式和关系、陈述和主张、功能及其他相关的抽象概念的敏感性。他们适合的职业是:科学家、会计师、统计学家、工程师、计算机软件研发人员等。

4. 语言智能

语言智能是指有效地运用口头语言及文字表达自己的思想并理解他人,灵活掌握语音、语义、语法,具备用言语思维、言语表达和欣赏语言深层内涵的能力结合在一起并运用自如的能力。这种类型的人适合的职业是:政治活动家、主持人、律师、演说家、编辑、作家、记者、教师等。

5. 空间智能

空间智能是指准确感知视觉空间及周遭一切事物,并且能把所感觉到的形象以图画的形式表现出来的能力。这项智能对色彩、线条、形状、形式、空间关系很敏感。这种类型的人适合的职业是:室内设计师、建筑师、摄影师、画家、飞行员等。

6. 人际智能

人际智能是指能很好地理解别人和与人交往的能力。这项智能善于察觉他人的情绪、情感,体会他人的感觉和感受,具备辨别不同人际关系的暗示以及对这些暗示做出适当反应的能力。这种类型的人适合的职业是:政治家、外交家、领导者、心理咨询师、公关人员、推销等。

7. 自我认知智能

自我认知智能是指善于自我认识和具有自知之明并据此做出适当行为的能力。这项智能能够认识自己的长处和短处,意识到自己的内在爱好、情绪、意向、脾气和自尊,具有喜欢独立思考的能力。这种类型的人适合的职业是:哲学家、政治家、思想家、心理学家等。

8. 自然认知智能

自然认知智能是指善于观察自然界中的各种事物,对物体进行辨认和分类的能力。这项智能有着强烈的好奇心和求知欲,有着敏锐的观察能力,能了解各种事物间的细微差别。这种类型的人适合的职业是:天文学家、生物学家、地质学家、考古学家、环境设计师等。

(二)如何做到能力与职业的匹配

每个人具备的能力不同,选择的职业就会有差异。从能力差异的角度来看,在选择职业时应遵循下列原则。

1. 能力类型要与职业相吻合

人的能力发展方向存在差异。职业研究表明,职业可以根据工作的性质、内容和环境划分为不同的类型,并且对人的能力有不同的要求。因此,首先要注意能力水平与职业类型基本一致。对一种职业或职业类型来说,由于所承担的责任不同,可分为不同层次,不同职业层次对人的能力有不同的要求。因此,在根据能力类型确定了职业类型后,还应根据自己所达到或可能达到的能力水平确定相吻合的职业层次。

其次要充分发挥能力倾向原则。能力倾向指的是一个人的潜能,即其能力的发展前景及未来可能的潜在成就。大学生在进行职业生涯规划时,更应该注重的是自己的能力倾向。可以通过能力倾向测评准确地掌握自己的能力倾向,更好地确定自己的职业发展方向,使自己得到充分的发展。

每个人都具有一个由多种能力组成的能力系统,在这个系统中,每个人各方面能力的发展是不平衡的,选择职业时应选择最能运用优势能力的职业。个体从事与自己的优势智能相匹配的工作,更易取得成功。而且不同个体把自己的智能按有效方式排列组合,可能会产生惊人的效果。也就是说,每个人的智能结构都是不同的,或者这些智能都不是很高,但排列组合顺序不同,效果就会不同。人们取得成功所需要的才能和智慧是不一样的,所以要根据自己独特的智能结构去寻找合适的职业。

2. 一般能力要与职业相吻合

一般能力即智力能力,包括注意力、观察力、记忆力、思维能力和想象力等。智力在很大程度上决定着人们所从事的职业类型。不同的职业对人的一般能力的要求是不同的,有些职业对从业者的智力水平有绝对的要求,如大学教师、科研人员、律师等都要求有较高的智商。

3. 特殊能力要与职业相吻合

特殊能力又称专业能力,也称特长,是指从事某项专业活动的能力。要顺利完成某项工作,除要具有一般能力外,还要具有该项工作所要求的特殊能力。一般认为,计算能力、音乐能力、绘画能力、写作能力、动作协调能力、空间想象能力等都是特殊能力。

心理学的实践证明,人的特殊能力与智力的关系很小。不能从一个人的能力倾向来推测他的智力,同样也不能从他的智力水平来推测他的特殊能力。

三、职业核心能力

职业核心能力是人们职业生涯中除岗位专业能力之外的基本能力,它可以让人自信和成功地展示自己,并根据具体情况选择和应用。它适用于各种职业,适应岗位的不断变换,是伴随人终身的可持续发展能力。

1998年,我国原劳动部在《国家技能振兴战略》中把职业核心能力分为八项,称为"八项核心能力",包括与人交流、与人合作、解决问题、自我学习、信息处理、数字应用、创新革新、外语应用。八项职业核心能力可以分为"职业社会能力"和"职业方法能力"两类。职业社会能力包括"与人交流""与人合作""解决问题""外语应用"等能力,职业方法能力包括

"自我学习""信息处理""数字应用""创新"等能力。

四、探索你的职业能力

(一)能力倾向测试

能力倾向测试又称性向测试,它可以预测一个人将来在某方面的"可能"成就,挖掘出职业发展潜能。最常用的测验有如下几种。

(1)差别能力倾向测验,分别测验文字推理、数字推理、抽象推理、文书速度、准确性、机械推理、空间关系、拼写和语言应用。

(2)一般能力倾向成套测验(美国),包含对11项能力倾向进行评估,分别是一般学习能力、语言能力、数理能力、判断能力、图形知觉能力、符号知觉能力、运动协调能力、手指灵活度、手腕灵巧度、眼手足协调和颜色鉴别。

(3)我国公务员录取考试中常用到的《行政能力倾向测验》,是用来测试公务员工作所具备的一般潜能的一种职业能力测试,包括数量关系、判断推理、常识判断、语言理解与表达、资料分析等五个方面的行政能力测试。

(二)经验分析

通过对过去的成就事件进行分析总结,对自己的能力排序,澄清自己所具备的职业能力,常用的有"我的成就故事清单"等方法。

五、提升自我效能感

(一)自我效能感的概念

自我效能指人对自己是否能够成功地进行某一成就行为的主观推测与判断。这个概念是积极心理学中的一个重要概念,由美国斯坦福大学心理学家阿尔伯特·班杜拉(Albert Bandura)在20世纪70年代首次提出,班杜拉对自我效能感的定义是指"人们对自身能否利用所拥有的技能去完成某项工作行为的自信程度"。

(二)自我效能感的功能

班杜拉等的研究还指出,自我效能感具有下述功能:决定人们对活动的选择及对该活动的坚持性;影响人们在困难面前的态度;影响新行为的获得和习得行为的表现;影响活动时的情绪。

自我效能感高的人:期望值高,显示成绩,遇事理智处理,乐于迎接应急情况的挑战,能够控制自暴自弃的想法——需要时能发挥智慧和技能。自我效能感低的人:畏缩不前,情绪化地处理问题,在压力面前束手无策,易受惧怕、恐慌和羞涩的干扰——当需要时,其知识和技能无以发挥。

(三)通过计划提高自我效能

1. 设定的目标应该具体,相应的任务可以用数字来衡量

既明确知道自己想要什么,又列出用来衡量自己是否做到的指标,就可以随时检验自己处在什么样的阶段,是不是正在按照计划实现你的目标。

2. 计划必须是此时此刻可以独自实现的,所有的任务都是可以完成的

如果在短期内实现最终目标有一点吃力,不妨把它拆解为一些相关的小目标。遇到困难无法前进时,可以问问自己"现在我能做到的最容易的事情是什么"。这是因为,每一个小小的、稳定的进步都构成了一个成就经验。它们可以提高你的效能感,改变你对自己能力的信念。你会借助这些小小的成功,挑战更高更难的其他任务。

3. 记得给计划中的每一条都加上明确的时间限制

这个世界会发生无数种可能,但没有约束力的计划难以推动我们马上采取行动。阻止我们去完成每天的工作任务的一个最大的障碍就是拖延,拖延的问题几乎会影响到每一个人。

【总结案例】

陈俊杰的成功创业故事

深圳某高职院校市场营销专业2015届陈俊杰在校期间担任过系学生会主席,积极参与校内各类市场营销大赛并屡获殊荣。在营销大赛的过程中,需要制作PPT进行路演。由于在校期间需要参加比赛,他积极向身边的同学请教PPT的制作方法,上网搜索相关的素材和图片。每次比赛,他制作的PPT都非常精美、文字内容翔实得当,逻辑清晰,讲解明确,经常得到校内赛的第一名。他积累了比赛经验之后,在校期间也屡屡为校外的公司进行接单,写营销策划方案,为企业进行推广策划活动,得到了客户的认可和好评。

毕业之后,他认真分析自己性格方面的特点和自身的能力,果断开始创业,成立了文化策划公司。半年后又成立了自己的营销策划公司,公司创办至今,业务规模逐渐扩大。

分析:陈俊杰在校期间担任过学生会主席,锻炼了自己的组织协调能力与决策能力,运用自己的学习能力学习了PPT的制作方法,培养了快速学习、沟通、收集信息和文字处理能力,面对生活中新的问题能够迎难而上、有效解决。陈俊杰同学的例子说明,他的自我认知是全面而准确的。正确的自我认知促成了他的职业生涯的成功。

【活动与训练】

多元能力分析

(1)表3-6中每项能力满分为10分,给自己的每项能力打分。

表3-6 多元能力自测

能力类型	含义	分数(满分为10分)
语言能力	听、说、读、写能力	
逻辑思维能力	根据需求有效果地传递信息;用数学方法来解决问题;用科学的原理和方法来解决问题;运用逻辑推理来判定解决问题的建议、结论和方法的优缺点	

续表

能力类型	含　　义	分数 （满分为10分）
管理能力	绩效监督，协调安排，说服他人，谈判技能，指导他人，解决复杂的问题，判断和决策，时间管理，财务管理，物资管理，人力资源管理	
动手能力	具体专业操作技能方面的能力	
身体协调能力	运用四肢和躯干的能力，表现为察觉、体验他人情绪和情感的能力	
沟通能力	理解工作文件的句子和段落，理解对方讲话的要点，适当地提出问题；交谈中有效果地传递信息；理解信息中的启示，用于解决问题，帮助做出决定；关注并理解他人的反应；积极地寻找方法来帮助他人	
自省能力	能够正确地意识和评价自身的情感、动机等能力，形成自尊、自律和自制的能力	

（2）试分析自己的哪项能力还可以提高。

本专业所需要的职业能力分析

（1）分组：3～5人为一个小组。

（2）小组讨论：本专业的毕业生可以从事哪些具体职业？

（3）分析：讨论该职业所需要的各方面能力的掌握程度，并列表（见表3-7。例如：文秘专业的学生进行从事秘书职业的讨论）。

表3-7　本专业所需要的职业能力分析表

职业	语言能力	逻辑思维能力	管理能力	动手能力	身体协调能力	沟通能力	自省能力
秘书	一般	较强	一般	较弱	一般	较强	较强

【探索与思考】

我所期望的目标岗位究竟需要哪种能力？我应该从哪些方面去促进自身能力的提高？

3.5　澄清职业价值观

【名人名言】

我的生活即是我想要传递的信息。

——[印]甘地

【学习目标】

(1) 理解职业价值观的内涵。
(2) 了解职业价值观的类型。
(3) 能够用职业价值观指导自身的职业生涯发展。

【导入案例】

"自愿"待业的杨玲

杨玲,文秘专业,职业院校毕业后,她开始寻找自己心目中理想的工作,虽然参加了许多场招聘面试,获得过一些就业机会,但是由于用人单位开出的薪水较低,仍然达不到自己的择业期望值。拥有一堆获奖证书加上学生干部的经历,杨玲觉得自己应该在大城市内待遇优厚、条件较好、环境优越的用人单位就职,但是在与自己看中的单位联系工作时却连连碰壁。想一想自己的许多同学已经成为业务骨干,杨玲说:"我这么大了还待在家中,花父母的钱,无法自食其力养活自己,觉得很羞愧,无脸见人!"

分析:杨玲之所以待业在家,是因为她的择业心态不成熟,过分挑剔苛求,存在职业价值观偏差,导致期望和现实存在巨大的落差。因此,树立正确的职业价值观,比工作本身更重要。如改变陈旧的就业观念,进行自我职业价值取向分析与调整,杨玲的就业烦恼就会迎刃而解。

一、职业价值观的含义

职业价值观是人们在选择职业时的一种内心尺度。它表明了一个人通过工作所要追求的理想是什么?哪个职业好?哪个岗位适合自己?这些问题都是职业价值观的具体表现。

职业价值观是指人生目标和人生态度在职业选择方面的具体表现,也就是一个人对职业的认识和态度以及他对职业目标的追求和向往。理想、信念、世界观对于职业的影响,集中体现在职业价值观上。职业价值观决定了人的职业期望,影响职业方向和职业目标选择,决定了就业后的工作态度和工作绩效水平,从而决定了职业发展的质量。

由于个人的身心条件、年龄阅历、教育状况、家庭影响、兴趣爱好等方面的不同,人们对各种职业有着不同的主观评价。

职业价值观也是一个人对各种职业价值的基本认识和基本态度。俗话说"人各有志",这个"志"表现在职业选择上就是职业价值观,它探讨人们在职业选择和职业生活中,在众多的价值取向里,优先考虑哪种价值。当我们有矛盾冲突,或妥协与放弃时,常常是出于职业价值观的考虑。

价值观对动机具有导向作用,在我们的生涯发展中往往起到极其重要的、决定性的作用。职业价值观决定人们的职业期望,决定着人们就业后的工作态度和劳动绩效水平,从而影响了人们的职业发展情况。一个人越清楚自己的价值观,越了解自己在工作和生活中想要寻求什么,什么对自己来说是最重要的,他的生涯发展目标也就越清晰。而价值观不清晰的人往往会陷入混乱,难以抉择。

不同的价值观在职业选择中也有不同的作用:负面的价值观经常会影响学生择业的过程,有些学生在择业中会产生失望、彷徨等消极的心理状态,导致心理不和谐;正确的价值观可以促进学生找到适合自己的职业,例如,在职业价值观中看重发展因素的学生,其自我满意度较高,自我灵活性也较好,这些学生往往具备很强的竞争力,就业准备充分,具有较强的进取心,善于学习。

二、职业价值观的类型

(一)美国心理学家洛特克的分类

洛特克在其所著《人类价值观的本质》一书中,提出13种价值观:成就感、审美追求、挑战、健康、收入与财富、独立性、爱、家庭与人际关系、道德感、欢乐、权利、安全感、自我成长和社会交往。

(二)中国学者阚雅玲的分类

我国学者阚雅玲将职业价值观分为如下12类。

(1)收入与财富。将薪酬作为选择工作的重要依据,工作的目的或动力主要来源于对收入和财富的追求,并以此改善生活质量,显示自己的身份和地位。

(2)兴趣特长。以自己的兴趣和特长作为选择职业最重要的因素,能够扬长避短、趋利避害、择我所爱、爱我所选,可以从工作中得到乐趣、得到成就感。

(3)权力地位。有较高的权力欲望,认为有较高的权力地位会受到他人的尊重,希望能够影响或控制他人,从中可以得到较强的成就感和满足感。

(4)自由独立。在工作中能有弹性,可以充分掌握自己的时间和行动,自由度高,不想受太多的约束,既不想治人也不想受治于人。

(5)自我成长。工作能够提供受培训和锻炼的机会,使自己的经验与阅历能够在一定的时间内得以丰富和提高。

(6)自我实现。工作能够提供平台和机会,使自己的专业和能力得以全面运用和施展,实现自身价值。

(7)人际关系。将工作单位的人际关系看得非常重要,渴望能够在一个和谐、友好甚至被关爱的环境中工作。

(8)身心健康。工作能够免于危险、过度劳累,免于焦虑、紧张和恐惧,使自己的身心健康不受影响。

(9)环境舒适。工作环境舒适宜人。

(10)工作稳定。工作相对稳定,不必担心经常出现裁员和辞退现象。

(11)社会需要。能够根据组织和社会的需要响应某一号召,为集体和社会做出贡献。

(12)追求新意。希望工作的内容经常变换,使工作和生活显得丰富多彩。

三、职业价值观的确立

(一)职业价值观与职业选择的关系

由于受家庭环境、教育、兴趣爱好等多方面的影响,不同个体的职业价值观是不同的,而这种不同会影响人们对就业方向和具体职业岗位的选择。例如,是要工作舒适轻松,还是要高标准的工资待遇?当两者有矛盾冲突时,最终影响我们决策的是存在于内心的职业价值观。因此,我们很有必要明确并不断审视自己的职业价值观。

(二)职业价值观的排序与取舍

职业价值观的特性决定人们不会只有唯一的职业价值观,要对自己的职业价值观进行排序,找出你认为最重要、次重要的方面,并提醒自己不可能什么都得到。否则就会患得患失,终其一生也不清楚自己到底想要什么,更谈不上职业生涯的成功和对社会的贡献,因为没有一种职业能完全满足一个人所重视的各种价值观,因而,了解自己各种价值观的权重排序并懂得取舍是非常必要的一件事情。

(三)职业价值观中个人与社会的关系

人不能离开社会而独立存在,个人只有在工作中为社会做贡献才能实现自己的职业价值。当然并不是说要忽略择业中的个人因素,如果只关注社会责任,这样不但不利于个人发展,也是社会的损失。例如,在教育落后、师资匮乏的地区,出于发展教育的需要,让一个富于科学创造力、不善言辞的学者去从事普通的教师工作,对个人而言大材小用,壮志难酬,对社会而言可能会使国家损失一项重大的发明,该地区不过多了一个也许并不出色的教师。相反,我们也不倡导只为个人考虑、毫不考虑国家和社会需要的职业价值观。

(四)树立正确的职业价值观

1. 处理好职业价值观与金钱的关系

金钱是一种成就的报酬,它是在确定职业价值观时首先要面对的问题。有些经济条件不太好的大学毕业生在求职时,将金钱作为首选目标,从根本上讲这并没有错。但是怀有一夜暴富的心理是不正常的,更是危险的,容易被社会上的骗子利用,甚至误入歧途。特别是面对严峻的就业形势,更应理性地降低对金钱的期望,应尽可能地将自我成长和自我实现作为毕业求职时的首选。

2. 处理好职业价值观与个人兴趣和特长的关系

职业价值观、个人兴趣和特长是人们在择业时需要考虑的3个重要因素。在确定价值观时,一定要考虑它是否与自己的兴趣和特长相适应。

3. 处理好职业价值观的排序与取舍问题

职业价值观的特性决定人们不会只有唯一的职业价值观,人性的本能也会驱使人们希望什么都能得到,但在现实生活中鱼和熊掌是不可兼得的。在职业选择中,就要付出代价,只有舍,才能得。

4. 处理好职业价值观中个人与社会的关系

人不能离开社会而独立存在,个人只有在工作中为社会做贡献才能实现自己的职业价值。

5. 处理好淡泊名利与追逐名利的关系

当一个人有了名利才有资格去谈淡泊,没有名利说淡泊那叫"吃不到葡萄说葡萄酸"。

名利是人的欲望使然,欲望可以使人成就大的事业,也可使人自我毁灭。以合理、合法、公正、公平的方式追名逐利在一定程度上对个人对社会都会有益,但它需要有限度,该知足时则知足,该进取时则进取。

【总结案例】

越来越现实的理想

某人21岁,在高职院校的毕业生座谈会放出豪言壮语,他说:"我发誓要当李嘉诚第二!我要当中国首富!"

在24岁时,春节老同学团聚会上,他说:"我想创立自己的公司,30岁之前拥有资产2000万元。"

在26岁时,在某市工厂当技术员,第二职业是炒股,他说:"我正在为离开这家工厂而奋斗,因为在这里工作太没有前途了。我将全力炒股,3年内用5万元炒到300万元。"

在28岁时,"炒"股失意而情场得意,开始准备结婚,他说:"我希望一年后能有10万元,让我风风光光地结婚。"

在30岁时,在"不太"风光的结婚典礼上,他说:"我想生一个胖小子,不久的将来当个车间主任就行。"

在33岁时,工厂效益下滑,偏偏正是他妻子怀胎十月的时候,他说:"希望这次下岗名单里千万不要有我。"

分析:不少过来人都经历了"雄心壮志—怀才不遇—满腹牢骚—撞钟混日—担心下岗—走投无路"这样一个职业历程,问题就在于:不能正确地认识自己;分不清美好愿望与目标的区别;没有处理好自己与企业的关系;总是抱怨,不懂得适应、利用和改变环境;只有良好愿望,没有好的职业生涯路径;只有好的愿望,没有相应的知识、能力和态度的提升来做支持。

【活动与训练】

避难所的抉择

情境:一场空前的灾难即将降临,地球将遭到毁灭。这时有一个避难所可使人们逃生,但避难所里只能收留6个人,需要避难的有12个人。如果让他们自己决定,他们将无法选择。因此,只能由你来决定他们的去留。你只有15分钟的时间。这12个人物的档案如下。

(1) 12岁的初中生,智商很高;
(2) 医生;
(3) 孕妇;
(4) 教师;
(5) 建筑师;
(6) 好朋友,曾经因打架被判过刑;
(7) 著名的历史学家;
(8) 运动员;

(9) 不愿意和妻子分开的科学家；
(10) 科学家的妻子，患有严重的疾病；
(11) 持枪的警察；
(12) 漂亮的女明星。
4人一个小组，请将自己的选择告诉组员。

讨论：
(1) 为什么选择这6个人，他们对你来说很重要吗？
(2) 能否说服小组其他成员和你的选择相一致？如果不能，为什么？

提示：这12个人象征着12种价值观，你所选择的6个人就代表着你的价值观和价值体系。

【探索与思考】

请同学们从以下渔夫和商人的对话中，分析职业价值观，并开展讨论。

一个美国商人坐在墨西哥海边一个小渔村的码头上，看着一个墨西哥渔夫划着一艘小船靠岸。小船上有好几条大黄鳍鲔鱼，这个美国商人就问渔夫："你要多少时间才能抓这么多？"墨西哥渔夫说："一会儿工夫就抓到了。"商人接着问道："你为什么不在海上多待一会儿，可以多抓一些鱼？"渔夫不以为然地说道："这些鱼已经足够我一家人生活所需啦！"

商人又问："那你一天剩下那么多时间都在干什么呢？"渔夫回答道："我每天睡到自然醒，出海捉几条鱼，回来后跟孩子们玩一玩。再睡个午觉，黄昏时晃到村子里喝点小酒，跟哥儿们玩玩吉他，我的日子过得充实又忙碌！"

商人不以为然，帮渔夫出主意道："你应该每天多花一些时间去抓鱼，到时候你就有钱去买条大一点的船，捕鱼多了以后，就可以挣钱再买更多渔船，这样，你就可以拥有一个渔船队。然后，你可以自己开一家罐头工厂，你就可以控制整个生产、加工处理和营销。你可以离开这个小渔村，搬到墨西哥城，再搬到洛杉矶，最后到纽约，在那里经营你不断扩充的企业。"渔夫问道："这需要花多少时间呢？"商人回答道："15到20年。"

渔夫又问："然后呢？"商人大笑着说："然后你就可以在家当皇帝啦！时机一到，你就可以宣布股票上市，把你的公司股份卖给投资大众，到时候你就发啦！你可以几亿几亿美元地赚！"

渔夫又问："然后呢？"商人说："到那个时候你就可以退休啦！你可以搬到海边的小渔村去住，每天睡到自然醒，出海随便抓几条鱼，跟孩子们玩一玩，再睡个午觉，黄昏时，晃到村子里喝点小酒，跟哥儿们玩玩吉他喽！"

渔夫疑惑地说："我现在不就是这样了吗？"

模块四　职业和岗位认知

模块导读

对于大学生来说,我们并不是直到毕业才接触到工作世界和职业生活。尤其对于职业院校的学生而言,对于工作和职业,我们既熟悉又陌生。熟悉是因为我们会从父母、身边人、兼职等多种情境中了解到工作和职业;陌生是因为我们如此熟悉却从来没有真正进入工作实践和职业角色之中。俗话说"三百六十行,行行出状元",那么什么是职业?什么是专业呢?马克思在中学毕业时,写下了《青年在选择职业时的考虑》。17岁的马克思认为,人的使命"绝不是求得一个最足以炫耀的职业",青年人应该在对自己的兴趣、目标,甚至体质进行理性综合思考的基础上,选择一种"能使我们最有尊严的职业",选择一种"建立在我们深信其正确的思想上的职业",选择一种"给我们提供广阔场所来为人类进行活动、接近共同目标的职业"。对于这个充满理想光辉的目标来说,一切职业都不过是手段而已。

只有正确解读职业和工作世界,才能做好职业生涯规划。认识职业的内涵,了解职业分类、职业岗位特点,掌握专业现状及未来职业的发展前景。认识到探索工作世界的重要性,以积极的心态面对工作世界,消除对工作世界的刻板印象。开阔思维,多角度、多途径地获取工作信息,了解目前工作世界的大趋势。了解劳动力市场现状,以及有关职业的一些基本事实。掌握探索工作世界的方法,职业的分类和内容,专业与职业的关系,具体职业对工作人员的要求、条件和待遇,以及在教育培训认证方面的选择。掌握多种获取和研究职业信息的方法,能够使用多种方法与策略获取职业信息,学会有效管理职业信息。

探索职业和工作世界的过程,包括职业探索、专业探索、行业探索、企业探索和岗位探索五个方面。

在建设社会主义现代化强国的新征程上,大学生责任重大、使命光荣。大学生要在党的领导下,以执着的信念、优良的品德、丰富的知识和过硬的本领,勇敢地担负起历史重任,同广大人民群众一道,奋力开创中国特色社会主义事业的新局面。

4.1　认识职业和专业

【名人名言】

在选择职业时,我们应该遵循的主要方针是人类的幸福和我们自身的完美。

——[德]马克思

【学习目标】

(1) 认识职业的概念、特点及发展趋势。
(2) 了解职业资格和职业技能等级。
(3) 能进行职业探索并撰写典型职业生涯人物访谈报告。

【导入案例】

明确人生目标

星伊出生于一个普通家庭,从小比较懂事,能够听从老师和父母的话,同样,也对自己的人生犹豫不决。星伊上大学之前性格内向,上了大学之后通过参加社团组织,而且作为学校文学社的社长,他的性格变得活泼了,但是还是对未来信心不足。星伊在校期间曾经获得过新生演讲比赛一等奖、校经典诗文朗诵二等奖、校征文比赛一等奖、优秀学生干部、优秀团干部等。

由于对人生感到彷徨,星伊找到学校的就业指导师进行咨询。指导师发现她从小就非常喜欢儿童文学的图画书和小说,对她进行兴趣、性格、能力、价值观和职业技能测试后,引导星伊对未来几个目标职业进行了定位:①儿童出版编辑,但需要经验,实践不足;②小学语文教师,能够推广儿童方面的阅读材料;③企业文秘,但与小时候兴趣即儿童文学存在一定的距离。因此,咨询师建议星伊对工作世界进行探索。

星伊寻找了一位在儿童文学出版社工作了5年的师兄进行职场人士访谈,具体建议如下。

(1) 编辑需要敏锐的眼光,关注儿童群体的客户,具备调查研究、资料收集和沟通交流的能力。

(2) 童书的未来一定是多元化发展,要有自己的特色。

(3) 在校期间要持续进行写作,多和业内人士沟通。星伊通过职场人士访谈后明确了自己的职业目标,也把暑假的任务安排好,她决定到出版社进行实习,近距离观察编辑的工作日常,为自己的未来发展储备能量。

分析:生活总是充满了各种各样的可能性,象牙塔里面的大学生活和现实的职场依旧存在差距。在明确人生目标后,学生通过工作世界的探索,特别推荐职场人士访谈,可以近距离接触职场。在接触了职场之后,学生能够更加明确自己的人生道路和目标,确信自己走的道路是正确的,走向工作实践的脚步也更为沉稳。

一、职业及其发展变迁

(一) 职业的概念

职业是指人们从事的相对稳定的、有收入的、专门类别的工作。职业是某种精细的、专门的社会分工,能反映一个人的社会身份、社会地位、知识、能力、素质水平等。换言之,所谓职业,就是以生计维持、社会角色分担、个性发挥和自我实现为目的,持续进行的劳动或工作。

（二）职业的特性

1. 社会性

首先，职业是一种社会历史现象，是劳动者进行的社会生产劳动，所以职业是社会的职业。其次，职业劳动创造社会财富，为社会的发展奠定了物质基础。最后，职业是劳动者获得的社会角色，劳动者必须遵守社会结构中对某一社会角色规定的规范。

2. 经济性

职业以获得经济收入、取得报酬或寻求发展为目的，这是职业活动区别于其他活动的重要标志。人们在取得个人经济利益的同时，也会为社会创造财富。

3. 技术性

职业是社会分工的产物，是一种专业化的社会劳动岗位。专业化就意味着技术性，不同的职业，对从业人员的技术性要求也不同。

4. 规范性

职业的规范性体现为职业行为规范和职业道德规范。

5. 时代性

职业的时代性体现在不同时期、不同时代会出现不同的热门职业。以我国为例，曾出现过"当兵热""考研热""下海热""出国热""考公务员热"等，这都反映出特定时期人们对某种职业的热衷程度。

6. 稳定性

虽然职业具有时代性，会随着时代的发展而演变，但这种演变一般是渐进的。职业的劳动内容和行为模式是相对稳定的，由此职业劳动者有了稳定的职业形象。

（三）职业的变迁

我国职业发展的态势主要有以下六种表现。

1. 由单一、基础型向跨专业、复合型转化

职业岗位的要求和劳动方式逐步由简单向复杂转化，职业内涵不断丰富，单一技能难以胜任工作要求，更需要跨专业和复合型人才。

2. 由封闭型向信息化、开放型转化

职业岗位工作的范围和面向的服务对象越来越广泛，人与人之间联络、沟通、信息咨询、协作大大加强。

3. 由传统工艺型向智能型转化

职业岗位科技含量增加，技术更新速度加快，劳动组织和生产手段不断改善，工作内容不断更新。

4. 由继承型向创新创造型转化

知识经济的到来，要求社会成员不断树立创新意识，在自己的岗位上进行创造性劳动。

5. 服务型职业由普通低端向个性化、知识型转化

社会生产力的提高解放了劳动力,人们越来越多地需要社会服务行业提供个性化服务。服务业对从业人员素质的要求也在不断提高,产生了知识服务型职业。

6. 职业活动趋向绿色、可持续、低碳

全球经济正在向绿色、可持续、低碳发展升级,职业活动也相应发生了变化。

(四)新经济背景下的职业发展新变化

1. 高新技术行业优势领先,知识型劳动者比例直线攀升

信息科技时代,未来企业将朝着通信技术、人工智能、新材料领域等高技术产品的产业群发展,这些行业具有知识技术密集、资源能耗较少以及产值贡献率高等特点,是推动经济繁荣和增长的重要引擎。高技术产业的发展,需要较高的研发投入和庞大的研究人员团队,吸引海内外知识型人才不断涌入。

2. 传统职业逐渐更替,新兴职业技术含量不断提高

技术的不断进步,给传统职业带来了巨大冲击,同时也延伸出了许多新的工艺、服务和产品,这些新技术的开发及应用,必然导致部分职业的新旧更替。脑力劳动职业将越来越多,体力劳动职业将越来越少,新兴职业技术含量不断提高。

3. 职业更新速度逐步加快,职业发展边界逐渐趋于模糊

社会对未来人才知识的综合性结构提出了更高的要求,职业发展的边界在逐渐模糊,劳动者不仅要成为本专业领域技能人才,而且能够顺应环境变化转换职业角色,成为掌握多种知识和技能的高素质复合型人才。

(五)经济新常态下的职业结构新特点

当前我国正经历经济增速放缓、产业结构优化升级、增长动力由要素驱动转为创新驱动的新常态时期。在此期间,传统行业不断优化升级,新经济行业纷纷涌现,"互联网+"跨界融合快速发展,带来了我国就业市场中职业结构的一些新特点,具体表现为以下几点。

1. 总体就业形势平稳,不同职业两极分化矛盾突出

由中国人民大学中国就业研究所发布的《我国就业市场景气报告》显示:"2016 年以来,各项宏观经济指标均较为理想"。2019 年,在全球经济下行、中美贸易摩擦升级的背景下,我国坚持稳中求进的工作总基调,以供给侧结构性改革为主线,实施宏观调控逆周期调节,大力度减税降费,大幅度增加地方专项债规模,加大金融对实体经济的支持力度;加大改革开放力度,推进"放管服"力度。着力稳就业、稳金融、稳外贸、稳外资、稳投资、稳预期(即"六稳");经济总体运行平稳,包括就业在内的各项经济指标基本运行在调控目标之内。2020 年,受疫情影响,国家提出了扎实做好"六稳"工作,全面落实"六保"(保居民就业、保基本民生、保市场主体、保粮食能源安全、保产业链供应稳定、保基层运转),努力克服新冠疫情带来的不利影响,实现经济稳中求进。2020 年一季度末,全国城镇登记失业率 3.66%,3 月份调查失业率 5.9%,环比小幅回落。根据目前情况研判,2020 年就业形势将保持总体稳定。然而值得注意的是,不同职业及行业间的招聘需求与求职供给不平衡,以及不同行业受疫情影响程度不同等原因,造成就业结构两极分化的现象十分突出。

2. 新兴行业人才供不应求,传统行业求职竞争较大

随着各大行业与互联网技术融合的迅速发展,以及"互联网+""大众创业、万众创新"利好政策的大力扶持,互联网/电子商务、基金/证券、交通运输等新经济行业表现出较好的就业形势;而能源/矿产/采掘、冶炼、印刷/包装/造纸、石油/石化/化工等传统行业受经济增速放缓的下行压力以及产业升级转型进程缓慢的影响,多数企业采取转岗、分流、提前内退的方案安置现有职工。

3. 职业细化拓宽就业领域,跨界人才竞争优势明显

伴随着移动互联网融入人们生活衣食住行的各个方面,不断涌现出新需求、新体验和新业态,由此衍生了更细化、更专业的职业。例如,专门负责生鲜食品外卖的"同城闪送"、负责上门服务的家居衣橱整理"收纳师",为新开发 APP 提供编写程序服务的"APP 技术工程师"等。这些新职业都是依附于整体产业的互联网化而出现的,不仅要求从业人员具备相关专业技能,而且要掌握网络平台运营的基础知识,这种综合素质和综合技能较强的跨界人才,在求职竞争中体现出较好的竞争优势。

4. 企业转型升级初见成效,技能人才需求不断上升

在"供给侧结构性改革"政策的引导下,部分企业正在经历着以混合所有制改革为主的机制转型,特别是现代农业模式创新、传统制造业和服务业的优化升级等企业转型初见成效,对经济增长的贡献也在不断加大。与此同时,在全球化和信息化的进程中,我国正从处于产业链低端的"世界工厂"向高附加值产品生产过渡,对高技能人才的需求在不断上升。

【案例】

人工智能与新时代我国社会职业发展预测

随着信息时代到来,也让劳动力市场产生了新的变化。

一方面,以互联网技术、云计算,以及终端设备为代表的全球化网络数字技术,推动着中国制造业升级,新产品、新模式、新业态不断涌现。无论是共享经济、互联网金融,还是电子商务、个性化定制,都带动着新职业的出现:快递员、数据分析师群体不断扩大,网约车司机、酒店试睡员方兴未艾。

另一方面,信息时代也给职业结构变迁埋下伏笔。工业时代的生产模式是大规模、标准化、低成本的,而信息时代则是全覆盖、个性化、高价值的生产模式。这意味着,高技能、高技术、高创造的劳动和职业将取代传统体力劳动,成为发展新动力。

2016 年,人工智能 Alpha Go 战胜韩国围棋选手李世石。在北京举办的 2018 世界机器人大会上,人工智能最新产品纷纷亮相,机器人不仅可以调配新鲜咖啡、写毛笔字,还能看病、辅助手术、演奏乐曲。专家认为:"这是新标志,世界到了新生产力革命的前夜,人工智能将是下一个生产力的核心。"过去,劳动划分为简单劳动、复杂劳动、脑力劳动、体力劳动。但在人工智能的背景下,劳动将进一步分为四种类型:一是规则性体力劳动,重复单一动作,不需智能;二是规则性脑力劳动,如计算报表等;三是非规则性智能劳动,包括专业性思考、复杂性对话、综合性平衡、原创性创新;四是非规则性体力劳动,既包括篮球、足球等复杂运动,也包括便利店值守等简单劳动。将来,人类最有前途的劳动领域是非规则性智能劳动和非规则性体力劳动。

"机器换人"成为一些人对职业与生存的隐忧。未来我国的就业形势肯定会有变化,但主要是结构性的变化,而不是绝对就业量的减少。换言之,人工智能的到来,或将是倒逼就业结构深度调整的机遇,使低价值劳动密集型生产向价值更高的岗位转移,重复性劳动向创造性劳动转移。

人工智能和机器人未来虽然会被广泛应用并取代某些岗位的工作,但是我们大可不必太过悲观。从目前来看,机器人取代的工作大多是机械性、重复性的,大量需要创造力、想象力的工作机器人是无法胜任的。未来社会中,虽然一些逻辑化、重复性操作技能的职业会被机器人取代,但是大量"个性化""人际互动情感化""未知探索实验性"与"创新创造性"的工作岗位会被创造出来。虽然,目前还没有足够的证据证明人工智能技术的进步对劳动力需求产生了重大影响,目前人工智能更多的只是被用来帮助人们更好地完成工作,而不是代替人们完成工作。在人工智能时代,目前的研究表明,并没有大量新职业会被创造出来,而原有的大量职业或岗位会借助人工智能进行升级、细分与改造。

须看到,现在人工智能成为社会讨论的热点话题,基于大数据的深度学习和类人神经网络算法有所突破,但是人工智能依然没有原创能力、谈判能力。在未来社会中,为了避免自己的工作岗位被人工智能取代,那么提升自身的职业素养也许是人们的唯一选择。所谓提升自身职业素养,就是要和人工智能形成差异化优势,人们永远也赶不上计算机的计算能力,但是在创造力、艺术表现力、想象力、谈判能力、与人的沟通能力等方面人工智能远不及人类。

(资料来源:陈宇,张国英,程姝,徐欧露.改革开放与中国职业变迁观察[J].中国培训,2019(1).)

分析:面对已经出现或者即将出现的新业态、新职业,劳动者需要进行人力资源的自我开发、更新知识。劳动者要不断提高自己的核心能力,不管时代如何变迁,劳动者的核心竞争力始终是勤奋、好学、创新,使自己不断适应经济社会发展与职业变化。

二、职业资格和职业技能等级

(一)职业资格管理

职业资格是对从事某一职业所必备的学识、技术和能力的基本要求,反映了劳动者为适应职业劳动需要而运用特定的知识、技术和技能的能力。

我国实行职业资格证书制度,按照国家制定的职业技能标准或任职资格条件,通过政府认定的考核鉴定机构,对劳动者的技能水平或职业资格进行客观公正、科学规范的评价和鉴定,对合格者授予相应的国家职业资格证书。在全社会范围内建立职业资格证书制度,是保证社会经济活动正常进行的重要条件。统一的职业资格制度适应了劳动力市场的需要,是现代社会生产方式和就业方式发展的必然结果,这个制度的建立满足了劳动力市场有序化运行和管理的需要;满足了企业生产资源配置追求高效率的需要;满足了人力资本投入获得社会认可的需要;还起到了职业培训成果质量检验的作用,促进了职业教育的发展。

推行职业资格证书制度,是实施"科教兴国"战略的一项举措,也是我国人力资源开发的重要手段。中共中央《关于建立社会主义市场经济体制若干问题的决定》指出:"要制定各种职业的资格标准和录用标准,实行学历文凭和职业资格两种证书制度。"《中华人民共和国职业教育法》第八条明确规定:"实施职业教育应当根据实际需要,同国家制定的职业分类和职业等级标准相适应,实行学历证书、培训证书和职业资格证书制度。"这些都为推行职业资格证书制度提供了法律依据。

2019年1月,《人力资源和社会保障部关于公布国家职业资格目录的通知》(人社部发〔2017〕68号)公布。纳入《国家职业资格目录》的共有140项职业资格(后会计从业资格因法律修改调出《国家职业资格目录》,目前共139项),包括59项专业技术人员职业资格和81项技能人员职业资格。目录内的职业资格分为准入类和水平评价类。这些职业资格基本涵盖了经济、教育、卫生、司法、环保、建设、交通等国家重要的行业领域,符合国家职业资格设置的条件和要求。准入类职业资格关系公共利益或涉及国家安全、公共安全、人身健康、生命财产安全,均有法律法规或国务院决定作为依据;水平评价类职业资格具有较强的专业性和社会通用性,技术技能要求较高,行业管理和人才队伍建设确实需要。

(二)职业资格证书的考核与等级

对于国家职业资格目录内的技能人员职业资格,采取职业技能鉴定的方式来对申报人员的能力水平进行认定。认定依据国家职业技能标准、职业技能鉴定规范(即考试大纲)和相应教材来进行,并通过编制试卷来进行鉴定考核。

职业技能鉴定分为知识要求考试和操作技能考核两部分。知识要求考试一般采用笔试形式,操作技能考核一般采用现场操作加工典型工件、完成生产作业项目、模拟操作等方式进行。

根据职业活动范围、工作内容、技术含量、工作责任及数量和质量要求等要素,我国将职业资格划分为不同的等级。我国的国家职业资格证书制度的等级设置,分为五个级别,即国家职业资格五级、国家职业资格四级、国家职业资格三级、国家职业资格二级和国家职业资格一级。国家职业资格五级、国家职业资格四级、国家职业资格三级分别对应技术等级的初、中、高级;国家职业资格二级和国家职业资格一级分别对应技师和高级技师,如图4-1所示。

因此对于任何一个进入高职院校的学生都必须首先对自己的专业有详细的了解,熟悉本行业发展趋势,明确专业课对应的就业岗位,以及岗位的职业要求。所学专业和相关职业资格有关联的,应争取在校期间就参加职业技能鉴定,获取相应的国家职业资格证书(一般建议为三级或四级)。

三、职业探索的内容和方法

(一)主要内容

职业探索是对自己喜欢或要从事的职业进行理论分析和实际调研的过程,目的是对目标职业有充分的了解,并在明确自身条件和职业要求的差距后制定求职策略。

1. 职业描述

职业描述是对职业最精练的概括和总结,是透彻理解职业和调研职业的基础。

2. 职业的核心工作内容

每个职业都有核心的工作职责,职责背后对应的就是工作内容。了解职业的核心工作内容,有利于了解完成工作内容背后所必须要具备的工作能力,这样就很容易找到自己与职业之间的差距。

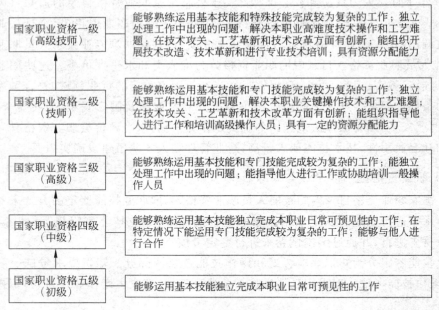

图 4-1　我国职业资格证书等级体系结构示意图

3. 职业的发展前景及其对社会和生活的影响和作用

职业的发展前景,是国家、社会等对这个职业的需求程度,具体包括 3 个问题:职业在国家阶段发展的作用;职业对社会和大众的影响;职业对生活领域的影响。也就是说,不仅仅要了解这个职业对国家、对社会、对行业有用,也要了解这个职业对大众和生活的影响、声望度及人们对其的依存度如何。

4. 薪资待遇及潜在收入空间

职业是社会分工的产物,职业根据参与社会分工的量来确定相应的报酬。能赚多少钱是大家都关心的话题,所以在考量职业时,也要调研职业的薪资状况。

5. 岗位设置及不同行业、企业间的差别

一般来说,一个职业有一系列的岗位划分,而不同行业、不同性质、不同规模的企业对岗位的划分和理解也有很大不同,可能同一个名称的职位其工作内容却完全两样。了解职业的岗位设置,能加深对职业外延的理解,有针对性地将岗位需求与个人能力进行比较。

6. 入门岗位及其职业发展道路

入门岗位是指面对应届毕业生开放的某职业的一些中低端岗位。应届毕业生需要了解这些岗位对应的日后职业发展道路。

7. 职业标杆人物

职业标杆人物就是在这个领域做得最好的人。求职者应了解他是怎么获得成功的,取得了什么成绩,遇到了什么困难,具备什么素质等。研究职业标杆人物,可以加深对相应职业的了解,也会让求职者找到在这个职业领域奋斗的途径。

8. 职业的"典型一天"

职业的"典型一天"一般要通过访谈了解。通过访谈可以了解某一职业从业者的一天是如何度过的,判断自己是否适合这个职业。

9. 职业通用素质的要求及其入门的具体能力要求

职业通用素质要求是指从事这个职业的一般的、基本的要求。对职业素质要求的了解,能够帮助人们判断自己是否能够胜任此项工作,以及还有哪些需要加强和补充的方面。

10. 工作思维方式

正确的工作方式和思维方式是做好、做精工作的保证。这是一个职业对从业者的"内在"要求。是否符合职业的"内在"要求是判断人职匹配程度的核心标准之一。因此,当对职业的方方面面深入考量后,最后一关就是对职业所要求的内在素质进行盘点。

(二)职业生涯人物访谈

职业生涯人物访谈,是通过与一定数量的职场人士(通常是自己感兴趣的职业从业者)会谈而获取关于某个行业、职业和单位"内部"信息的一种职业探索活动。职业生涯人物访谈,作为一种获取职业信息的有效渠道,能帮助求职者(尤其是在校大学生)检验和印证自己之前通过其他渠道获得的信息,并了解与未来工作有关的特殊问题或需要,如潜在的入职标准、核心素质要求、晋升路径和工作者的内心感受。通过职业生涯人物访谈,在校大学生还能正确认识到自己的优势和不足,以便自己更加清楚地定位职业角色以及发现未来职业发展的切入点,制定更加合理的大学学习、生活和实习计划;而且可以和访谈人物建立长期联系,扩充自己的人脉。

1. 明确职业方向

了解自己,是整个职业生涯人物访谈工作中非常重要的一环。你对自己了解得越多,职业生涯人物访谈进行得就会越专业,你也越有可能找到既开心又令人满意的工作。

2. 确定职业生涯访谈人物

通过分析自己的兴趣、性格、技能、工作价值观,将分析结果与自己的教育背景和已掌握的职业知识相结合,列出未来可能从事的3~5种职业,然后在每种职业领域寻找3位以上的在职人士作为访谈人物。访谈人物可以考虑先从熟悉的人开始,如你的亲朋、师哥师姐、专业老师等,也可以是他们推荐的其他人。不过被访者的结构应合理,且符合以下要求。

(1)职业生涯访谈人物的职业应是自己心仪的,或为与本人所学专业相关、相近职业群中的一种。

(2)3位人物既可以是不同的职业种类,也可以是同一种职业的不同职业岗位。

(3)每个职业领域的访谈人物结构合理:既有工作了一定年限的长辈或成就卓著的中高层人士,也有初入职场、默默无闻的基层人士。

3. 拟定访谈提纲

结合目标职业信息设计访谈问题,围绕职业咨询和生涯经验两个方面对访谈人物进行深入访谈。职业生涯访谈人物确定之后,接下来要准备的就是访谈的文案工作。首先,正式访谈前,对人物的信息掌握得越全面越好。除了姓名、职务和联系方式,对访谈人物的讲话、文章或者从大众传媒和单位网页上获得的相关信息,要尽可能多地收集和熟悉。其次,要结合目标职业列出访谈提纲,这将有助于访谈内容的深入,收效会比较好。最后,还要为自己准备个"30秒的广告"。因为在访谈过程中,访谈对象可能会问到你的职业兴趣和求职意向。

4. 实施访谈

预约职业生涯访谈人物,说明采访目的,确定采访的日期、时间和地点。实施访谈时的注意事项有以下几点:访谈前要做好充分的准备;访谈中要注意着装和仪表、态度和蔼、大方、文明礼貌、措辞得体;要时刻注意安全问题,增强安全意识,提高防范能力,确保万无一失;尊重被访谈者,注意保护他们的信息安全和个人隐私。

5. 撰写访谈报告

访谈结束后要及时撰写访谈报告。结合自我知识和访谈所收获的职业知识,对整个访谈做一个书面总结,应有标题和作者,具体内容包括:职业生涯人物的选取、职业生涯人物简介、访谈日期、访谈地点、访谈过程简介、访谈内容总结、对该职业的分析、自身的认识变化、对自己职业发展的帮助等。

【案例】

职业生涯人物访谈参考提纲

(1) 在这个工作岗位上,您每天具体都做哪些工作?
(2) 您当初是如何找到这份工作的?
(3) 最近这个行业和工作因为科技进步、经济的全球化发生变化了吗?
(4) 该职业需要什么样的人?
(5) 到本领域工作的前提是什么?
(6) 对于初入职场者来说,做什么职位最能学到东西?
(7) 本领域初级职位和略高级职位的薪水各是多少?
(8) 本领域的发展机会如何?
(9) 什么样的个人品质或能力对本工作的成功来说最重要?
(10) 您认为将来本行业的发展存在的最不利的因素是什么?
(11) 对于一个即将进入该行业的人,您能不能提出一些意见和建议?
(12) 您认为做好这份工作应该具备哪些知识、技能和经验?
(13) 本工作需要什么特别的教育或者培训背景吗?
(14) 您能给我再推荐些访谈对象吗?当我打电话给他(她)的时候可以说是您介绍的吗?
(15) 据您所知,有什么职业杂志、行业网站或其他渠道能帮助我深入了解这个领域?
(16) 从事这份工作实现了您的人生价值吗?家庭对您现在的工作满意吗?
(17) 就您的工作而言,您最喜欢什么?最不喜欢什么?
(18) 您在做这份工作时,什么是最成功的?什么最有挑战性?

(19) 男女工作者在这份工作上机会均等吗？
(20) 您认为从事这种工作的人在单位或者行业内发展的前景怎样？
(21) 公司为刚进入该领域的员工提供哪种培训？
(22) 根据您对我的教育背景、知识和技能的了解，您认为我在做出最终决定之前，还应在哪个领域、什么样的工作上进行深入的调查研究呢？
(23) 您为什么选择这个职业？

（三）目标职业分析

目标职业分析是对自己已经选定的职业进行多角度分析。目标职业分析应包括：目标职位名称、岗位说明、工作内容、任职资格、工作条件和就业与发展前景等。下面以企业人事管理人员为例说明如何进行目标职业分析。

【案例】

企业人事主管的目标职业分析

（一）岗位名称

企业人事主管。

（二）岗位说明

人事主管的工作以人力资源引进与管理为重心，是一个协助带动整体运作的指引部门。

(1) 负责员工招募工作，对部门缺员进行推荐。
(2). 负责执行及规划员工培训工作。
(3) 考核员工的绩效，并提出改进的建议。
(4) 负责档案的整理、记录、收集、存档和保管工作。
(5) 确保有关人事规定遵循政府有关部门的劳动法规。
(6) 落实员工薪资核发及福利金、奖金等的正确发放。
(7) 协助各部门人事及预算的控管。
(8) 负责监督检查店内各部门、员工执行规范的情况。

（三）工作内容

(1) 制订、执行公司人力资源规划。
(2) 制订、执行、监督公司人事管理制度。
(3) 招聘：制订招聘计划，策划招聘程序，组织招聘工作，安排面试、复试、综合素质测试。
(4) 绩效考评：制定考评政策，统计考评结果，管理考评文件，做好考评后的沟通工作，辞退不合格员工。
(5) 激励与报酬：制定薪酬和晋升政策，组织提薪和晋升评审。
(6) 公司福利：制定公司福利政策，办理社会保障福利。
(7) 人事关系：办理员工各种人事关系的转移。
(8) 教育培训：组织员工岗前培训，协助办理培训进修手续。

(9) 与员工进行积极沟通,了解员工工作、生活情况。

(四) 任职资格

除了个人应具备的职业素质和工作经验以外,还应具备人力资源管理方面的有关证书。

(1) 人力资源管理员(国家四级)。

(2) 助理人力资源管理师(国家三级)。

(3) 人力资源管理师(国家二级)。

(4) 高级人力资源管理师(国家一级)。

(五) 就业和发展前景

人力资源管理在国内虽然起步较晚,但是发展迅速。就业方面还有很大空间,很多公司企业都要求这方面的人才来进行人力资源管理。

四、职业与专业

(一) 专业的概念

专业是指高等学校根据国家建设及社会专业分工的需要而设立的学业类别,各个专业都有独立的教学计划,以实现专业的培养目标和要求。专业学习能够帮助大学生科学地确定自己职业发展的目标,获得相应职业发展所需的专业知识技能,实现由学生向职业人的转变。

(二) 专业和职业的关系

专业是学业门类,职业是社会分工。两者之间存在着以下四大关系。

(1) 当专业和职业相交时,即表现为两者互为彼此的子集。此时,专业的部分只能作为职业技术要求的某个部分,专业的其他部分并不适合职业的技能需求。

(2) 当专业与职业分离时,即表现为专业与相关职业无关联的关系,个人所学的专业与其未来的职业发展方向基本无关。

(3) 当专业包含职业时,即表现为专业与相关职业的一对多的关系,这是在专业的基础上发展职业的。

(4) 当职业中体现专业时,此时表现为专业与职业高度相符,其专业应用于职业的范围较狭窄,同时职业发展依赖于该专业知识,两者之间存在特定的相互依附关系,任何一方的不足都会影响对方的存在和发展。

从专业与职业的相关性来讲,它们并不都是一一对应的关系,而是呈现出一对一、一对多、多对多等非常复杂的相关关系。比如数控机床专业所对应的职业,最适合的也只有企业中数控机床的操作与维护,最后发展成为高级技师。烹饪专业在毕业后最合适的也只是成为一名厨师。同时,也有些专业的职业方向比较宽泛,比如经济学专业毕业的学生可以从事企业管理、经济学研究、新闻记者、营销策划、经济分析、高校教师等多种职业,而对于某一职业(比如新闻记者),它可以接收经济学、新闻、中文、哲学、历史等许多专业的学生。在进行学业规划的时候,首先要研究和分析专业与职业的相关性:到底是一对一,还是一对多,或是多对一?

在学业规划与升学决策中,学什么(即专业的选择)是第一等重要的战略问题,这就像企业在开办之前首先要考虑生产经营什么一样,生产什么取决于经营者在分析市场及自身资源优势之后对销售什么进行的判断,同样,学什么专业也是取决于求学者对毕业后人才市场态势与现有自身资源及优势的判断。

(三)专业探索

专业探索,其实就是在对本专业调研中了解该专业毕业后能从事的职业,从而有效地规划大学生活。专业分为对本专业的探索和对自己喜欢的专业的探索,其实目的都是有效充分地利用大学时间来有针对性地为就业而学好专业。

【总结案例】

专业探索案例——中文专业的就业方向

一、基础教育行业的教师

(1)就业前景

随着中国经济的不断发展,人们的消费从基本生存与生活资料的消费逐渐提升到文化娱乐与生涯发展的消费,家庭与个体对教育的投入比重越来越大。同时,国家也在不断加大对教育的投入,不断提升教师福利待遇与职业地位。在就业形势趋紧的现实压力下,教师这个古老的职业已经变得炙手可热,由"教书匠"成为"公务员+白领"。

大城市的基础教育系统的教师早已呈现饱和,每年吸收的新生力量有限,竞争激烈,尤其是待遇好的名校招聘竞争呈现高学历惨烈局面;但在欠发达地区仍是稀缺人才。

(2)从业建议

中小学教师职业优点:稳定,成就感强,越老越值钱;缺点:活动面窄,责任重大,累心。在做此选择前,还是要做好自我分析,看看自己是否真的好为人师与愿意承担教书育人、传道解惑的责任。入门此职业,非师范生首先要考取教师资格证书;同时,需要做长期的准备和职业规划。比如要多提升自己的组织能力与团队构建能力,当然也要提升专业的"口才"与"文才";好好学习实践心理学,教育学与认知学习理论是很必要的。

二、媒体出版行业的编辑或记者

(1)就业前景

将近1/3的编辑写作职位,都来自各类媒体,包括报纸、书籍出版商、期刊等传统媒体行业。有统计数据,在未来的几年内,借助网络的应用发展,出现大量的各种类型的网站,从而使编辑职位的需求猛增。与传统媒体行业不同,网络编辑需要具备相当的计算机技术水平,比如运用HTML语言制作网页与用Photoshop处理简单的影像等能力。编辑职位的薪酬因职位职责不同而有很大的差别。小规模的出版社提供的薪金比大规模的出版社要低很多;网络公司又比传统媒体要高些。

(2)从业建议

一般来说,除了应有的文章采写能力以外,编辑还需要具有策划、组织能力。所谓策划,首先是选题创意策划能力;所谓组织,则是选题确定以后的稿源组织等。早先一步开始你的职业化进程,浏览媒体专业网站,协助采访,义工实习,积累经验是不错的选择。刚入该行,还是非常辛苦劳顿的,需要有心理准备和很好的体能储备。

三、企事业单位关键岗位的助理或文秘

（1）就业前景

作为传统的就职去向，该类职位竞争比较激烈的是低端职位，比较低端的职位专业差异化程度较低；高端职位需求量大，但要求也很高，不是人人都有资格竞争的，不但需要出众的外形气质与干练素养，还需要高度的专业技能。各职位的薪酬水平也相差很大。

（2）从业建议

职业发展路径大致为：助理→专员→经理。要想实现职业发展顺畅，你只有比别人做得更专业，人际关系处理更到位。该职业处理细节的职业习惯与专业技能同样重要。入职前需要注意的几个基本技能，如打字速度、办公软件（Office 系统或 WPS 系统，包括文档、表格、幻灯片处理）、公文写作等都要过硬，否则工作一开始就会遇到麻烦。同时要学习日程安排、日常事务处理技巧、会议组织、人际关系处理技巧、时间管理、压力管理等必修课程。要想获得类似某公司驻中国首席秘书或上市公司董事会秘书等金领级别的职位，外语口语与高级文秘证书亦是必要条件。

四、企业的文案策划人员

（1）就业前景

"艺术是神灵的游戏，广告是尘世的花朵。"不管夸张与否，有很多出色的策划曾经让默默无闻的产品举世皆知，用有传奇色彩的手笔在行里行外成为经典。策划人员的任务是点石成金，能用你的创意为客户创造财富。对于中文专业的你来说，还需要掌握另外一门专业或对某行业的业务知识，才有入门与职业发展的前提。对于该职业，积累很重要，也就是说刚开始会比较难，但越做越专业，越得心应手。这类职业最大的特点是兼具创意和技术的双重特性。

（2）从业建议

中文专业的优势是文笔高人一等，劣势也很明显，专业知识可能需要恶补。从网站与相关专业人士手里收集相关专业策划案的资料是一个捷径。广告行业的策划人员，需要实践磨炼才能出真才，所以在学习知识的同时，最好到有实力的公司去"蹭"经验，即使是免费的机会也值得。文案创作有一定的条理性，通常做久了就能按照类别摸出一套规律，比如活动文案一般包括活动内容、活动对象、资金预算、预期目标等几大部分。策划要用尽可能详尽的文字去阐述，因为客户一般只是通过你上传到网站上的作品来判断的，不用进行语言交流，所以一定要让客户读懂并了解你的用意所在。策划人员要掌握高超的排版与规范表达，做到内容与形式的完美统一。所以要做这行，学习掌握文字排版与图文处理软件是必要的。

【活动与训练】

十年间职业的变化

十年前的就业形势和当今有很大的差异，伴随科技的进步，一定会诞生很多新的职业，特别是现在开启的人工智能时代。

目标：通过查找资料，感受十年过程中职业的变化，并谈谈感受。

建议时间：20分钟。

材料准备：黑板或白板、笔。

活动步骤：填写表4-1。

表4-1 职业变化比较表

2010年热门的职业	2020年热门的职业
1.	1.
2.	2.
3.	3.
4.	4.
5.	5.
6.	6.
7.	7.
8.	8.
9.	9.
10.	10.

头脑风暴——"手机"

（一）活动目标

通过头脑风暴，激发学生的发散思维，拓宽学生对职业世界认识的视野，引导他们学会检索职业信息、将职业信息分类。

（二）活动规则和程序

(1) 6~8个同学为一小组，选出组长与记录员。

(2) 请组员用头脑风暴法列举出与手机相关的尽可能多的职业，并将所有联想到的职业都记录下来。

(3) 各组挑选一名代表分享成果。

（三）讨论

(1) 大家所列的职业有哪些是与自身所学的专业相关或相近的。

(2) 你从这个活动中得到了什么启示？

（四）总结

通过对手机相关职业的探索，可以了解到一个物品的制造与使用涉及许多的人工和职业，比如从管理到制造，从研发到市场。帮助学生了解学习专业知识的目的是帮助人更好地发展自己，绝不是限制人的发展。

【探索与思考】

你认为"一个人只要努力奋斗、前进不止就可以了，不一定非要进行学业规划"这个观点正确吗？请结合你的亲身经历或案例进行说明。

4.2　认识组织和岗位

【名人名言】

　　一滴水只有放进大海里才永远不会干涸,一个人只有当他把自己和集体事业融合在一起的时候才能最有力量。

——雷锋

【学习目标】

(1) 了解组织的类型。
(2) 了解企业的类型并能进行企业探索。
(3) 了解岗位的概念并能进行岗位探索。

【导入案例】

某公司的招聘广告

一、基本条件

(1) 国内公办全日制普通高等院校统招的具有派遣资格的应届毕业生,毕业生必须取得相应的毕业证书。

(2) 所学专业为石油化工类主体专业,品行端正,综合素质好,身体健康,热爱煤化工事业,能适应生产一线工作需要。

(3) 学习成绩和综合测评在本专业居于平均水平以上,专业课成绩良好。

(4) 优先引进学习成绩优异、获得过省(市)级以上荣誉称号和校级以上奖学金、参加重大比赛并获主要奖励、取得过相应等级的职业技能资格证书、担任过学生干部的优秀毕业生。

二、薪资待遇

实习培训期:税前 7000～8000 元/月,每年薪资有一定幅度的增长。正式上岗后:执行岗位绩效工资制度,提供具有市场竞争力的薪酬。

三、福利待遇

(1) 五险一金(养老、医疗、失业、工伤、生育保险和住房公积金),同时提供补充养老保险。

(2) 免费提供住宿及工作餐。

(3) 提供疗养补贴、保健津贴、夜班津贴、交通补贴、通信补贴、高温补贴等。

(4) 发放重要节假日礼金和生日礼品。

(5) 法定年休假、探亲假、婚丧假、产假、病假、事假等完善的节假日管理制度。

(6) 免费定期体检等。

四、其他

(1) 招聘专业:化工工艺、化工机械、高分子材料、电气自动化、仪表自动化、工业分析与检验、给排水、环境工程(水处理)、热能工程等化工类及相关专业。

(2) 招聘、录用工作程序。

① 与学校进行洽谈,达成订单培养意向。

② 发布招聘公告,收集应聘大学毕业生简历。

③ 招聘单位对简历进行审核,确定面试人员名单。

④ 进行面试,必要时增加笔试。

⑤ 确定意向人员,与所在学校签订订单培养协议。

⑥ 会同学校与意向人员签订三方协议。

⑦ 会同学校对意向人员进行为期一年的培训与考核。

⑧ 订单培养结束前一个月,会同学校对意向人员进行考核,考核合格者办理正式录用手续,签订三方协议。

⑨ 毕业生正式毕业的当年7月,正式录用的大学毕业生入职报到。

分析:企业对大学毕业生的招聘条件,充分体现了企业对大学毕业生的专业、职业技能的要求。因此,大学生应关注拟从事工作岗位的招聘要求,分析其需要的技能,为就业做好准备。

职业是劳动者的社会角色,也是一个人赖以谋生的工作。而工作世界是一个系统,了解工作世界不仅要了解职业、行业等,还要了解组织和岗位。本节将具体细化到工作岗位,通过对其的分析揭秘工作世界的面纱。

一、组织机构(用人单位)的类型

组织(在本书中也称"用人单位")就是指人们为实现一定的目标,互相协作结合而成的集体或团体,如党团组织、工会组织、企业、军事组织等。这里所指的组织主要指的是学生就业的组织,对于即将步入职场的大学生而言,不同的就业组织对于不同人才的需求也不同,如图4-2所示。

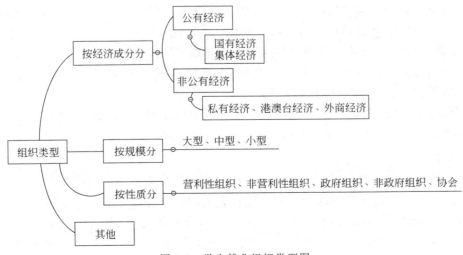

图4-2 学生就业组织类型图

1. 国家机关

国家机关是指中央和地方的各级行政管理部门。它包括国家权力、行政、司法、军事等各方面的机关。国家权力机关是指各级权力机构，如全国人民代表大会，省、自治区、直辖市人民代表大会，市、县、自治县、旗人民代表大会，乡、镇人民代表大会。国家行政机关是指国务院及其职能机构，如部、委、办等；省、自治区、直辖市政府及其职能机构；市、县政府及其职能机构；乡、镇政府及其职能机构。国家司法机关是指各级人民法院和各级人民检察院。

国家军事机关包括国家军事委员会和各级军事机构。

2. 事业单位

在我国，事业单位是指那些从事文化教育、科学技术、新闻出版、医疗卫生、体育等专业活动的社会组织。事业单位，是相对于企业单位而言的，包括一些有公务员工作的单位，是国家机构的分支，指的是以增进社会福利，满足社会文化、教育、科学、卫生等方面需要，提供各种社会服务为直接目的的社会组织。

事业单位法人有两个特点：一是以公益为目的，而不是以营利为目的；二是从事文化、教育、卫生、体育、新闻等公益事业活动。它的独立经费主要来源于国家的财政拨款，也可以通过集资入股或由集体出资等方式取得。它在从事民事活动中所产生的债务，应以其独立经费负清偿责任。

事业单位可以分为三种情况：一种是具有管理公共事务职能的组织，如证券监督管理委员会、银行保险监督管理委员会等，其录用工作人员是参照公务员法进行管理；另一种是实行企业化管理的事业单位，这类事业单位与职工签订的是劳动合同；还有一种事业单位如医院、学校、科研机构等，有的劳动者与单位签订的是劳动合同，有的劳动者与单位签订的是聘用合同。

3. 企业单位

企业是以盈利为目的的经济性组织，包括法人企业和非法人企业，是用人单位的主要组成部分。个体经济组织是指雇工7个人以下的个体工商户。民办非企业单位是指企业事业单位、社会团体和其他社会力量以及公民个人利用非国有资产举办的、从事非营利性社会服务活动的组织，如民办学校、民办医院、民办图书馆、民办博物馆、民办科技馆等。

从企业登记的角度来看，企业分为以下几个类型：有限责任公司、个人独资企业、合伙企业、全民所有制企业、集体所有制企业。

按照经济类型企业可分为：国有企业、集体所有制企业、私营企业、股份制企业、联营企业、外商投资企业、股份合作企业，以及港、澳、台资企业。

4. 社会团体

按照《社会团体登记管理条例》的规定，社会团体是指中国公民自愿组成，为实现会员共同意愿，按照其章程开展活动的非营利性社会组织。社会团体的情况也比较复杂，有的社会团体如党派团体，除工勤人员外，其工作人员是公务员；有的社会团体如工会、共青团、妇联、工商联等人民团体和群众团体，文学艺术联合会、足球协会等文化艺术体育团体，法学会、医学会等学术研究团体，各种行业协会等社会经济团体。这些社会团体虽然公务员法没有明确规定参照,但实践中对列入国家编制序列的社会团体,除工勤人员外,其工作人员是比照公务员法进行管理的。

社会团体根据其性质和作用可以分为社会政治团体、学术团体、宗教团体、体育团体、卫生团体、慈善事业团体等多种类型。我国的一些学会、联合会、研究会、基金会、商会、促进会、联谊会等组织大多属于社会团体,例如中华全国总工会、中华全国妇女联合会、中华全国工商联合会、共青团、中国作家协会、残疾人福利基金会、自然科学工作者协会、佛教协会等。

【案例】

查找企业信息的方式

(1) 查询企业信息最简单的方法就是通过"国家企业信用信息查询系统"(http://www.gsxt.gov.cn/)来查询,由中华人民共和国市场监督管理总局公示的系统,可以查到企业的营业执照信息和股东及出资信息等,但关于动产抵押登记信息、股权出资登记信息、行政处罚信息、知识产权信息等一般不会主动披露。

(2) 天眼查,可以用大数据的形式查询公司。是一款"都能用的商业安全工具",实现了企业信息、企业发展、司法风险、经营风险、经营状况、知识产权等40种数据维度查询(企业工商信息、法律诉讼、法院公告、商标专利、向外投资、分支机构、变更信息、债券、网站备案、著作权、招投标、失信、经营异常、企业年报、招聘及新闻动态等),深度商业"关系梳理",专业信用报告呈现等功能。

(3) 登录企业公司网址、现场参观、实习等。

(4) 朋友圈,通过该单位的某些员工侧面了解,或通过一些师兄、师姐等在这家公司工作的校友,也可以了解到该公司的规模、效益、公司文化、薪资水平等。

二、企业探索

(一)何谓企业探索

企业探索就是学生通过理论分析和实际调研来对自己喜欢的企业进行十个方面的全方位解读。在校期间有针对性地了解企业是踏上职业之旅的重要一步。

(二)企业探索的具体内容

1. 企业调研

从十个方面去了解企业:简介历史(何时成立、对外的介绍是什么);产品服务(核心产品、产品线或服务是什么);经营战略(发展战略、经营策略是什么);组织机构(规模和部门设置是怎样的,都有哪些岗位);企业文化;人力资源战略(校园招聘的途径和职位是什么);薪酬福利(各级待遇是怎样的);人物员工(创始人、现任领导、现任高层、核心员工、目标部门主管和员工、企业以往员工);图片活动;其他文件。

2. 发展阶段

一个企业从其诞生到其死亡的生产经营活动的全部过程就是企业的生命周期。在生命周期的不同阶段,企业的发展战略、经营方针及人力资源制度都有着不同的特点。企业的不同发展阶段有不同的特点。

(1)"开发期"企业——晋升的机会通常较多,短时间可能升到较高位置,但由于企业基础尚不够稳固,势必要承受较大的经营风险。

(2)"成长前期"企业——晋升机会较多,但速度略微缓慢。

(3)"成长后期"企业——制度和体系稳定,短期内难获得晋升或加薪(大企业多属于此阶段)。

(4)"成熟期"企业——晋升的可能性也较小,工作生涯可能很漫长辛苦。

(5)"衰退期"的企业——除非你具有超凡的能力,可以使濒临关门的企业起死回生,否则根本不需要考虑。

3. 企业选择

当你以企业调研报告的形式完成对目标企业的调研时,你可能会发现自己不喜欢目前所调研的企业,那么你就要重新开始企业探索了,以便确定自己所喜欢的企业。可以通过了解世界500强企业、中国500强企业等方式来确定几个模糊喜欢的行业,然后依照行业来选择喜欢的企业。

4. 确定企业

在对企业进行调研后,就可以做出喜欢一个企业的选择了,但在衡量"喜欢"上有些具体的标准:熟悉企业调查信息;能写企业相关的文章;知道企业及其行业的最新活动和进展;能和企业领域的相关人士对话;明确企业的校园招聘;喜欢看企业相关的书;总去参与企业或行业的相关活动;愿意和别人分享你对企业及此领域的看法;愿去企业工作并确定在企业的长期发展目标;这些都是你确定"喜欢"的一些表现,如果你具备三个以上的表现,那么恭喜你:你找到了自己喜欢的企业了!

三、岗位和岗(职)位探索

(一)岗位

岗位是指在特定的组织中,在一定的时间或空间内,由一名或多名员工承担若干项任务,并具有一定的职务、责任和权限。一般情况下,企业的岗位分为生产岗位、执行岗位、专业岗位、监督岗位、管理岗位和决策岗位,其具体内容如表4-2所示。

表4-2 企业岗位分类表

岗位名称	岗位内容
生产岗位	从事制造、安装、维护及为制造做辅助工作的岗位
执行岗位	从事行政或者服务性工作的岗位
专业岗位	从事各类专业技术工作的岗位
监督岗位	从事监督、监察企业各项工作的岗位
管理岗位	从事部门、科室管理的工作岗位
决策岗位	主要指企业的高级管理层

（二）岗位探索

岗位探索就是对岗位本身和影响岗位发展的因素的初步调研。岗位是自己的阵地，当个人要占领一片阵地时，一定要对阵地有全面、准确的了解，而这种了解的方式就是探索、调研。

1. 岗位描述

岗位描述包括岗位的定义、工作内容及要具备的素质，这是岗位的基本内容，是了解一个岗位最直观的方法。

2. 岗位晋升通路

岗位是在职能的基础上根据具体需要分化产生的，所以同一部门、同一职能一般有多个类似的岗位，而了解这些岗位能为自己的岗位轮换、工作转换、升职等带来很大的方便。因此，求职者需要了解的内容包括两个方面：与该岗位相关的岗位是什么（发展方向及为轮岗、转换工作做准备）和该岗位的职业发展通路是什么（岗位的晋升方向）。

3. 不同背景下的岗位要求

岗位的通用要求加上不同背景下的岗位理解构成了一个岗位的最终描述，在求职时要特别考虑以下3个因素：不同行业对这个岗位的理解是什么（行业背景下的岗位要求），不同类型企业及企业所处发展阶段对这个岗位的理解是什么（企业背景下的岗位要求），不同领导和上司对这个岗位的理解和要求是什么（人为背景下的岗位要求），这些因素是制约个人在公司发展的关键。

4. 个人与岗位的差距

综合了解岗位要求后，就可以进行差距量化和差距补充了。差距是可以量化的，如英语口语等级差距。量化可以使行动方向更明确，知识补充更有针对性。

（三）岗位研究

1. 概念

岗位研究，也称职务分析，是对组织中某个特定工作岗位的性质、任务或者职责、权力、隶属关系、工作条件、任职资格等相关信息进行收集与分析，以便对该岗位的工作做出明确的规定，并确定完成该工作所需要的行为、条件和人员的过程。

岗位研究主要包括工作说明和工作规范两方面内容。

（1）工作说明

工作说明是确定职位的基本信息和工作的具体特征，主要包括以下内容。

① "做什么"，是指员工所从事的工作活动，主要包括任职者须达到的工作目标、任职者须完成的工作内容、任职者完成此工作须达到的工作标准。

② "为什么做"，是指任职者的工作目的及该项工作在整个组织中的作用，主要包括该项工作的目的、该项工作与组织中其他工作之间的联系。

③ "谁来做"，是说明谁从事此项工作及组织对从事该工作的人员所必备素质的要求，主要包括对身体素质、知识技能、相关工作经验、教育和培训、对个性特质等方面的

要求。

④ "何时做"，主要包括对工作时间、工作进程的安排以及工作的时间特征。

⑤ "在哪里做"，是指员工工作的地点、环境等，主要包括从事该工作的自然环境和社会人文环境。

⑥ "为谁做"，是指员工从事的工作与组织中其他部门之间的相互关系，主要包括负责该工作的部门直接上级，即员工请示汇报的对象及在工作过程中由于横向的需要应与组织中的哪些部门、哪些人员取得联系。

⑦ "怎么做"，是指员工如何从事或者组织要求员工如何从事此项工作，主要包括工作程序、规范，开展该项工作所必备的各种硬件、软件设施，从事该工作所需要的权利。

(2) 工作规范

工作规范是指完成某项工作所需要的知识、技能以及职责、程序的具体说明。工作规范可以让员工更详细地了解其工作的内容和要求，以便顺利地进行工作。工作规范主要包括以下内容。

① 知识与学历，即完成某项工作的知识要求和学历要求。

② 技能要求，即完成某项工作所应具备的基本技能。

③ 身体素质要求，即身体健康状况。

④ 工作职责和工作权限，即其他人和自己的工作职责及工作权限。

⑤ 工作环境和工作条件，即工作场所、工具设备、工作危害等。

2. 岗位说明书

岗位说明书是表明企业期望员工做些什么、规定员工应该做些什么、应该怎么做和在什么样的情况下履行职责的总汇。岗位说明书应该包括以下主要内容。

(1) 岗位基本资料

岗位基本资料包括岗位名称、岗位工作编号、汇报关系、直属主管、所属部门、工资等级、工资标准、所辖人数、工作性质、工作地点、岗位分析日期、岗位分析人，等等。

(2) 岗位分析日期

目的是为了避免使用过期的岗位说明书。

(3) 岗位工作概述

简要说明岗位工作的内容，并逐项说明岗位工作活动的内容，以及各活动内容所占时间百分比、活动内容的权限、执行的依据等。

(4) 岗位工作责任

岗位工作责任包括直接责任与领导责任，要逐项列出任职者的工作职责。

(5) 岗位工作资格

岗位工作资格即从事该项岗位工作所必须具备的基本资格条件，主要有学历、个性特点、体力要求以及其他方面的要求。它包括必备资格和理想资格，其中：必备资格是完成某职位工作要求的最低资格；而理想资格是指在具备必备资格的基础上，若具备某些条件更为理想。

(6) 岗位发展方向

部分企业的岗位说明书中还会加上岗位发展方向的内容，希望通过岗位发展方向不仅明确企业内部不同岗位间的相互关系,而且有利于员工明确发展目标,将自己的职业生涯规划与企业的发展结合在一起。

（四）职位环境分析

职位是指承担一系列工作职责的任职者所对应的组织位置,它是组织的基本构成单位,职位与任职者一一对应,同一岗位可以设置多个职位。就业时尽管一般最初考虑的是职业和专业的对口性,但真正入职时还要考虑到具体的职位。所以,对于职位的探索也是职业探索的重要组成部分。对职位的探索可以是多方面、多维度的,一般包括三个方面。

1. 入职机会与竞争条件

入职机会是指客观的机遇及制度因素；竞争条件是指自身的素质条件与职位要求的匹配性。如入职机会关注到招聘人数、招聘政策、用工制度、雇佣方式；竞争条件关注到基本条件要求(性别、籍贯、外形、年龄、婚否、政治面貌)、教育培训要求(毕业院校、专业方向、学历程度等)、心理要求(性格、能力)。

2. 工作实况

工作实况包括工作内容(对象、任务、责任、设备)、工作强度(工作时间、工作方式、工作量)、工作环境(工作设施、工作空间、人际关系、工作气氛、学习氛围)、工作控制(直接上司、监督与管理、绩效考评)。

3. 待遇与发展

待遇与发展包括薪酬福利(工资、奖金、津贴、福利)、个人发展(培训、进修、晋升、职业变通)、社会资源(人际关系资源、社会地位)、工作满意感(公平感、成就感、自我实现)。

【总结案例】

周洪的职业准备

大二学生周洪想在上海的某企业从事人事助理的职位,经过对人事助理职位的调查,他了解到这类型职位的要求是：必须掌握人力资源管理系统的理论知识,具备助理人力资源管理师的证书,而且需具备一定的人力资源管理的实践经验。

于是,周洪在他剩余的两年大学时间里,着手探索人事助理职位的要求,培养相关职业素质,考助理人力资源管理师的证书,掌握人力资源管理系统理论知识,进入一些名企实习积累实践经验,参加社团活动培养自己的组织能力和沟通能力等。等到毕业的时候,他如愿进入上海名企从事他所期望的人事助理的职位,实现"人职匹配"。

分析：我国传统的职业教育观念都是：学校就是"两耳不闻窗外事"的知识殿堂,学生要专心于学习,学有所成再谈论职业,大多数中国学生对社会上各行各业所知甚少,"职业"对于他们来说,还是一个非常遥远的概念。

目前,科技的高速发展使工作专精化。如果对工作世界没有明确的认知,将无法了解工作的意义,对未来的工作更加无从选择。职业认知是生涯发展的首要任务,大学生应认识与试探各种职业工作,培养从事各种职业工作的基本能力；根据个人兴趣与能力,完备职业所需的知识与技术,使个人素质适应工作的要求。

【活动与训练】

用人单位信息清单

　　临近毕业,同学们都纷纷向心仪的单位投出了自己精心制作的简历,并期望简历能够成为工作的敲门砖,但如果询问他们是否了解这个单位,他们都一脸茫然,说:"具体其实我也不是很了解。"这样的窘状实在是太多了。同学们,查找你未来所希望进入的用人单位,并把清单填写完善。

　　单位名称:
　　单位的类型:
　　文化背景:
　　制度、政策:
　　人际关系:
　　人员结构特点(学历、年龄、性别等):
　　择才标准:
　　教育背景与资格证书:
　　专业要求:
　　非专业要求:
　　评价:
　　媒体评价:
　　员工评价:
　　他人评价:
　　(注:可根据需要增减项目。)

【探索与思考】

　　究竟是基于工作世界的要求来自我塑造,还是基于自我的特征去寻找适合自我的工作世界?

模块五　职业生涯的规划与实施

模块导读

"凡事预则立,不预则废。言前定则不跲,事前定则不困,行前定则不疚,道前定则不穷。"(《礼记·中庸》)要做到审时度势、仔细认真地思索并制定好个人的人生发展轨迹,使自己拥有一个清晰、明确、合理的人生规划蓝图,进行职业生涯规划是非常有必要的。职业生涯规划诞生于20世纪初期的欧美,至今已有100多年的历史。

"如果一个人缺乏人生的目标,就像水上的浮萍,缺乏自己前进的方向,缺乏自己生活的意义,缺乏自己存在的价值。不知道自己想获得什么,也不知道为什么而活着。"作为大学生,若缺乏职业生涯的目标,则往往会毕业后扼腕自己的年华虚度,匆匆踏上不合心意的工作岗位。你希望充实而有意义地度过自己的大学生活,怀抱着期待和愉悦的心情踏入自己的工作岗位吗?

本模块通过职业生涯规划设计的步骤和方法的介绍,帮助大学生认识和确立职业生涯目标,运用科学的方法对自身的职业生涯进行设计和规划,并逐步去实施,从而实现成功的人生。

5.1　职业决策

【名人名言】

目标之所以有用,仅仅是因为他能帮助我们从现在走向未来。

——[美]戴维·坎贝尔

【学习目标】

(1)认识职业生涯目标的重要性。
(2)掌握确立职业生涯目标的原则和方法。
(3)认识职业的概念、特点及发展趋势。

【导入案例】

目标对人生影响的跟踪调查

哈佛大学有一个非常著名的关于目标对人生影响的跟踪调查。调查的对象是一群智力、学历、环境等条件都差不多的大学毕业生。结果是这样的:27%的人没有目标,60%的人目标模糊,10%的人有清晰但比较短期的目标,3%的人有清晰而长远的目标。

以后的25年,他们开始了自己的职业生涯。

25年后,哈佛再次对这群学生进行了跟踪调查。结果是这样的:3%的人,25年间他们朝着一个方向不懈努力,几乎都成为社会各界的成功人士,其中不乏行业领袖、社会精英;10%的人,他们的短期目标不断实现,成为各个领域中的专业人士,大都生活在社会的中上层;60%的人,他们安稳地生活与工作,但都没有什么特别的成绩,几乎都生活在社会的中下层;剩下27%的人,他们的生活没有目标,过得很不如意,并且常常抱怨他人,抱怨社会,抱怨这个"不肯给他们机会"的世界。

其实,他们之间的差别仅仅在于:25年前,他们中的一些人知道自己到底要什么,而一些人则不清楚或不很清楚。

分析:成功需要明确的目标和方向。美国学者达姆洛斯提出了成功的公式,即:成功=[(EE+CT+SP)×DD]。其中,EE指教育和工作经验,CT指创造性思考,SP指推销自我的能力,DD指目标和驱动力。这一公式形象地说明了个人成功与各项目之间的关系,目标对一个人的成功具有非常重要的意义。

一、职业生涯目标

《现代汉语词典》对"目标"的解释是,想要达到的境地或标准。目标也指个人、部门或整个组织所期望的成果。由定义可知,所设定的目标须有现实的"标准"作为参照,来衡量在实际执行过程中目标达成的程度。通常,目标都具有精确性、现实性、可实现性、可测量性、致命性和被理解性的特点。没有目标就永远不能实现目标。

(一)职业生涯目标的含义

职业生涯目标是指个人在选定的职业领域内未来时点上所要达到的具体目标,是人在职业领域理想的具体化。设立生涯目标是个人职业规划的首要内容。整个生涯规划,就是围绕着一系列的大小目标展开,没有目标就构不成规划,确立目标是制订职业生涯规划的关键。一个人职业上的成败,很大程度上取决于是否确立了适当的职业生涯目标。

(二)职业生涯目标的分类

1. 按照时间分类

职业生涯目标按照时间不同,可以分为短期目标(1~2年)、中期目标(2~5年)、长期目标(5~10年)、人生目标(40年以上)。分别与职业生涯规划的短期规划、中期规划、长期规划、人生规划相对应,如同拾级而上的台阶,一步步发展。

(1)短期职业目标

短期职业目标的特点有:目标表述清晰、明确、精练;对于本人具有现实意义,与自我价值观和中长期目标一致;切合实际,并非幻想;有明确的具体完成时间;有明确的努力方向,通过努力能达到适合环境需要的能力,实现起来完全有把握。

(2)中期职业目标

中期职业目标的特点有:目标是结合自己的志愿、组织的环境及要求制订的,与长期目标相一致;基本符合自己的兴趣、价值观,使人充满信心,且愿意公之于众;切合实际,并且未来的发展有所创新,有一定的挑战性;能用明确的语言定量与定性说明;有比较明确的执行时间,根据外部环境变化可做适当的调整;可以发挥自己的能动性,实现的可能性非常大。

(3) 长期职业目标

长期职业目标的特点有:目标是自己认真选择的,和组织、社会的发展需求相结合;很符合自己的兴趣、价值观,能为自己的选择感到骄傲;能用明确的语言定性说明;有实现的可能,并有更大的挑战性;与志向相吻合,能够立志通过努力实现理想;与人生目标相融为一,指导自己为创造美好未来而坚持不懈。

2. 按照性质分类

(1) 外职业生涯

外职业生涯是指从事一种职业的工作时间、工作地点、工作单位、工作内容、工作职务与职称、工资待遇、荣誉称号等因素的组合及其变化过程,也就是通过名片、证书、工资单等外在形式可以表现出来的东西。外职业生涯通常是由别人决定、给予、认可,也很容易被别人否定、收回或剥夺,大学生应该把关注点放在内职业生涯的发展上。

(2) 内职业生涯

内职业生涯是指从事一种职业时的知识、观念、经验、能力、心理素质、内心感受等内在因素的组合及其变化过程。内职业生涯主要靠自己的不断努力而获得,不随外职业生涯的获得而自动具备,也不会因为外职业生涯的失去而自动丧失。

内职业生涯是职业生涯之树的根,内职业生涯的发展程度决定了外职业生涯的发展程度。内职业生涯的发展是外职业生涯发展的前提,内职业生涯的发展可以带动外职业生涯的发展;外职业生涯的发展则能够促进内职业生涯的发展。内职业生涯的发展是以外职业生涯发展来体现和作为成果展示的,内职业生涯的匮乏是以外职业生涯的停滞或失败呈现的。

有些学生去找工作,一开始就只关心待遇和工作环境:挣多少钱?多长时间长工资?有无宿舍?宿舍里有无电话、电视、宽带?工作是否辛苦?是否需要经常出差?等等。这些关心的都是外职业生涯的内容。结果,用人单位往往很反感,也对这样的求职者没有信心!如果把目光先放在内职业生涯上——公司需要什么样的人才?需要具备什么样的观念和能力?我能争取到什么样的锻炼机会?我用多长时间可以达到公司对我的要求?以我的能力能够为公司做些什么?就更容易得到领导的赏识。

二、确立职业生涯目标的原则和策略

(一) 指导思想

SMART原则也可以称为目标管理原则,它是使管理者的工作由被动变为主动的一个很好的管理手段。在职业生涯目标确认过程中,大学生既是目标的制定者,也是实现目标的执行者,可以将此原则作为确立目标的指导原则。

1. 目标必须是具体的(Specific)

目标必须是具体的是指目标必须是清晰的、可产生行为导向的。比如"我要成为一个优秀的大学生"就不是一个具体的目标,但"我要获得今年的一等奖学金"就算得上是一个具体的目标了。规划一定要清晰明确,能够转化成一个个可以实施的行动。

2. 目标必须是可以衡量的(Measurable)

目标必须是可以衡量的是指目标必须能用指标量化表达。比如"我要获得今年的一等奖学金"这个目标，就对应着许多可以量化的指标——出勤、考试成绩、参加活动的结果等。

3. 目标必须是适度的(Achievable)

这里的"适度"有两层意思：一是目标应该在能力范围内，如果目标经常达不到，体验不到成就感会让人沮丧；规划未来的职业生涯目标，涉及多种可变因素，这些因素有些是不可预测的，因此应该具有一定的弹性，以便增强其适应性。二是目标要具有一定的挑战性。所提出的目标必须是经过相当的努力才能实现的目标，而不是轻轻松松就能实现的。

4. 目标必须是切合实际的(Realistic)

规划一定要以事实为依据，要根据自身特点、组织发展和社会发展需要来制订，而不能想当然。人生每个发展阶段应能够持续、衔接，各个具体规划应与人生总体规划一致，不能摇摆不定。

5. 目标必须具有明确的时间表(Time-limited)

规划是预测未来的行动，确定将来的目标，因此各项主要活动如何实施、何时完成，都应该有时间和时序上的合理安排，以便对进度进行监控。

(二)基本策略

1. 择己所爱

选择自己热爱的职业。一个人只有对其所从事的职业有浓厚的兴趣，才能激发对该项工作强烈的求知欲、探索欲，才会使其全身心地投入，在工作中有所发明，有所创造。

2. 择己所长

每个人的性格特点以及工作能力都有所差异，必须对照自己的能力，选择最有利于发挥自己优势的职业。如果己长不如人长，要敢于放弃选择；如果己长人短，则要扬长避短，敢于发展。杨振宁在美国求学时，刚开始希望在实验物理学方面有所建树，但是他发现同样的实验别人做得很轻松，而他却做得很费劲，甚至还引起爆炸事故。经过认真的分析，杨振宁发现动手能力的确是自己的弱项，于是他果断转向了理论物理学研究，后来获得了诺贝尔物理学奖。

3. 择世所需

社会需求是确定和调整职业生涯目标的重要参考，社会需求是不断变化的，要认真分析社会需求，准确预测未来行业或者职业的发展方向与趋势。

4. 择己所适

确定职业生涯目标要寻找最合适自己的，而不必强求是别人眼中最好的，看起来"高大上"的目标可能会让你身心俱疲、达不到目标。

5. 择己所利

马斯洛的需求理论告诉我们，人只有首先满足了自身的生存需求外，才能逐步实现安全、归属、自我尊重、自我实现等需求。所以确立职业生涯目标时,还需要考虑一个简单的动机——经济利益,要择己所利,本着利己、利他、利社会的原则,确立适合自己的目标。

（三）影响职业生涯目标的因素

1. 社会因素

社会是人才得以活动、发挥才干的舞台,也是影响人们职业生涯成长与成功的重要条件和因素。决定人们职业生涯设计的社会条件可以分为以下三个方面。

（1）政治、经济、科技发展形势。社会大环境是影响人才成长的根本因素。

（2）用人单位对于员工的培养。许多企事业单位都十分重视员工的培养,积极为人才成长创造条件,如支持业余学习或脱产学习、奖励自学成才等。

（3）其他社会条件如自身的亲戚朋友交际网、提高素质所需的学习机会和图书资料、成才的社会舆论、与职业生涯发展方面有关的制度与政策等。

2. 个人因素

（1）能力因素。能力是一个人能否从事某种职业、能否在职业生涯中顺利成长和获得成功的条件。寻找与职业生涯目标相联系的能力因素应从客观实际出发,发现自己的优势能力。

（2）非能力因素。非能力因素主要指兴趣、情感、意志。兴趣是人们成长的起点,应依据个人的职业兴趣并考虑社会的职业现实设计职业生涯,这是正确设定职业生涯目标的重要原则;情感是人对待外界事物的一种内心体验,如果情绪忽高忽低、忽冷忽热、跌宕起伏、见异思迁,是不利于职业目标的合理选择和职业生涯的顺利发展的;意志是一个人自觉地确定目标,支配与调节自己的行动,克服各种困难,从而达到预期目标的心理状态,其包括自觉性、果断性、坚韧性、自制力和勤奋性。

三、确立职业生涯目标的方法

（一）5W 归零思考法

5W 归零思考法是一种简单易行的决策辅助工具。通过问自己 5 个问题,帮助解决自己职业生涯规划与设计中的相关问题。这 5 个问题如下。

Who am I?（我是谁?）

What will I do?（我想做什么?）

What can I do?（我会做什么?）

What does the situation allow me to do?（环境支持或允许我做什么?）

What is the plan of my career and life?（我的职业与生活规划是什么?）

具体操作步骤如下。

（1）准备 5 张白纸和一支铅笔及橡皮等工具,去除杂念静下心来,按照顺序依次回答 5 个问题。

（2）回答第 1 个问题"我是谁?",静心去想自己是个什么样的人,有什么性格特点,按重要性进行排序。

（3）回答第 2 个问题"我想做什么?",我最期望做什么,除了事业上的期望,对生活有什么期望,对家庭的期望,可以回溯到孩童时代萌生的第一个期望,对自己期望做的几个事情排出优先顺序。

(4) 回答第 3 个问题"我会做什么?",要把自己会的、擅长的项目罗列一下,包括自认为还可以开发出来的潜能,把你所有会的项目按照擅长的程度进行排序。

(5) 回答第 4 个问题"环境支持或允许我做什么?",仔细想一想,你现在所处的环境能支持你做什么呢? 将环境从小到大罗列,包括单位、本市、本省、本国及至其他国家。最后,按照重要性进行排列。

(6) 回答第 5 个问题"我的职业与生活规划是什么?",有了上面的 4 个问题,第 5 个问题也会迎刃而解。最后,把前 5 张纸一字排开,比较上面的答案,用一条线将相同或相近的答案连接起来,你可能会得到几条连线,其中不与其他线相交,而且处在最上面位置的那条线就代表你的最优选择。

(二) SWOT 分析法

SWOT 四个英文字母分别代表优势(Strength)、劣势(Weakness)、机会(Opportunity)、威胁(Threat)。其中,SW 主要指内部条件分析,OT 主要指外部条件分析。利用这种方法可以从中找出对自己有利的、值得发扬的因素,以及对自己不利的、要避开的因素,发现存在的问题,找出解决的办法,明确以后的目标和发展方向。

(1) S:"我"的优势及其利用,主要指自己的个性特征、个人成就、实践经验、专业知识等方面的优势,如曾经做过什么、学习了什么,最成功的是什么,并说明自己将如何发挥。

(2) W:"我"的弱势及其弥补,主要指自己的身体条件、性格弱点、经验或经历中所欠缺的方面等劣势,并简要说明自己将如何克服。

(3) O:"我"的机会及其利用,主要指社会大环境(如行业发展、工作环境、工作地点、人脉关系等)对自己职业发展的有利方面,并简要说明自己将如何把握。

(4) T:"我"面临的威胁及其排除策略,主要指社会大环境(如行业发展、工作环境、工作地点、人脉关系等)对自己职业发展的不利方面,并简要说明自己如何规避。

决策者可以根据自己的实际情况,将个人的内部和外部因素实事求是地罗列到表 5-1 中,具体事项可以有多项,不一定仅仅局限于表格所列的。

表 5-1 SWOT 分析示例表格

	机会	威胁
外部因素	(1) (2) (3)	(1) (2) (3)
	优势	劣势
内部因素	(1) (2) (3)	(1) (2) (3)
分析之后的整体结论		

职业生涯目标的确立,往往需要经过一番波折才能够找到,只有充分了解自身内部条

件,了解何种外部条件更适合自身的发挥,将两者结合分析,才能得到个人的职业生涯目标。也许你会发现自己的职业生涯目标有多个,如果你不断探寻,最终会发现他们当中贯穿着一条内在主线。因此,需要经常进行分析和调整。

（三）决策平衡单法

"决策平衡单法"经常被应用于决策问题解决和职业选择咨询中,咨询者系统地分析每一个可能的选项,判断分别执行各选项的利弊得失,然后依据其在利弊得失上的加权计分排定各个选项的优先顺序,以执行最优先或偏好的选项。其实施程序主要如下。

(1) 建立"职业生涯决策平衡单"。列出可能的职业选项,首先要在平衡单中列出有待深入评估的潜在职业选项3~5个,如表5-2所示。

表 5-2 生涯决策平衡单示例

项目选项	权数 1~5倍	方案一 分数	方案一 分数	方案一 分数
1) 个人物质方面				
(1) 收入				
(2) 升迁的机会				
(3)				
……				
2) 个人精神方面				
(1) 成就感				
(2) 兴趣的满足				
(3)				
……				
4) 他人物质方面				
(1) 家庭经济				
(2) 家庭地位				
(3)				
……				
4) 他人精神方面				
(1) 父母				
(2) 配偶				
(3)				
……				
总分				

(2) 判断各个职业选项的利弊得失。平衡单中提供咨询者思考的重要得失,集中于四个方面,分别是自我物质方面的得失(包括收入、健康、工作、休闲生活、未来的展望等)、他

人物质方面的得失(包括家庭收入、与家庭分担的家事、与家人相处的时间、与朋友相处的时间等)、自我精神方面的得失(包括潜能、兴趣、成就感、改变生活的形态、生活方式等)、他人精神方面的得失(包括家人的荣誉感、家人的认同、家人的担心等)。

(3) 各项考虑因素的权重。在详细列出各项考虑层面之后,对每个考虑因素按照自己的情况设置权重,从+5到-5,中间有一个0,最重要的为+5,最不重要的为-5,0表示可有可无。

另外,还可根据情况再进行加权计分。

(4) 计算出各个职业选项的得分。把各因素的权重和利弊得失分数相乘后再累加,计算各个生涯选项的总分。

(5) 排定各个职业选项的优先顺序。依据各职业选项总分的高低,排定优先次序。

【案例】

非理性生涯观念辨析

(1) 大家都说第一份工作非常重要,会对人的一生产生深远的影响。第一份工作我一定要找好。

辨析:任何一份职业都会对人产生影响,但正如我们从小到大所经历过的无数次成功与失败一样,第一份工作的成败不过是"另一次成败"而已。我们当然希望第一份工作是一份好工作,但即便它是一次失败的经历,我们也可以从中学到很多关系到自己(兴趣爱好、能力特长、处理问题和人际关系的能力、决策方式等)和职场的知识。只要我们愿意学习,任何一种经历都可以是有意义的,都可以成为我们的财富。如果因为第一份工作没找好就觉得耽误了终身,那多半不是因为这份工作的原因,而是你的心态需要调整。

(2) 如果我做出某种决定,那我就永远甩不掉它了。我就会走弯路,浪费时间和精力,甚至再也无法回头。万一这个决定是错误的怎么办?

辨析:事实上,在生活中即使做出了错误的选择,也没有多少决定是不可更改的。在职业选择上,你总会有机会开始另一轮的职业决策,选择新的职业和生活。错误的选择可能会使你付出更多的时间,但也许那正是你在迈向自己的终极目标前所需要经历的锤炼。的确,两点之间直线最短,但在人生中,我们很少能像数学上那样走直线。有时候,我们走了一些弯路,却因此学习了重要的人生功课,积累了经验资源,而这些其实都为我们走好下一步做好了准备。

(3) 我一定要找到这样的职业——它能帮我得到对我来说非常重要的人的喜欢和赞许,比如让父母以我为荣、让老师夸奖我。

辨析:每个人都希望得到他人的认可,这是正常的人性的需要。但如果我们一定要通过自己的职业来实现这一点,很可能出现的情况就是:我在做着我并不喜欢的工作,仅仅是为了让他人能够认可我。当一个人只是为了他人而生活的时候,他会感到非常痛苦。一旦他没有得到自己想要获得的赞许,他的心理就会失衡,他所做的一切就失去了意义。重要的是,我们能够首先认同和欣赏自己,这样我们就不必依赖他人的赞许而活着。我们仍然希望得到父母和师长的认可,但是当他们与我们有不同观点的时候,也不必过于沮丧。

（4）我跟别人不一样，我各方面的条件都比他们差，我做不到你说的那些。

辨析：问题在哪里呢？是什么东西使你做不到你说的这些事呢？真的是由于你说的那些不及别人的"条件"吗？还是那些"条件"已经变成了你的一种借口，用来逃避任何行动？变化的全部目的就是去做"不是你"的那些事。它虽然必然伴随着一些害怕和不安全的感觉，但你只有真正地尝试过，才知道这些方法是否适合自己、这些事自己是不是能够做到。

四、职业生涯决策的主要选择项

（一）要考虑选择何种行业

从我们踏入高职院校的那一刻起，我们就已经做出了人生当中的一个重大选择——选择专业。选择某一专业为我们将来从事某种行业奠定了坚实的基础。专业具有定向功能：学习机械类专业注定我们将来会从事机械制造行业；学习农林类专业注定我们将来会从事园艺、环保、农作物种植等相关行业；学习传播学类专业注定我们将来会从事广告、电视节目制作等相关行业……总之，专业选择为选择行业提供了前提条件。当然，这并不意味着选择了专业就选择了行业。选择行业除了需要联系所学专业之外，还要考虑到心理特质、身体素质、受教育经历、人文素养、性别、年龄等相关的主观因素和社会需求、行业状况、经济条件等客观因素。

（二）选择具体工作岗位

选择了自己将来要从事的行业，必须要面对的问题是：选择行业当中的哪一种工作。某种行业往往包含着多种工作，比如，商品流通行业包括财务、仓储、采购、销售、管理等工作。选择工作比选择行业更贴近我们的生活，距离我们更近。在选择做哪一种工作的时候，最重要的是要看自己的基本素质和能力是否能够承担自己希望从事的工作。选择工作也要考虑生存问题、发展问题、人生价值目标的实现。

（三）选择个性需求

假如在毕业求职中有多家单位同时录用了你，该怎么办呢？比如，你是某英语专业高职大学生，同时接到了某企业助理翻译和某中学英语教师的录用函，你该如何选择呢？此时最主要的是要考虑三个问题：一是工作机会的发展空间；二是个人的工作能力；三是个人的兴趣爱好。

（四）选择工作地点

工作地点的选择看似是一个非常简单的问题，但是它涉及很多方面，比如机遇与发展、家庭与环境等诸多因素。同样一个工作摆在面前，你可以去北京，也可以在新乡。在北京发展的机遇和空间更大一些；但是在新乡，距离家人更近一些，生活更方便一些。工作地点的选择关系到个人的人生追求、价值取向。

（五）选择工作取向

工作取向即个人的工作风格，其实是对未来工作的一种追求——追求稳定还是挑战，追求物质还是崇高。

🔍 【总结案例】

每个人都可以创造机遇

吴志宏曾是 IBM（中国）公司的总经理。可是许多年前，吴志宏还只是一个护士，她渴望着自己职业的转换。1985 年，中国改革开放如火如荼，电子行业飞速发展，人才紧缺。她决定到 IBM 去应聘。

当时，IBM 的招聘地点在长城饭店，这是一家五星级的饭店。在长城饭店门口，她足足徘徊了 5 分钟，呆呆地看着那些各种肤色的人从容地迈上台阶，简简单单地进入另一个世界。她的内心深处无法丈量自己与这道门之间的距离。

经过一番思考，她鼓足了勇气，迈着稳健的步伐，穿过威严的旋转门，走进了世界最大的信息产业公司 IBM 公司的北京办事处。她的确是一个人才，顺利地通过两轮笔试和一轮口试，最后到了主考官面前，眼看就要大功告成了。

主考官没有提出什么难的问题，只是随口问她会不会打字。

她本来不会打字，但是本能告诉她，到了这个地步，不能有不会的。于是，她点点头，只说了一个字"会！""一分钟可以打多少个字？""您的要求是多少？""每分钟 120 字。"

她不经意地环视了一下四周，考场里没有发现一台打字机，她马上就回答："没问题！"主考官说："好，再次考试时再加试打字！"

实际上，吴志宏从来没有摸过打字机。面试结束，她就飞快地跑去找一个朋友借 170 元钱买了一台打字机，然后没日没夜地练习了一个星期，居然达到了专业打字员的水平。

她被录取了，成了这个世界著名企业的一名员工。吴士宏每天除了工作时间就是学习，寻找自己的最佳出路。最终，在与她一起进 IBM 的雇员中，她第一个做了业务代表，她第一批成为本土的经理，她成为第一批赴美国进行战略研究的人，她第一个成为 IBM 华南地区总经理，也就是人们常说的"南天王"。

最后吴士宏登上了 IBM（中国）公司总经理的宝座。

【活动与训练】

确定职业生涯目标

试着利用表 5-3 确定你的职业生涯目标。

表 5-3　自我认识和环境认识

	自我认识		环境认识
我的性格	MBTI： 我的性格特点：		适合的职业： 1. 2. 3.

续表

自 我 认 识		环 境 认 识
我的兴趣	兴趣测试： 我的兴趣：	适合的职业： 1. 2. 3.
我的能力（在每个技能后写明支持事件）	知识技能： 事件： 通用技能： 事件：	适合的职业： 1. 2. 3.
我的价值观		适合的职业： 1. 2. 3.
我的职业目标群	1. 2. 3.	
SWOT 分析	长处：（你的优势）	短处：（需要改善的地方）
	与职业选择有关的有利外部条件	与职业选择有关的不利外部条件

【探索与思考】

职业生涯目标是大学生在校期间学习、生活的指南针，在充分认识自身和环境的基础上，利用 SWOT 分析方法确立自己的职业生涯目标。如果你已经确立了自己的职业生涯目标，也可以通过 SWOT 分析方法，对自己的目标进行梳理和评估。

5.2 职业生涯规划的制订和实施

【名人名言】

选择职业是人生大事，因为职业决定一个人的未来。

——[法]卢梭

【学习目标】

(1) 掌握职业生涯规划设计的基本步骤。
(2) 能够进行职业生涯路线选择与决策。
(3) 认识职业的概念、特点及发展趋势。

【导入案例】

七种非理性的职业生涯规划方法

伍德(Wood)1990年曾整理出七种一般人常用的生涯规划方法。分别如下。

(1) 自然发生法：例如学生填写高考志愿时，没有仔细考虑自己的性格、兴趣等，只要找到分数所能录取的学校、科系，便填报了志愿。

(2) 目前趋势法：跟随现在市场的趋势，盲目地投入新兴的热门行业。

(3) 最少努力法：选择最容易的科系或技术，但希望最好的结果。

(4) 拜金主义法：选择报酬最好的职位，放弃自己的专业，选择钱多事少离家近的工作。

(5) 刻板印象法：以性别、年龄、社会地位等刻板印象等来选择工作，比如女性较适合从事服务业，男性较适合搞政治、做工程师等。

(6) 橱窗游走法：到各种工作场所，走马观花看一番，再选择最顺眼的工作。

(7) 假手他人法：在思考自己的未来时，不知不觉交给别人来决定，比如父母或家人，因为过去大小事情都是由他们一手包办的；朋友或同学，因为他们是你最好的朋友，不会害你；老师、相关专家或辅导员，因为他们是专家，应该有超人一等的见解；社会，因为你是社会的一分子，必须履行公民责任，造福社会和人类。

以上七种方法，通常被称为知识导向、配合导向或人群导向的生涯规划方法。这些方法有一些帮助，但是也有很大的不足，存在盲目性的特点，没有考虑个人的性格、兴趣、能力等是否适应，能否满足自己价值观等问题，最终可能出现职业不适应，职业中充满不幸福，得不到自己满意的职业生涯。

分析： 正如米歇尔罗兹(Michelozzi)1998年指出的，生涯规划有突破障碍、开发潜能和自我实现等三个积极目的。一个人最大的幸福，是能以自己选择的方式生活，择其所爱。爱其所择会使一个人以己为荣，并呈现出圆融、丰足、喜悦、智慧和充满创造力的气质。

一、对职业发展规律的认识

(一) 金斯伯格职业生涯发展理论

金斯伯格的研究重点是从童年到青少年阶段的职业心理发展过程，他将职业生涯的发展分为幻想期、尝试期和现实期三个阶段，如表5-4所示。

表5-4 金斯伯格的职业生涯发展阶段理论

阶　　段	主要心理和活动
幻想期(11岁前儿童时期)	以少年儿童想象"早日长大成人，成人后干某种工作"的空想或幻想为特征。对外面的信息充满好奇和幻想，在游戏中扮演自己喜爱的角色。此时的职业需求特点是，单纯由自己的兴趣爱好决定，并不考虑自己的条件、能力和水平，也不考虑社会需求和机遇

续表

阶 段		主要心理和活动
尝试期(11~17岁)	兴趣阶段(11~12岁)	开始注意并培养其对某些职业的兴趣,独立的意识增强
	能力阶段(13~14岁)	开始以个人的能力为核心,衡量并测验自己的能力,将其表现在各种相关的职业活动上
	价值观阶段(15~16岁)	逐渐了解自己的职业价值观,注意职业的社会地位,并能兼顾个人与社会的需要,以职业的价值性选择职业
	综合阶段(17岁左右)	将上述三个阶段进行综合考虑,并综合相关的职业选择资料,以此来正确了解和判定未来的职业生涯发展方向
现实期(17岁以后)正式职业选择决策阶段	试探阶段	根据尝试期的结果,进行各种试探活动,试探各种职业机会和可能的选择
	具体化阶段	根据试探阶段的经历做进一步的选择,对一种职业目标有所专注,并努力推进这一选择,进入具体化阶段
	特定化阶段	依据自我选择的目标,做具体的就业准备。青年人为了特定的职业目的,进入更高一级学校或接受专业训练。已有工作但不满意者,想重新进修,再找工作,也属于这个阶段。能够客观地把自己的职业愿望或要求,同自己的主观条件、能力以及社会需求密切联系和协调起来,已有具体的、现实的职业目标

金斯伯格的职业生涯发展阶段理论,展示了从幼年到青年期个体职业心理发展的生动图景,实际上解释了初次就业前人们职业意识和职业追求的发展变化过程,表明早期职业心理的发展对人生职业选择有着重大的影响。

(二)舒伯的职业生涯发展理论

舒伯认为可依据年龄将每个人生阶段与职业发展配合,且每个阶段各有其发展任务,如图5-1所示。

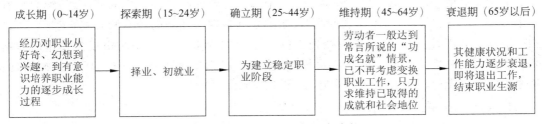

图5-1 舒伯职业生涯的5个阶段

1. 成长阶段

从出生到14岁左右。经由家庭、学校中重要任务的认同,发展出自我概念。此阶段的一个重点是身心的成长。成长阶段属于认知阶段,个人通过游戏、玩耍、电视媒体、朋友、老师和家人观察等方式,开始了解自我、探索自我,逐渐建立起自我的概念。在游戏中出现"我适合什么角色""我想演什么角色""哪些角色我最讨厌"等问题。需要、幻想与喜好是这一阶段最重要的特征。

2. 探索阶段

年龄在15~24岁，主要涉及学校和工作前期。此阶段个人通过学校生活、课外活动、社会实践、业余工作等活动研究自我，对自己的能力、兴趣和性格有所认识，形成自我概念和职业概念，并进行职业上的探索。出现"我对音乐有兴趣""我对计算机有浓厚的兴趣"等问题。同时个人在试探性选择自己职业，试图通过变动不同的工作或工作单位而选定自己一生将从事的职业。

3. 确立阶段

年龄在25~44岁。确立阶段属于选择、安置、立业阶段，它又分为稳定期、发展期、职业中期危机三个阶段。此阶段经由早期的幻想、试探之后，职业生涯在此时成型，呈现一种安定于某种职业的趋向。职位有所调整，行业不会轻易改变。个人在职业生涯中主要关心的是在工作中的成长、发展或晋升，成就感和晋升感强烈。

4. 维持阶段

维持阶段属于专、精、升迁阶段，年龄在45~60岁。此阶段心态趋于保守，重点是维持家庭和工作间的和谐关系，传承工作经验，寻求接替人选，享受努力后成功的喜悦，极少数人要面对失败和不如意的困境而探索新领域。

5. 衰退阶段

年龄在65岁以上，属于退休阶段。此阶段想发展工作之外的新的角色，维持生命的活力，以减少身心上的衰退。要学会接受权力和责任的减少，学习接受一种新的角色，适应退休后的生活，以减缓身心的衰退，维持生命力。

现实中职业生涯各阶段的时间并没有明确的界限，其经历时间的长短常因个人条件的差异及外在环境的不同而有所不同，有时还可能出现阶段性反复。

（三）施恩的职业生涯周期理论

美国著名的心理学家施恩教授认为：一个人一生要面临各种各样的问题，归纳起来有三个方面：一是成长、学习中遇到的问题；二是家庭婚姻中遇到的矛盾和难题；三是工作过程中的苦恼和困难。对此，施恩教授把人的一生归纳为下面三种周期相互交叉作用的结果。三种周期分别为生物—社会生命周期、婚姻—家庭生活周期、工作—职业生涯周期。这其中每个周期存在重叠或矛盾冲突，如图5-2所示。

1. 生物—社会生命周期

生物—社会生命周期主要与年龄有关，同时受到政策法律和社会因素影响，个人因素及家庭背景因人而异。

（1）少年至30岁：热情奔放、充满理想、精力充沛、成家立业。

（2）30岁左右：心慢慢安下来，富有责任感，不断地重新调整人生目标，这期间挑战与机会最大。

（3）40岁左右：大部分人面临不同的"中年危机"，为家庭承担更大的责任，在更多的自我认知及开放心态下不断化解人生矛盾。

（4）50岁左右：身体逐渐衰退，待人更加成熟、宽厚，夫妻相依为命，为退休、财务、社

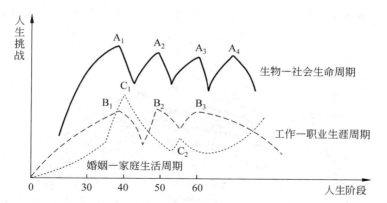

A_1—青春期危机；A_2—青年期危机；A_3—中年期危机；A_4—老年期危机
B_1—进入职业组织；B_2—获得重要职能；B_3—面临退休压力
C_1—结婚生子；C_2—抚育子女

图 5-2　施恩的人生周期图

交和健康做准备。

(5) 60 岁后：面临退休和由此带来的不适，为生活标准降低、亲友或配偶逝世等问题伤神烦恼。

2. 婚姻—家庭生活周期

专家认为，人一般都要经历婴幼儿期、少儿期、青春期、成年、成家、生儿育女照料父母、成为祖父母等人生阶段。婴幼儿期、少儿期的家庭影响，青春期的叛逆，成家后处理家庭关系及教育子女，长期承担照顾子女和父母的责任及义务，这些都对职业选择和职业生涯产生不可忽视的影响。

3. 工作—职业生涯周期

个人的职业选择和职业生涯路径大不相同，一般都要经过成长探索、职业确立、维持下降三个阶段，而且都是在一定的生物—社会生命周期和婚姻—家庭生活周期的背景下形成的。

(1) 成长探索阶段：从出生到 24 岁。在此阶段，自我意识和自主概念逐渐形成，认真地探索职业道路，以及开始进行现实性思考并憧憬各种可能的职业，有针对性地对职业进行规划，并做好各种准备。

(2) 职业确立阶段：25～44 岁。30 岁之前，人们更换各种工作的频率较大，30 岁以后大部分人已明确自己的职业方向，并用明确的职业生涯规划来确定自己的职业道路。

(3) 维持下降阶段：45～65 岁。这个阶段大部分人已经在工作领域内拥有自己的一席之地，其面临的主要问题是如何捍卫自己的地位。退休将近时，不得不接受为年轻人让路的现实及思考如何打发退休时光。

(四) 生涯彩虹理论

1980 年，舒伯在原有的职业生涯发展阶段理论之外，加入了角色理论，提出了"生活广度—生活空间的职业生涯发展观"，并根据职业生涯发展阶段与角色彼此间交互影响的状况，描绘出一个多重角色生涯发展的综合图形，即一生生涯的彩虹图，如图 5-3 所示。

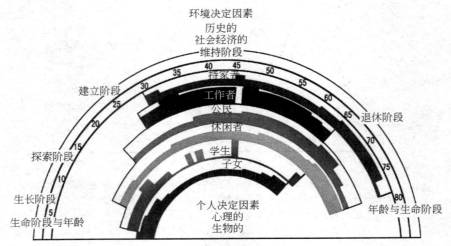

图 5-3　舒伯生涯彩虹图

在彩虹图中，既有代表横跨一生的生活广度的横向层面，显示人生主要的发展阶段和大致估算的年龄，也有代表纵贯上下的生活空间的纵向层面，由一组职位和角色（子女、学生、休闲者、工作者、持家者等）所组成。角色之间是交互影响的，某一角色的成功可能带动其他角色的成功，反之，某一角色的失败，也可能导致另一角色的失败。

（五）职业锚理论

职业锚（职业系留点）理论是美国麻省理工大学斯隆管理学院教授施恩提出的。施恩发现，尽管每个参与者的职业经历各不相同，但从职业决策和对关键职业事件的各种感受中发现了惊人的一致性：当人们从事与自己不适合的工作时，一种意识会将其拉回到使其感觉更好的方向（职业）上，这就是职业锚。

1. 职业锚的含义

职业锚是在个人工作过程中遵循着个人的需要、动机和价值观，经过不断搜索所确定的长期职业定位。职业锚中的"锚"是人们选择和发展自己的职业所围绕的中心，指当一个人不得不做出职业选择的时候，该人无论如何都不愿意放弃的职业中的至关重要的东西或价值。

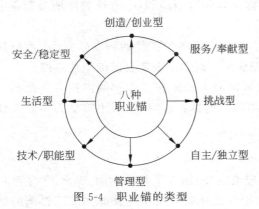

图 5-4　职业锚的类型

2. 职业锚的类型

职业锚包括八种类型，即技术/职能型、管理型、自主/独立型、安全/稳定型、创造/创业型、服务/奉献型、挑战型、生活型，如图 5-4 所示。

（1）技术/职能型。技术或职能型的人追求在技术或职能领域的成长和技能的不断提高,以及应用这种技术或职能的机会。他们喜欢面对来自专业领域的挑战,一般不喜欢从事一般的管理工作。

(2) 管理型。管理型的人追求并致力于工作晋升,倾心于全面管理,独自负责,可以跨部门整合其他人的努力成果。

(3) 自主/独立型。自主/独立型的人希望随心所欲安排自己的工作方式、工作习惯和生活方式,追求能施展个人能力的工作环境,最大限度地摆脱组织的限制和约束。

(4) 安全/稳定型。安全/稳定型的人追求工作中的安全与稳定感。他们因可以预测到稳定的未来而感到放松,关心财务安全,例如,退休金和退休计划。稳定感包括忠诚和完成上级交办的工作。

(5) 创造/创业型。创造/创业型的人愿意去冒风险,克服面临的障碍,希望使用自己的能力去创建属于自己的公司或创建完全属于自己的产品(或服务)。他们想向世界证明,公司是他们靠自己的努力创建的。

(6) 服务/奉献型。服务/奉献型的人是指那些一直追求他们认可的核心价值,例如,帮助他人,改善人们的安全,生产新的产品消除疾病,他们一直追寻这种机会。

(7) 挑战型。挑战型的人喜欢解决看上去无法解决的问题,战胜强硬的对手,克服无法克服的困难和障碍等。参加工作或职业的原因是工作允许他们去战胜各种不可能。新奇、变化和困难是他们的终极目标。

(8) 生活型。生活型的人喜欢允许他们平衡并结合个人的需要、家庭的需要和职业的需要的工作环境。他们希望将生活的各个主要方面整合为一个整体,将成功定义得比职业成功更广泛。

3. 职业锚的作用

职业锚在个人的职业生涯与工作生命周期中,在个人与组织的事业发展过程中,都发挥着重要作用。一是有助于选择职业生涯发展道路;二是有助于确定职业生涯目标,发展职业角色形象;三是有助于提高个人的工作技能,提高职业竞争力。

二、职业发展路径及选择

职业生涯是个体职业生活的历程,包括职业的维持与变更、职务的升迁与职位的变动等,是个体职业发展的整体"路线图"。

(一) 职业生涯发展路径

职业发展路径是组织为内部成员设计的自我认知、成长和晋升的管理方案,员工可以在组织的帮助下沿着一条岗位路线获得职业发展,主要有以下四种。

1. 纵向职业发展路径

纵向职业发展路径也称传统职业发展路径,是一种基于过去组织内员工的实际发展道路而制定出的一种发展模式。它是员工在组织里,从员工特定的工作岗位到下一个工作岗位纵向发展的路径,具体表现为职务的晋升和待遇的提高。

纵向职业发展路径最大的优点是直观性、垂直性，其缺点是随着现代企业组织结构趋向扁平化，职位等级减少，使员工走这种发展路径的可能性减少。

2. 横向职业发展路径

横向职业发展路径是指员工跨职能边界的工作变换，允许员工在企业内横向调动。它是为拓宽个人职业生涯规划通道、满足人们不同的职业规划需求、消除因缺少晋升机会造成的职业生涯停滞而设计的。

这种横向流动不仅有利于激发个人的工作热情和积累工作经验，也有利于保持和发展整个组织的朝气与活力，实现组织内部稳定与流动、维持与发展的平衡。其缺点是，由于横向调动并不一定得到加薪或晋升，但员工却要花费精力和时间学习新的知识技能以适应新的岗位，因而有些员工对此路径缺少兴趣。

3. 双重/多重职业生涯路径

双重/多重职业生涯路径是发达国家组织激励和挽留专业技术人员的一种普遍做法，是指在组织行政职务阶梯之外，为专业技术人员提供两条或多条平等的升迁路径，一条是管理路径，另外几条是技术路径。几种路径层级结构是平等的，每一个技术等级都有其对应的管理等级。一般来说，要给予不同路径中相同级别的人同样的地位和同样的薪水待遇，以达到公平。

这种双重职业路径的设计，赋予了个人不同的责、权、利，有利于调动管理人员和专业技术人员的积极性，实现各尽其能，各展其长，是一种非常适合组织使用的职业路径模式。

4. 网状职业发展路径

网状职业发展路径是一种建立在各工作岗位的行为需求分析基础上的职业发展路径设计，包括纵向岗位序列、横向发展机会及核心方向的发展路径。该路径认为晋升到较高层次之前需要拓宽本层次的经历。这种路径有利于为个人带来职业发展的机会，便于找到真正适合自己的工作，同时，也增加了组织的应变性。但网状职业发展路径展现在人们眼前的是一条复杂的而不是清晰可视的职业路径，个人需要关注自己的职业规划和组织的需求，同时组织增加了向其成员解释职业可能采取特定路线的困难，这是它的不足之处。

【案例】

高职学生的职业发展路径

图 5-5 是典型的高职院校学生职业发展路径，左侧的一条线是管理型的职业发展路径，右侧的一条线是技术型的职业发展路线。

(二) 职业发展路径选择

每个人都有适合其发展的路径，但谁也不能完全复制别人的成功之道，职业生涯必须靠决策者不断尝试和探索。职业生涯路径的选择(见图 5-6)需要考虑以下几个问题：一是

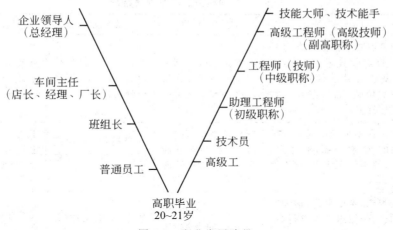

图 5-5　职业发展路径

个人希望向哪条路线发展,这里主要考虑自己的价值观、理想、成就动机等,由此确定自己的目标取向("我想往哪个方面发展");二是个人适合向哪一条路线发展,这里主要考虑自己的性格、特长、经历、知识结构、能力水平等,由此确定自己的能力取向("我能往哪方面发展");三是个人能够向哪一条路线发展,这里主要考虑自身所处的社会环境、政治与经济环境、组织环境等因素,由此确定自己的机会取向("我可以往哪方面发展")。

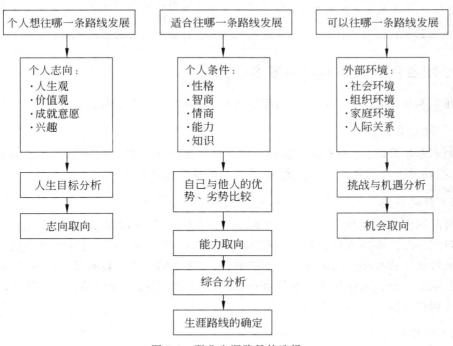

图 5-6　职业生涯路径的选择

较典型的职业发展路径选择如表 5-5 所示。

表 5-5　几种典型的职业生涯路线

类　型	典型特征	成功标准	主要职业领域	典型职业发展
技术型	职业选择时,主要注意力是工作的实际技术或职能内容。即使提升也不愿到全面管理的位置,而只愿在技术职能区提升	在本技术区达到最高管理位置,保持自己的技术优势	工程技术、财务分析、营销、计划、系统分析	财务分析员→主管会计→财务部主任→公司财务副总裁
管理型	能在信息不全的情况下分析解决问题,善于影响、监督、操纵、控制组织成员,善于使用权力	管理越来越多的下级,承担的责任越来越大,独立性越来越强	政府机构、企业组织及其部门的主要负责人	工人→生产组长→生产线经理→部门经理→行政副总裁→行政总裁
稳定型	依赖组织,希望平稳,怕被解雇,倾向于按组织要求行事,高度的感情安全,没有太大的抱负,考虑退休金	一种稳定、安全、氛围良好的家庭、工作环境	教师、医生、研究人员、勤杂人员	更多地追求支撑,例如,助教→讲师→副教授→教授
创造型	要求有自主权、管理才能,能施展自己的特殊才能,喜好冒险,力求新的东西,经常转换职业	建立或创造某种东西	发明家、风险投资者、产品开发人员、企业家	无典型职业通路,极易变换职业或干脆单干
自主型	随心所欲地制订自己的步调、时间表、生活方式和习惯,认为组织生活是不自由的、侵犯个人的	在工作中得到自由与快乐	学者、职业研究人员、手工业者、工商个体户	自由领域中发展自己的个人事业

三、职业生涯规划制订的基本步骤

职业生涯规划是一个周而复始的连续过程,包括如下八个步骤。

（一）确定志向

规划职业生涯时,首先要确立志向,要有对自己职业生涯进行规划的想法和意识,要有意愿、主动地去规划自己的职业生涯,才能起到良好的规划效果。

（二）自我评估

系统的职业生涯规划是一个"从内而外"的过程,因此在职业规划时,要先认识自己。诚实地自问：我有哪些人格特质？我的兴趣是什么？哪些东西是我生命中不能缺少的？我最看重什么？我有哪些技能是与众不同的、赖以为生的？通过自我评估确定适合自身内在条件的职业定位。大学生可以利用职业测评软件,收集与自身性格、兴趣、能力、价值观相对应的职业定位。

（三）环境评估

环境因素对于个人职业生涯发展的影响是巨大的,环境为每个人提供了活动空间、发展条件、成功的机遇。环境评估包括对社会政治、经济和组织环境的分析,即评估和分析环境条件的特点、发展与需求变化趋势、自己与环境的关系以及环境对个人提出的要求、环境对自己的影响等。

（四）明确职业生涯目标

就整个职业生涯来说，目标设定可以是多层次、分阶段的。远大的抱负很少能够一气呵成，应当分解成若干易于达到的阶段性目标，确立一个适度的目标体系。由于职业生涯跨越一个人生命的多个阶段，人在不同时期的体能、精力、技能、经验、为人处世的特点有着明显差别，所以，有针对性地制订阶段性目标更为可行。

（五）职业生涯路线选择与决策

职业生涯路线是指一个人选定职业生涯目标后从哪个方向上实现自己的目标，是向专业技术还是行政管理方向发展，方向不同，要求就不同。

（六）制订行动计划与措施

行动计划与措施的制订则是需要分析自身条件与职业生涯目标的差距，以缩小差距为目的，制订出可以实现又具有挑战性的行动计划与措施。

对于面临就业的大学生和刚入学的大学生而言，行动计划与措施制订的内容也有很大的不同。面临就业的大学生，撰写求职简历、应聘面试、工作、参加组织培训和教育、构建人际关系网、谋求晋升等都是行动计划与措施的内容。

对于刚入学的大学生，在确定好职业生涯目标、选择了职业生涯路线后，要制订的行动计划与措施主要包括以下内容。

1. 学业规划

学习专业知识、相关技能、做人的道理、成功的方法等。

2. 成长规划

大学期间成长规划的主要内容包括：养成良好的生活习惯；培养健康的兴趣和良好的心态；树立正确的恋爱观；学会自我管理；培养良好的思维方式；培养科学的世界观；拥有梦想；学会顺势而为。

3. 时间规划

大学生职业生涯发展需要具备各方面的素质和能力，特别是实践操作的动手能力。实践动手能力强的大学生无疑增加了找工作的砝码。而这种能力主要来自在校期间多方面的实践锻炼，尤其是社会实践。大学生应该制订社会活动计划，有意识地提升自己的实践动手能力，协调好参加社团、社会实践和学习的时间。

（七）执行与实施

职业生涯规划的执行和实施，可以采用PDCA法。PDCA循环法是由美国质量管理专家戴明提出的，又被称为"戴明循环"，如图5-7所示。PDCA是英文单词Plan（计划）、Do（执行）、Check（检查）和Act（处理）的首字母的组合。该循环法有四个阶段：P阶段（计划阶段）、D阶段（执行阶段）、C阶段（检查阶段）、A阶段（处理阶段）。

1. 计划（Plan）阶段

计划阶段的工作主要是找出存在的问题，通过分析，确定改进的目标及达成这些目标

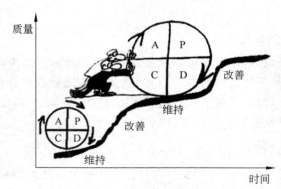

图 5-7　PDCA 循环

的措施和方法。

实现目标的过程就是缩小自身同目标之间差距的过程。只有明确自己的能力、知识、观念等现状与所确定的职业生涯目标之间的差距,才可能有的放矢地采取措施弥补差距,保证目标的最终实现。

2. 执行(Do)阶段

按照制订的计划和措施,严格地去执行。在实施过程中会发现新的问题或情况,如原来制订计划的条件发生变化,则应及时修订计划内容以保证预期目标。

3. 检查(Check)阶段

在分阶段完成计划时,根据所确定的目标和要求对执行计划的结果实事求是地进行正确的评估。未完全达到目标也没有关系,以后还有改进的机会。

4. 处理(Act)阶段

(1) 总结经验,巩固成绩。根据检查的结果进行总结,把成功完成计划的经验和失败的教训纳入自己的信息库中积累起来,以提高工作效率。与此同时,为了更好地提高自己的能力,寻找新的目标,开始新的 PDCA 循环。

(2) 解决问题,转入下一个循环。检查未解决的问题,找出原因,转入下一个 PDCA 循环中,作为下一个循环计划制订的资料和依据。

PDCA 循环的特点是环环相套、相互促进、不断循环、螺旋式上升和发展。PDCA 循环的四个阶段并非是截然分开的,而是紧密衔接连成一体的,各阶段之间也存在着一定的交叉现象。在实际的工作中,往往是边检查边总结边调整计划,不能机械地去理解和运用 PDCA 循环法。正因为每次循环都有所提高,才使得大学毕业生就业水平不断提高。

(八)评估与修正

职业生涯评估主要是对各阶段的预定目标和实际结果之间的差距进行分析,找到差距产生的原因。任何行动计划在实施之后都可能出现以下几种情况:一是目标基本完成,说明目标设定合理,计划措施合适,行动适当;二是目标轻松完成,说明目标设定太低;三是目标不能完成,可能是目标设定太高、目标合适但是计划和措施不合适;目标与计划措施都合适,但是执行不力。

大学生可以通过反馈法、对比法、交流法、反思法、评价法、调查总结法，进行职业生涯的评估，分析差距产生的原因，并进行修正。

1. 目标过高或过低

目标过高超过个人能力，会伤害自信心，需要适当降低目标；目标过低不需要花费很大精力就可以达成，自己的能力无法充分发挥，需要适当提高目标。

2. 计划措施与目标不匹配

需要对计划和措施进行修正，如目标是考英语四级，但是计划措施中没有安排足够的英语学习时间，这就需要调整计划措施中的英语学习安排，压缩其他现阶段相对不太重要的目标的时间。

3. 执行力不足

需要时常对计划措施的执行进行检查，督促自身的执行，也可增加奖惩措施来督促自己的执行。如计划措施中安排了英语学习的具体时间，但由于其他事情耽误了英语学习，导致目标无法实现，这就需要每日三省吾身，每天进行计划措施实施情况的检查，通过奖惩措施，提高自身的执行力。

综上所述，职业生涯规划围绕确定的志向展开，整个过程自我评估、环境评估、确定职业生涯目标、职业生涯路线选择与决策、制订行动计划与措施、执行与实施、评估与修正是一个不断循环的过程。

四、撰写职业生涯规划书

一份完整的职业生涯规划书应包括以下内容。

（1）封面。包括姓名、专业、班级等个人基本信息。

（2）正文。包括总论（前言、引言）、自我探索、环境分析、职业定位、计划实施、评估调整、结束语 7 个部分。

（3）总论（前言、引言）。主要写规划的目的及自己对规划意义的认识等。

（4）自我探索。包括对兴趣、能力、性格、价值观、胜任能力等的测评结果，并进行自我探索小结。

（5）环境分析。包括家庭环境分析、学校环境分析、社会环境分析、职业环境分析。根据以上分析进行环境分析小结。

（6）职业定位。是指在自我探索及环境分析的基础上，通过 SWOT 等方法确立自己明确的职业生涯目标、职业发展策略、提出具体路径。

（7）计划实施。即通过各种积极的具体措施与行动去争取职业生涯目标的实现。也就是对如何实现自己的职业生涯发展目标制订一个比较详细而又切实可行的行动计划和策略方案。

（8）评估调整。听取多方意见，并检查是否符合具体、清晰、可操作可量化原则，写明要评估的内容。

（9）结束语。主要对在自己进行职业生涯规划的过程中帮助过自己的人表示感谢，最后给自己鼓劲，表明自己能够完成规划所确定目标的决心和信心。

【总结案例】

周杰伦的职业生涯规划

1. 职业培养期：成绩平平，专注于音乐

周杰伦，1979年出生于台北。父亲是生物老师，母亲是美术老师。小时候的周杰伦对音乐就有着独特的敏感，听到音乐就会随着节奏兴奋地摇晃，有时候一边看电视一边戴上墨镜学高凌风唱歌。母亲见他在音乐方面很有天赋，毫不犹豫地拿出家里所有的积蓄给他买了一架钢琴。这一年，周杰伦才4岁。

虽然是教师之子，周杰伦的学习却不尽如人意。英语老师甚至认为他有学习障碍。高中联考时，周杰伦的功课很差。但在当时淡江中学第一届音乐班招生时，周杰伦抱着试试的心态参加了考试，竟然考上了。

在高中能学习音乐，这让周杰伦感到无比幸福，他的音乐天赋和才华在这里得到了认同。他的高中同学回忆，那个时候，周杰伦弹钢琴唱歌和打篮球的样子迷倒了很多女孩。虽然父亲和母亲在他14岁时离异，但是躲在音乐世界中的周杰伦并没有受到很大的冲击。他回忆说："12～16岁的日子是我最开心的日子，音乐让我的心灵得到安慰。"

教周杰伦钢琴的老师说，周杰伦十几岁时已经具备远远超越他实际年龄的即兴演奏能力——他将庄严肃穆的音乐变奏，以一种很有意思的方式重新演绎，听上去就像流行歌曲。

综观周杰伦的职业培养期——学生时代，有两点特别引人注目。首先是对自己音乐天赋的忠诚和投入。音乐对于他而言，与其说是一种兴趣，不如说是另一个世界。在这个世界里，音乐帮助他抵挡父母离异、成绩不好等所有的青春期的常见烦恼，让他自信健康地成长。一个人能够在自己天赋中自由舞蹈，这无疑是一种幸福，能够抵挡住一切成长中的动荡。其次是高中时期选择读音乐班，这是一个很重要的职业规划。高中时期是个人重要的职业培养和探索期，这个时候，孩子刚刚开始有社会意识，如果天赋在自己的小群体里获得认同，就会极大地推动未来把这种天赋作用于社会的想法。如果周杰伦上的是普通高中，也许他的音乐才能只会变成一个差生聊以自慰的"小把戏"。而音乐班的氛围，让他的这种天赋很顺利地从个人兴趣发展成社会技能。

2. 职业适应期：选择就业，生存下来是关键

如果择业，最吸引周杰伦的一定是成为一名歌手，但一个普普通通的17岁的孩子，如何成为歌手？无奈的周杰伦几次碰壁之后，选择了在一家餐厅做侍应生——先生存，再谋发展。

在餐厅的工作其实很简单，把厨师做出来的饭菜送给女侍应生，再由女侍应生送给客人。即使是这样，周杰伦也没有离开自己的音乐世界，他一边工作一边听歌。

机会终于来了。老板为了提高餐厅档次，决定在大堂放一架钢琴，但连续聘请了几位琴师都不满意。周杰伦在空闲的时候偷偷地试了试，他的琴声震惊了不少同事，包括他的老板。老板拍着周杰伦的肩膀说："你可以不用在这里干活了。"

在餐厅里打工和弹琴让周杰伦慢慢开始有在公众面前演奏的机会，他也慢慢开始积累起自己的听众。机遇从不会忘记那些执着于梦想的人。1997年9月，周杰伦的学妹瞒着

他,偷偷帮他报名参加了当时台湾著名娱乐主持人吴宗宪的娱乐节目《超级新人王》。当时的周杰伦非常害羞,他甚至不敢上台唱自己的歌,只好找了一个朋友来唱,自己用钢琴伴奏,两个人的演出效果很不理想。但主持人吴宗宪路过钢琴的时候,惊奇地发现这个一直连头也没敢抬的小伙子演奏着一首非常复杂的歌曲,而且乐谱抄写得工工整整,他意识到这是一个对音乐很认真的人。节目结束以后,他邀请周杰伦进入他的唱片公司,任音乐制作助理。

作为唱片制作助理,在负责唱片公司所有人的盒饭之余,周杰伦在那间七平方米的隔音间里开始了自己的创作生涯。半年下来,他写出来的歌倒不少,但曲风奇怪,没有一个歌手愿意接受,其中包括拒绝歌曲《眼泪不哭》的刘德华和拒绝歌曲《双截棍》的张惠妹。当然,两年后,他们十分后悔。

吴宗宪有些着急,他决定给这个年轻人一些打击。他让周杰伦来到自己的办公室,告诉他,他写的歌曲很一般,并当面把乐谱揉成一团,丢进废纸篓里。这让周杰伦在音乐道路上遭受了重大打击。然而,吴宗宪第二天早上走进办公室的时候,惊奇地看到这个年轻人的新乐谱又放在了桌上,第三天、第四天……每一天吴宗宪都能在办公桌上看到周杰伦的新歌,他彻底被这个沉默木讷的年轻人打动了。

有一天,吴宗宪把周杰伦叫到房间,承诺他如果可以在十天之内拿出五十首新歌,就从里面挑出十首,做成专辑——既然没有人喜欢唱他的歌,他就自己唱。十天之后,周杰伦安安静静地拿出五十首歌,于是就有了周杰伦一举成名的专辑 JAY。这张专辑的问世,立即轰动歌坛。

分析: 周杰伦在职业发展的每个时期都做了很好的示范。在职业培养期,他选择了专注自己的天赋,没有被"大而全"的教育模式平庸化。在职业适应期,他明智地选择了先就业再择业,先养活自己,慢慢培养自己的能力,期待在最高平台展示的机会。这些道理都很简单,只是简单并不代表容易做。周杰伦也许有一些别人没有的天赋,但是成功的路上绝对没有偶然。

【活动与训练】

人生金字塔

(一)活动目标

(1)建立自己的生涯目标。

(2)掌握努力方向与目标一致原则。

(二)建议时间

20分钟。

(三)材料准备

黑板/白板、白纸、彩色笔若干。

(四)活动步骤

(1)将学生分组,每组5~6人。

(2)教师提出"一生中你想做什么大事""你想成为什么样的人""你想取得什么样的成

就""你到底想以什么样的形象来度过自己的职业人生"等问题,提示学生结合自身实际情况积极思考,组织开展小组讨论。

(3) 填写如图 5-8 所示的生涯目标金字塔。

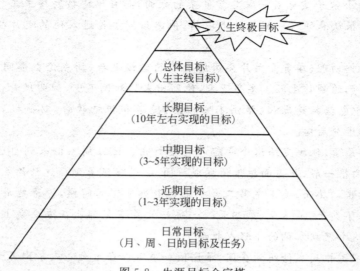

图 5-8　生涯目标金字塔

(4) 小组讨论与分享:你的独特目标是什么?在现实中你的努力是否指向这些目标?目标是否为系列目标?目标之间是否有断层?

(5) 教师总结并给予评价。

【探索与思考】

(1) 试用 PDCA 循环法规划自己的大学学业生涯。

(2) 为自己撰写一份职业生涯规划书。

第二部分

就业创业指导

模块六　就业形势、政策与程序的了解

模块导读

就业是民生之本,关系到千家万户的生活。在经济下行压力加大、产业结构调整不断深化的情况下,我国就业局势保持了总体稳定。李克强总理在2019年的政府工作报告中,首次将就业优先政策置于宏观政策层面,旨在强化各方面重视就业、支持就业的导向。当前和今后一个时期,我国就业总量压力不减、结构性矛盾凸显,新的影响因素还在增加,必须把就业摆在更加突出的位置。

充分就业,高质量就业,这不仅仅是十九大报告中对未来几年我国就业状况进行的规划,更是党和政府对人民的庄严承诺,解决好就业问题,使人人都有通过辛勤劳动实现自身发展的机会,是使命所在。在党和政府政策指导下,我们要全力促进职业院校毕业生多渠道就业创业,实现毕业生更高质量和更充分的就业。

当然,就业不仅仅是一个人的谋生手段,也是一个人价值的体现。推进大众创业、万众创新,是培育和催生经济社会发展新动力的必然选择,是扩大就业、实现富民之道的根本举措,是激发全社会创新潜能和创业活力的有效途径。

就业作为大学毕业生需要亲自完成的过程,不仅受到国家法律、就业法规与政策的约束,还必须遵循一定的原则和程序。毕业生要了解各就业部门的工作程序及就业流程,以便顺利地完成就业中各个环节。

本模块全面分析当前我国就业形势、就业政策和公共就业服务,以及毕业去向和就业渠道,帮助高职毕业生转变就业观念、了解就业政策、有效获取就业信息,以及大学生就业中享有的权利和应尽的义务、就业协议和毕业程序等常识,促进青年学生做好充分的就业准备。

6.1　就业形势分析与就业观念的树立

【名人名言】

青年的价值取向决定了未来整个社会的价值取向,而青年又处在价值观形成和确立的时期,抓好这一时期的价值观养成十分重要。这就像穿衣服扣扣子一样,如果第一粒扣子扣错了,剩余的扣子都会扣错。人生的扣子从一开始就要扣好。"凿井者,起于三寸之坎,以就万仞之深。"

——习近平

【学习目标】

(1) 了解当前的就业形势与高职学生的就业现状。

(2) 了解国家发展战略与高职毕业生就业新机遇。

(3) 克服不良倾向,树立科学的就业观。

【导入案例】

"90后"初涉职场:"俯下身"但却"行不远"

"这是我第二次来找工作,原来那份工作太没挑战性了。"某金融学院的应届毕业生荣特刚刚辞掉前一份工作,11月20日,他特意从安徽老家赶到福州参加福建省2018年大中专毕业生首场招聘会。

"其实找工作不难,但是找到满意的工作不容易。"在招聘会现场,荣特投了八份简历,主要以销售类工作为主。他告诉记者,如果这次招聘没有结果,他准备去中西部地区试一试,"中西部地区虽然相对来讲比较落后,也苦一点,但发展空间还是很大的。"

与只专注于沿海、白领、写字楼的毕业生相比,愿意"俯下身"的求职者并不在少数,在中国水利水电第十六工程局有限公司的招聘摊位前,前来应聘的毕业生排起了长龙。公司人力资源部负责人告诉记者,面试官通常会问应聘者是否愿意下基层工作,是否接受外派,大部分面试者都会给出肯定的答案。

虽然面试谈得很好,但真正坚持在基层工作的并不多,"现在很多'90后'都是独生子女,吃不了苦,父母也不愿意让孩子常年在外面跑,所以企业不怕招不到人,最怕留不住人。"

分析:相对于过去的"70后""80后"求职者追求工资和待遇不同,"90后"求职者不愿当"岗奴",他们更关心的是属于自己的休息时间有多少。记者随机采访了十几名"90后",除了双休日外,不少"90后"还关心单位是否有旅游等福利。

"俯下身"但却"行不远"成为高校毕业生就业状态的真实写照,造成这种现象的原因主要是学生长期生活在象牙塔中,对社会了解不够深入,往往有热情,无方向,在社会上碰壁后便会选择逃避,加上求职者的攀比心理,导致很多毕业生不能接受基层的锻炼过程。

就业既是重大的经济问题,也是重要的社会和政治问题。扩大就业,减少失业,是经济社会发展的基本目标。就业的概念是指在法定年龄内,具有劳动能力的人在一定的工作岗位上从事有报酬或有经营收入的合法劳动。

一、世界就业发展趋势

随着经济发展和就业形势的不断变化,社会对就业问题的关注不断提升,世界各国政府对就业问题的认识不断深化,并在促进就业的过程中扮演着越来越重要的角色。

纵观100年来世界范围内的社会经济发展史,世界就业呈现以下趋势。

1. 产业变化进程加快,服务业逐步成为就业主体

工业革命以来,由于农业生产率提高,农业劳动力不断向工业流动,在发达的市场经济国家,服务业已成为就业活动的主体。在发达国家,现代商业服务业的比例大幅度增长,特别是广告、软件和计算机等信息密集型服务和会计、设计、策划、法律、咨询等知识型服务增幅更大。现代商业服务业的发展,在创造大量就业岗位的同时,也为现代经济的高速增长提供了新的推动力。

总的来看,在劳动力结构转向工业化和服务业化的过程中,不同类型的国家有着不同的特点:发达国家是直接向有助于生产率提高的现代三次产业转移;转型国家是在工业化完成的背景条件下,面对结构调整所带来的需求压力,把更新劳动者知识结构和发展现代商业服务业作为主攻方向;发展中国家是在巨大的人口压力下,在扩大服务业就业的同时,不断提升工业部门就业的水平。

2. 灵活就业比重不断上升,就业模式日趋多样化

在传统的工业社会中,工厂式的集中就业是典型的就业模式。随着服务业成为经济活动的主体和现代信息通信技术的发展,灵活就业的比重在不断上升,就业模式日趋多样化,出现了短期就业、季节性就业、非全日制就业、家庭就业、自营就业、派遣就业,以及兼职就业、远程就业等多种就业形式。

在发达国家中,从事非全日制工作的劳动者比重不断上升,数量不断增加。在发展中国家里,灵活就业的方式更多地表现为在非正规经济中就业。自营就业、家庭服务和微型企业等非正规经济被称为巨大的"劳动力海绵"。

3. 工作岗位的创造与消失速度加快,就业稳定性下降

20世纪90年代以来,以信息技术为特征的产业革命和日益加剧的全球企业竞争,对就业,特别是对工作组织和职业岗位的寿命产生了巨大的影响,工作岗位创造与消失速度都在加快,就业不稳定性上升。

高新技术的发展,促进了产业结构的变化,例如,在欧美国家,"信息职业"已占各种新职业总和的40%以上。又如,由于管理和咨询活动对于经济、社会乃至个人生活的影响越来越大,它们成为另一个发展最快的职业群组。旅游、康乐、健身、医疗,以及其他生活服务领域都有许多新职业涌现出来。

有许多传统职业在新的条件下发生了较大调整和变化。传统农民转化成为农机师、农艺师;传统操作工人转化成为数控机床和其他先进设备的操作工;过去的理发员转化为形象设计师,等等。由于技术或产品的更新,以及禁止使用某种材料或工艺,导致一些职业失去市场。

4. 对未来就业的思考

未来就业面对的一个最大挑战,也是现在的一个最热门的话题,就是所谓人工智能的崛起。人工智能、机器人的发展对就业形成了挑战。以色列学者光瓦尔·赫拉利指出:"由于AI,即人工智能的发展,绝大多数生产性和服务性的就业岗位都会被AI、人工智能和机器人所取代。"这种观点现在很时髦、很流行,有不少人赞同。另外一种观点则认为:每一次生产力的大变革带来的都是人类的劳动向深度和广度的进一步突进,科学技术和生产

力不管怎么发展，人类最后总会创造出无数新的、我们根本就想象不到的岗位。

未来的就业和未来的工作肯定不会是问题。被机器取代了大部分、甚至全部规则性、可编程的体力劳动和脑力劳动之后，将有数不清的非规则性、不可编程的体力劳动和脑力劳动在等着我们。

二、当前和今后一段时间我国就业形势分析

（一）就业与国民经济发展密切相关

当前我国正经历经济增速放缓、产业结构优化升级、增长动力由要素驱动转为创新驱动的新常态时期。2018年全年城镇新增就业1361万人，有551万城镇失业人员实现再就业，就业困难人员就业181万人。年末城镇登记失业人员974万人，城镇登记失业率为3.80%。年末全国城镇调查失业率为4.9%。全年共选派2.8万名高校毕业生到基层从事"三支一扶"服务，就业局势保持了总体稳定，归功于经济的持续发展、经济结构的不断调整优化、改革政策红利的持续释放。

1. 经济持续发展，是稳定和扩大就业的重要基础

据统计，"十一五"期间，GDP增长一个点，平均拉动就业100万人；"十二五"期间，GDP增长一个点，平均拉动就业170万人。因此，经济发展是稳定和扩大就业的重要前提。

2. 经济结构在调整优化拉动就业

不同的经济结构对就业的带动能力、拉动能力是不同的，特别是第三产业对就业的拉动能力，平均要高出第二产业20%。2018年第三产业占GDP的比重达到了51.6%，高出第二产业11.8个百分点。所以，经济结构优化，对于就业的拉动能力明显增强。

3. 改革持续释放红利促进就业

政府持续转变职能，推进"放管服"改革，推进商事制度改革，推进以"营改增"为重点的税收制度改革，同时大力倡导大众创业、万众创新。新的技术、新的业态、新的动能在不断增加，就业形态也是多元化，创业带动就业的倍增效应也不断显现。

（二）对今后一段时间的就业形势判断

1. 总量压力仍存、结构性矛盾突出的基本特征仍将持续

从总量上看，劳动力供给增速趋缓，总量逐步减少，总量压力相对缓解，但仍然有一定的压力。2012年开始，我国劳动年龄人口数量持续下降，与以往高速增长的发展趋势明显不同，就业总量的压力从增量向存量转变。但未来相当长一段时间，我国的就业总量仍将处于一种持续中高压状态。据测算，到2030年之前我国16~59岁的劳动年龄人口仍将一直保持在8亿以上。

从结构上看，就业结构性矛盾不断上升，劳动力的需求和供给结构都存在显著的转型特征。就业结构性矛盾是经济社会发展不协调、不平衡的结构性问题在就业领域的集中反映。其既有产业结构调整和技术进步的因素，也有区域经济格局变化的影响。

2. 应对外部经济环境变化带来就业形势不确定性

经过40年改革开放,中国经济与世界经济深度融合,世界经济环境变化,必然对我国经济产生冲击,进而影响到就业领域。一方面,贸易摩擦对外贸生产经营企业的直接影响,可能导致部分企业短期内出现经营困难而减少就业岗位;另一方面,经贸摩擦的持续发展,可能导致供应链在全球范围内的调整,部分相关企业可能重新布局生产线,这将在更长时间内对我国就业增长和就业结构调整产生更广泛和深入的影响。

但是,我国经济和劳动力市场的回旋余地和承压能力仍然巨大,同时,应加快我国劳动力市场改革,促进就业结构调整与经济转型升级和结构调整的协同推进,避免结构性失业风险,实现更高质量和更充分就业。

3. 应对新技术革命的机遇与挑战

世界银行发布的2019年世界发展报告指出,近十年,以人工智能为代表的技术爆炸正在重塑新一轮社会经济格局。新一轮技术革命的迅猛发展,是以工业智能化、互联网产业化、工业一体化为代表,以人工智能、清洁能源、量子信息、3D打印、智能制造、虚拟现实、生物医药技术和新材料科学等为主的全新技术革命。技术革新对就业的影响通常具有两面性,既有"替代效应",也有"创造效应"。目前,两种效应正在我国人力资源市场上叠加显现。

从新技术进步对就业的创造效应看,技术革新和进步将催生出一批新模式、新业态,带来新兴产业发展和经济增长加速,直接创造新的岗位需求。再从新技术进步对就业的替代效应看,一是技术进步可能导致短期内技术性失业风险增加。二是新技术革命也将加大人力资源投资成本,短期内技能结构矛盾更突出。另外,若高等教育、职业教育改革不能及时跟进,技术技能人才培养规模不能有所扩大,计算机等学科的"通识"教育和创新创业教育力度不够,部分院校、部分专业毕业生就业难的问题仍将难以化解。三是技术鸿沟将可能导致劳动力市场的进一步分化,收入差距扩大。

4. 应对新经济、新形态发展的机遇与挑战

与新技术进步相伴而生的,是新产业、新业态、新模式的经济部门和经济活动的繁荣,新的动力和增长点逐步形成,战略性新兴服务业、高技术服务业、科技服务业、文化及相关产业服务业、生产性服务业、电子商务及相关的快递业等实现较快增长。云计算、大数据、物联网等技术层出不穷,在线旅游、医疗、教育、网络约车、第三方支付等"借网而生",智能制造、个性化定制、普惠金融、智慧城市等也催生出一批新模式和新业态,"大众创业、万众创新"持续推进,新企业、新经济蓬勃发展,创客群体不断扩大,营造了新的就业增长空间。

我国新业态从业人员的规模呈现扩大趋势。新就业形态具有一些不同于传统就业形式的基本含义和突出特征:一是具有以开放共享、随机协同为特征的新的就业资源与机会配置机制。二是体现新的生产关系。劳动者与资源机会配置平台以及用户(劳动消费者)之间在生产关系上具有明显的"去关系化"或者说"弱关系化"特征。三是由于从业者和工作岗位的关系不再像传统产业模式下那样紧密结合,劳动者的工作时间和工作地点、劳动报酬获取等呈现灵活性和更加碎片化的特征。

（三）新业态推动下的未来职场新趋势

产业链的分化和融合、互联网与各行业的跨界整合，共享经济模式的快速渗透，为未来职场带来新的变化。

1. 新经济推动消费和服务升级，传统雇佣关系转为合作关系

信息时代的新经济，呈现出比工业时代的规模经济和范围经济更丰富、更深刻的内容。未来消费和服务的优化升级方式，更注重智能、绿色和安全等体验，使消费和服务由生存型向发展型转变、由单一化向多元化转变、由大众化向个性化转变。"90后"一代的员工，是伴随着互联网发展而成长的，他们更注重人文情怀、工作环境和发展空间等条件，未来企业与员工之间的单向雇佣关系，也逐渐转变为双方共赢的合作模式。

2. 共享平台优化岗位供需配置，工作形式趋于灵活协作状态

近年来，国内的共享经济正逐渐渗透到交通出行、房屋住宿、金融、知识技能、生活服务等各个领域。这种模式允许人们平衡工作和生活的时间配置，尤其是有助于提高家庭中女性的劳动参与率，其工作场所更加多元，工作时间更加灵活，工作方式更加人性化。

3. 大中企业趋向扁平化、高效化，小微企业"职场社群"异军崛起

面对日新月异的产品和服务变化需求，大中企业通过扁平化和高效化的发展，使有限的要素和资源得以充分利用，进而构建跨越传统分工的新型产业体系。同时，小微企业也在"双创"的政策扶持下，向"职场社群"的模式快速发展，将吸纳更为广泛、深入的社会参与和互动，以分散化、自组织的创新供给，充分满足客户的个性化、多样化需求。

4. 人工智能逐渐取代劳力工作，企业人才争夺战将愈演愈烈

以"无人驾驶""农用机器人"以及"机器仓管员"等为代表的人工智能技术崭露头角，正逐步取代着基础的劳力工作。一些科技巨头公司，诸如谷歌、微软和百度争相开拓着各自的人工智能领域，抢占行业制高点，推出重金招聘、大量并购人工智能小公司、让人工智能团队进驻各个部门等策略吸引人才。全球范围内的人才争夺战将愈演愈烈。

三、当前高职毕业生就业出现的新特点、新变化

（一）大学生就业难将持续存在，总量和结构矛盾并存

据教育部公布的数据显示，2020年高校毕业生总数达到874万人。自2001年开始，中国的大学毕业生数量每年都在创新高。从2001年的114万人，到2020年的874万人，差不多增长了7倍，如图6-1所示。

因此，在劳动力市场总体上供大于求的形势下，大学生就业结构性矛盾突出。

1. 供给与需求的类型结构性矛盾

作为世界制造业中心之一和产品加工最具活力的中国，在快速发展的同时面临着技术技能型人力资本存量不足的现实问题。技术技能型人才"产能不足"和理论学术型人才培养"产能过剩"，是大学生就业市场人才供给类型结构性矛盾的突出表现。原因在于高等教育供给结构失衡，更深层次的原因则在于高等教育供给盲目追求办学层次，高等教育布局同质化现象严重，缺乏对快速变化的外部环境和市场需求的感知和反应机制。

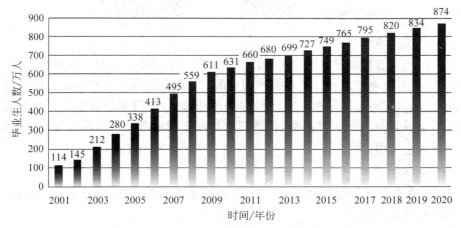

图 6-1　2001—2020 年全国高校应届毕业生人数

2. 供给与需求的层次结构性矛盾

当前,在人才使用上有些单位脱离实际,盲目求高,出现了一股"人才高消费"的热潮。而人才使用上的"高消费"症,既不能人尽其才,又浪费了有限的人才资源,使人才短缺的问题更加突出。

3. 供给与需求的专业结构性矛盾

大学生就业市场供给与需求的专业结构性矛盾具体表现在以下几点。

(1) 部分专业人才供给产能不足。专业设置与国家宏观产业结构、经济结构并不完全匹配,从而出现"结构性缺失"。

(2) 部分专业人才供给产能过剩。高等教育人才培养专业结构调整滞后于市场变化,导致大学生就业市场中部分专业的毕业生供给远远大于需求。

(3) 专业人才培养质量不高。部分高校忽视师资、课程、质量保障制度以及设施设备等教育资源不足的办学条件,盲目追求专业数量的"大而全",而不注重专业内涵建设,课堂教学停留在知识传授的初级阶段,大学生就业能力得不到有效提升,专业人才培养质量与用人单位需求不匹配,从而导致毕业生在就业市场中缺乏核心竞争力。

(二) 高职专科毕业生的就业现状与前景

高职院校毕业生就业现状表现为:一是我国现阶段经济形势导致毕业生就业压力增大;二是就职于民营企业的较多;三是刚入职毕业生的薪酬较低;四是"跳槽"现象较突出;五是就业区域偏向于经济发达的省市。

当前高职院校毕业生就业质量偏低是多数高职院校普遍存在的现象,主要表现在以下几个方面:一是就业单位层次较低;二是就业率无法反映真实的就业情况;专业就业对口率相对较低(结果是毕业生专业完全对口率约为 40%);三是就业起薪低,退出就业市场的学生增多,很多毕业生宁愿退出就业市场,要么在城市漂流,要么在家里待业做个"啃老族";四是毕业生就业满意度较低,违约数量较多。

(三) 影响高职毕业生就业的因素

1. 环境因素的影响

我国经济正处于转型升级的关键阶段。第二产业占 GDP 比重呈下降趋势,第三产业呈上升趋势,并且服务业所占比重越来越大。由于国际金融危机导致东部外向型经济受到的打击很严重,大量劳动密集型产业已经向中西部转移,中西部经济发展较为迅猛。但大多毕业生没有认清现在的发展形势,依然愿意留在东南沿海经济较发达地区,这就造成了区域性的供需不平衡。

2. 学校因素的影响

(1) 部分高职院校办学条件参差不齐,办学特色不明显,导致毕业生整体素质不高,能力不能满足企业的要求。

(2) 课程设置不太合理。部分高职院校忽视专业理论教育,盲目追求实践操作,认为职业院校培养的学生只要会操作即可,盲目设置甚至重复设置实践课程,专业理论课程被迫减少,导致学生只会操作课上练习过的内容,而不知为什么这么操作,不能举一反三,换个条件与环境,就无从下手。而另一部分高职院校课程设置则与本科院校差别不太大,与用人单位的实际需求脱节,没有突出职业能力的培养。

3. 择业期望值的影响

学生在择业过程中期望值过高,工作环境要好,薪酬要高,想留在大城市,进大公司,否则宁愿失业在家待着。这导致一些能胜任的工作由于条件不理想不想去,条件好的工作又不能胜任的供需错位现象。

4. 毕业生自身素质的影响

目前,高职院校面临的主要问题是学生生源质量的下降。自大学扩招后,高职院校的录取分数线在逐年降低。分数虽然不能代表能力,但在一定程度上也反映了高职院校录取的学生在学习能力与素质修养上普遍下降。根据《国家职业教育改革实施方案》的要求,高职院校需要进一步提高人才培养质量。

(四) 国家发展战略与高职毕业生就业新机遇

近年来,党中央、国务院和各级政府高度重视毕业生就业工作。因此,虽然当前高职专科毕业生就业形势复杂,挑战不少,压力较大,但机遇同样前所未有。

1. "一带一路"倡议

"一带一路"(the Belt and Road,B&R)是"丝绸之路经济带"和"21世纪海上丝绸之路"的简称。它将充分依靠中国与有关国家既有的双多边机制,借助既有的、行之有效的区域合作平台,"一带一路"旨在借用古代丝绸之路的历史符号,高举和平发展的旗帜,积极发展与沿线国家的经济合作伙伴关系,共同打造政治互信、经济融合、文化包容的利益共同体、命运共同体和责任共同体。

"一带一路"倡议提出以来,得到了广泛的国际共识和支持响应。有关数据显示,2016 年前 11 个月,中国与"一带一路"沿线国家贸易额达 8489 亿美元,占同期中国外贸总额超过 1/4。中国对沿线国家直接投资 134 亿美元,占同期中国对外投资总额的 8.3%,中国企业对沿线国家累计投资超过 180 亿美元,为沿线国家创造了超过 10 亿美元的税收和超过 16 万个就业岗位。

2. 中国制造 2025

国务院于 2015 年 5 月 8 日印发《中国制造 2025》,涵盖了五大工程,具体是制造业创新中心(工业技术研究基地)建设工程、智能制造工程、工业强基工程、绿色制造工程以及高端装备创新工程。辐射了十个领域,包括新一代信息技术产业、高档数控机床和机器人、航空航天装备、海洋工程装备及高技术船舶、先进轨道交通装备、节能与新能源汽车、电力装备、农机装备、新材料、生物医药及高性能医疗器械等十个重点领域。《中国制造 2025》的颁布,势必带动相关产业的发展,带来大量的就业岗位。

3. 长江经济带

长江经济带是指沿江附近的经济圈。长江经济带覆盖上海、江苏、浙江、安徽、江西、湖北、湖南、重庆、四川、云南、贵州等 11 省市,面积约 205 万平方公里,人口和生产总值均超过全国的 40%。2016 年 9 月,《长江经济带发展规划纲要》正式印发,确立了长江经济带"一轴、两翼、三极、多点"的发展新格局。长江经济带战略作为中国新一轮改革开放转型实施新区域开放开发战略,是具有全球影响力的内河经济带、东中西互动合作的协调发展带、沿海沿江沿边全面推进的对内对外开放带,也是生态文明建设的先行示范带。

4. 京津冀协同发展

京津冀协同发展,核心是京津冀三地作为一个整体协同发展,要以疏解非首都核心功能、解决北京"大城市病"为基本出发点,调整优化城市布局和空间结构,构建现代化交通网络系统,扩大环境容量生态空间。推进产业升级转移,推动公共服务共建共享,加快市场一体化进程,打造现代化新型首都圈,努力形成京津冀目标同向、措施一体、优势互补、互利共赢的协同发展新格局。京津冀协同发展是当前中国三大国家战略之一(其他两个是"一带一路"倡议和长江经济带发展),拥有国家政策的大力支持,发展前景光明,对改进大学生就业状况也有重要的意义。

5. 粤港澳大湾区

粤港澳大湾区指的是由广州、佛山、肇庆、深圳、东莞、惠州、珠海、中山、江门 9 市和香港、澳门两个特别行政区形成的城市群。是继美国纽约湾区、美国旧金山湾区、日本东京湾区之后,世界第四大湾区。是国家建设世界级城市群和参与全球竞争的重要空间载体。2017 年 3 月 5 日召开的十二届全国人大五次会议上,国务院总理李克强在政府工作报告中提出,要推动内地与港澳深化合作,研究制定粤港澳大湾区城市群发展规划,发挥港澳独特优势,提升在国家经济发展和对外开放中的地位与功能。这一战略举措也必将给当地及周边地区的就业带来深远影响。

【案例】

区域就业市场分析

一、二、三线城市就业市场目前呈现出不同的特点。

（一）一线城市就业市场特点

比起二、三线城市，一线城市不但房价高、交通拥堵，而且工作岗位竞争激烈。无论一线城市的人口有多么拥挤，招工岗位有多么稀少，还是有数不清的各类毕业生涌入这些城市，去追寻自己的梦想，为何各类人才扎堆前往？

原因在于，一线城市发展迅速，比二、三线城市拥有更多与国际接轨的技术和理念，拥有更好的学习资源与教育环境。而有些资源不但会影响到个人发展，甚至可能影响到下一代的发展。因此，占尽资源优势的一线城市，自然成了求职者眼中的"香饽饽"。对于部分人来说，选择一线城市是因为周边交际圈的变化：身边大多数朋友或亲人前往一线城市工作和定居，他们也因此选择了同一城市——交际范围与人脉质量，可以影响到职业变动和薪金等级。退居二、三线城市，也许对于某些人来说更容易找到工作。然而，要高薪，要发展，还是一线城市机会更多。

同时，一线城市由于产业的高端化和区域经济中心的定位，对于求职者的学历、资历、能力、专业技术等要求相对较高。特别是求职者自身初期进入大城市，会面临较大的租房、交通、交友等压力。一线城市现代服务业比较发达，但必要的公共生活设施所需要的操作为主的技能人才也是不可或缺。作为中职毕业生，要对此有充分的认识和判断，既不望而却步，也不能盲目前往，导致就业发展的低端化。

（二）二、三线城市就业市场特点

所谓二、三线城市，是指除"北上广深"以外的省会城市以及经济水平较高、城市规模较大、区域辐射力较强的地级市。近年来，各类人才就业地点不再局限于"北上广深"为代表的一线城市，形成了向二、三线城市发展的趋势。

尽管一线城市仍保持着相对较高的就业签约率，但是随着一线城市逐步收紧城市人口扩张的趋势，加之生活成本高、居住压力大、环境污染和交通拥堵等问题，传统一线城市对毕业生的吸引力正在逐步减弱。与此同时，随着新一线城市和二、三线城市的发展和毕业生就业观念更加多元、就业选择更趋理性的变化，"北上广深"对毕业生的吸引力正在逐步减弱，二、三线城市正逐渐成为大学生就业重心。

分析：从高技能人才到二、三线城市创业就业的原因可以看出，当前，一线城市面临"城市病"的压力，需要疏解一些功能；另外，一些二、三线城市有着良好的产业基础、人口条件、公共服务，处于迅速崛起与转型之中。对技能人才来说，选择一线城市会面临人才扎堆、竞争激烈的局面，而二、三线城市具有落户难度低、综合成本低、政策扶持力度大、竞争较小等优势，更适合职业生涯的发展。

四、树立正确的就业观

近年来，高职毕业生的就业观念和就业环境正在日益发生变化，毕业生在择业过程中也呈现出许多新特点，就业观正发生着全方位的改变。

（一）就业观的要素构成

就业观是指人们对某一特定职业的根本看法和态度，也是社会对从事某种专业工作人员的较为恒定的角色认定。就业观念是作为职业人所具有的意识，是人们对职业劳动的认识、评价、情感和态度等心理成分的综合反映,也是职业道德、职业操守、执业行为、执行表现等职业要素的总和,是支配和调控全部职业行为和职业活动的调节器。

就业观由三个要素构成:维持生活、完善个性、服务社会。三者的地位和比例不同,构成不同的就业观,包括职业地位观、职业待遇观、职业苦乐观等。

1. 职业地位观

持有这种职业观的人希望获得较高的社会地位,看重别人的尊重和自己的声名。因此,在工作中会努力争取机会锻炼表现自己,对有益于提升自己社会地位的工作,积极、专注和用心。在这种情况下,个体会重视学习、努力提升自己,并且一般会目标明确、重视利用资源。但是,过于追求这种声名,会造成自己的原则在现实中得以妥协。

2. 职业待遇观

重视收入的人追求殷实富足的生活,利润意识强,因此有较强的工作动力,不介意工作强度和工作环境等因素。但是,有可能因为缺乏长远的眼光而急功近利。

3. 职业苦乐观

希望在工作中得到自我价值提升的人,往往希望工作不断出现新的、具有一定难度的任务,以刺激其能力的发挥。因此,他在工作中会苦中作乐,把完成高难度的任务当作一种成就,并且能力提升或晋升的速度会很快,个体的自信心和效能感也会逐渐增强。但是,个体对工作内容可能会比较挑剔,一般的、简单的、常规的工作不会引起重视,所以可能会出现怠慢的现象,这样不利于职场新人最初的发展。

(二)树立正确的就业观

1. 勇于面对竞争

在社会主义市场经济体制下,就业实行的是在国家政策指导下自主择业的方式。竞争意识是现代人必备的素质之一,面对就业竞争的现实,毕业生应当摆脱被动依赖、消极等待的状况,敢于竞争,树立"爱拼才会赢"的观念,做好多方面的竞争准备,一是要树立强烈的竞争意识;二是要培养雄厚的竞争实力;三是要坚持正确的竞争原则;四是要保持良好的竞争心态。

2. 先就业,再择业,后创业

要打破一步到位、从一而终的就业观。毕业生也不必急于在短时间内找一个固定的"铁饭碗",要树立不断进取的职业流动观念,并学会在流动中发现机会、抓住机会、把握机会。从现阶段的就业形势看,国家宏观政策是鼓励大学生自主创业;社会主义市场经济体制的建立和市场经济的发展,为广大毕业生的自主创业提供了良好的社会环境。条条大路通罗马,挖掘创业潜能,摆脱依赖心态。

3. 到基层、农村去

全国的几十万个行政村,加上基层社区以及其他基层所提供的就业岗位,在大城市、主要机关提供的就业机会日趋饱和的情况下,为毕业生提供了不可小觑的就业机会,为毕业生施展才华、实现理想创造了条件。当代学生应积极响应国家和社会的召唤,到基层去、到西部去、到生产第一线去、到祖国和人民最需要的地方去,接受锻炼、接受挑战。毕业生到基层,特别是行政村,不仅有利于农村的经济建设,也有利于锻炼自己。

4. 发挥专业所长,但也注重综合素质

毕业生在择业时首先要考虑所学的专业,根据专业特点谋求职业,以做到专业特点与职业要求相匹配,发挥专业优势;同时也不能忽略综合素质和能力。大多数用人单位招聘人才的标准是:注重应聘者的个人能力和综合素质,至于专业是否完全对口并不过分计较。学校的教育不仅仅是学习专业知识和技能,更重要的是培养了学生的综合素质和综合能力。

(三)努力克服几种不良倾向

1. 从"城市"向"基层"的转变

"孔雀东南飞"、死守天(天津)南(南京)海(上海)北(北京)、不去新(新疆)西(西藏)兰(兰州)等现象是以前某个时期大学生就业流向大城市和经济发达地区的写照。当前,广大基层特别是中西部地区、艰苦边远地区和艰苦行业以及广大农村还存在着人才匮乏的状况。大学生完全可以把到基层就业视为创业的起步、成才的开始。大学生就业应该将姿态"放低",将人生目标"抬高",着眼未来的发展。在城市生存成本加大、就业已趋饱和的情况下,选择到基层就业和发展是理性的、现实的。

2. 从"国企"单位向"私企"单位转变

在传统的职业观念影响下,人们都希望能够到政府机关、事业单位或国有大企业谋职、发展,而不愿意到民营企业或私营企业求职发展。但是,前者吸纳大学毕业生的能力是有限的。现在的民营企业发生了重大变化,特别是一些发达地区的民营企业发展非常迅速。人才市场薪资调查表明,民营企业的收入水平甚至已和三资企业不相上下,民企灵活的用人机制和激励手段为人才创造了比在其他单位更好的个人发展空间。

3. 从"白领"向"蓝领"的转变

在传统的就业观念中,很多大学生都想成为"白领",工作轻松、收入较高,有一定的社会地位。在当前技术飞跃发展的今天,"蓝领"已不再是以前的工作形式,知识型、技能型的"蓝领"正被社会越来越重视,社会地位和收入水平已大幅提高。"工匠精神"正成为国家的需要和大学生的新发展方向,企业也面临高学历"蓝领"短缺。对大学毕业生来说,当"蓝领"并不是什么低人一等的行为。在今后的职业发展空间上,位于生产一线的大学生"蓝领"也远比在办公室里的"白领"有更多升职加薪的机会。只有真正在生产线上摸爬滚打过的人,才有更全面的专业素质,也更熟悉企业各方面的运作,有望在职场竞争中脱颖而出。

4. 从"打工"向"创业"的转变

打工是一种被动的就业行为,而自主创业是给自己"打工",是一种主动的就业行为。新一代大学生精力旺盛,有着强烈的挑战自我、实现自我的激情,并且无负担,没有太多牵挂,有较高的文化水平,专业基础扎实,具有创新意识,自主学习知识的能力强,善于接受新知识。现阶段国家宏观政策激励大学生自主创业,创业——这包含机遇与挑战的字眼,已

经成为无数大学生心中的梦想。中国已经诞生了一大批大学生创业者,而且其中不乏非常成功的典范。

5. 从"被动"就业向"主动"就业转变

现代社会对人才的需求越来越高,特别是竞争上岗的推广和实行,使人才的竞争更加激烈。因此,大学生要树立就业竞争、上岗靠本事的思想,打破"等、靠、要"的消极的就业观念,不断学习新的知识与技能,不断提高自身素质。大学生在择业时应表现出更大的主动性,主动通过互联网或身边朋友,了解心仪行业和公司的招聘情况,并大胆自荐。大学生要有意识地做好自己的职业规划,开启自己的就业之门。

6. 从"终身"就业向"动态"就业转变

现代社会为人们提供了广阔的更加独立发展的空间,毕业生不必急于在短时间内找一个固定的"铁饭碗",不妨先找一个工作,这样既缓解了家庭的经济压力,又可以在流动中求发展,打破一步到位、从一而终的就业观。毕业生应该意识到第一份工作对于许多人来说,更多的是一种锻炼和实践经历、一种融入社会的渠道,每个大学生都要有多次就业择业的思想准备。据不完全统计,中国人平均一生就业1.1次,美国人平均一生就业6.5次。市场经济既然打破了传统意义的"铁饭碗",新时代的大学生就应努力培养和锻炼职业技能,重铸自己的"金饭碗"。

7. 从"贪图享乐"向"艰苦奋斗"转变

当前,我国经济保持中高速发展,人们的物质生活水平不断提高,大学生是就业大军中的佼佼者,无疑会成为社会的宠儿和焦点。但许多大学生贪图享乐,缺乏吃苦耐劳、艰苦奋斗的精神。在选择职业时,他们大多不愿意到艰苦的环境和岗位上去。历来在事业上取得成功的人士的经历也告诉我们,只有坚持艰苦奋斗,才能获得事业的成功!因此,大学生在就业时首先应该做好吃苦耐劳的准备,树立爱岗敬业、艰苦创业的精神,为祖国的繁荣富强贡献自己的青春年华。

【总结案例】

沉着应变的小何

毕业生小何因为车晚点,待赶到某地人才交流会会场时,已是差不多结束收摊之时,他真是懊悔极了。要知道,他这次专程来这里就是冲着A单位来的,A单位在他心目中向往已久,他曾经投过一份简历给该单位人力资源部负责人,该负责人曾表示对他的材料很感兴趣,并请他务必参加一个月后的一次人才交流会,到时现场见面后就可决定是否签约,可这次他偏偏迟到了,实在不凑巧。

此时,会场内不少单位已录满人员,撤摊而去,剩下的单位也在整理材料准备离场,他开始漫无目的地在场内瞎逛。突然B单位的摊位令他眼睛一亮,他也曾向往过该单位,只因为自己学历层次不够,未敢冒昧联系,今天既然来了,不妨就试试看吧。他郑重其事地递上了自己的一份材料,主动做了自我介绍并说明了今天晚来的原因,凭着自己之前对该单位的了解,他与负责招聘的人谈得非常投机。一周之后,他意外收到了B单位的正式面试通知,一个月不到便签订了正式协议。真是"山穷水尽疑无路,柳暗花明又一村"。

分析:随着我国进入新的发展阶段,新技术、新业态层出不穷,产业升级和经济结构调整不断加快,各行各业对技术技能人才的需求越来越紧迫。机遇与挑战并存,高职毕业生要积极形成符合当代社会需求的就业心理,敢于竞争、不怕挫折,勇于面对挑战。

【活动与训练】

分析区域就业形势

(一)活动目标

分析自己拟就业区域的就业形势。

(二)活动时间

课余时间。

(三)活动内容

通过调研,分析自己拟就业区域的就业形势,班级同学间交流并整理汇总。

提示:可登录人力资源和社会保障部专题网站查询劳动就业市场的动态数据。

【探索与思考】

(1)当前高职学生的就业现状有哪些特点?影响高职学生就业的因素有哪些?

(2)转变就业观念需要从哪些方面入手?结合你的专业,谈一谈该如何树立正确的就业观。

6.2 就业政策和就业服务

【学习目标】

(1)了解我国的积极就业政策。

(2)了解我国的公共就业服务。

(3)了解国家开展的公共就业专项行动计划的安排。

【导入案例】

为什么我总是找不到工作

小敏是广东某高职院校商务英语专业大三毕业生,在校期间她表现平平,既没有什么特别的兴趣爱好,也不喜欢团体活动,对同学们都很热衷的社团工作、实习、兼职都兴致不高。从小到大她都被标签为"乖乖女",除了学习成绩较好外,基本上就是一个"宅女"了。这样的一个从不会令父母"烦恼"的女孩却在毕业前夕找工作时遇到了麻烦。原来小敏并不喜欢商务外贸类的工作,高考填志愿选择"商务英语"只是为了听从父母的意见,她最喜欢的专业是艺术设计,平时喜欢涂涂画画,喜欢看室内设计的杂志。

三年学习结束,找什么工作好?小敏完全迷失了。她拿着学校派发的推荐表去人才市场,挤出一身热汗之后却毫无结果。她和同学一起在网上投递简历,也接到了几次面试通知,但对方不是嫌小敏的业务水平太差,就是嫌小敏的英语口语水平不够高。因为小敏从小到大学的都是哑巴英语,四级倒是轻轻松松过了,但面试的时候面试官一看到英语四级证就开始跟小敏进行英语的对答,几个来回小敏就败下阵来。最令小敏尴尬的是,一家大型的外贸公司在学校开宣讲会时小敏也去投了简历,结果那个招聘专员瞄了衣着简朴、素面朝天的小敏一眼后,用礼貌的但冷冰冰的语气说:谢谢,我们这次只招前台文员,不招后勤人员。小敏愣了半天,回去之后一问才知道对方所说的后勤人员是指搞卫生的岗位。

曾经有一个小公司给了小敏一个实习的机会,但小敏认为这种实习没有保障便拒绝了。小敏也给一些设计公司投了简历,但全部石沉大海,毕竟小敏完全没有任何专业背景,对艺术设计专业也只是爱好而已,她对 AutoCAD、CorelDRAW、Painter 等设计软件几乎是陌生的。如果在广州、深圳这些大城市找不到工作,小敏就要回家乡那个小县城了,那边的就业机会更少,而且父母的面子上会过不去。

在离校的当晚,小敏无奈地在微博上写着:"我觉得现在工作很难找,竞争压力大,单位不是看学历就是看能力!像我这样学历低又没能力的没人要,我现在不知道怎么办好。我是学商务英语的,懂的东西不多,英语口语又差,人又内向,长相一般,朋友又少,找了很多工作,不是没人要就是自己不适合。我在学校又没有学到什么精通的技能。谁能告诉我,我该怎么办?"

分析:从以上的案例分析可知小敏找工作失败的原因。一是对大学生就业市场了解不充分。小敏认为人才市场、网络、校园招聘就是寻找就业机会的全部途径,其实不尽然。二是定位不准确。小敏对自己没有准确的定位。大公司她去不了,小公司又不愿意去;外贸工作她不擅长,艺术设计她一知半解。三是专业技能差。小敏在校期间没有好好学习商务外贸知识,也没有锻炼口语能力,简单地把专业考试成绩当作考核专业技能的唯一标准。四是缺乏面试技巧。面试前的简历、面试中的着装、礼仪和面试后的跟进都是有技巧的,只有掌握了这些技巧和方法才能在面试过程中达到事半功倍的效果。

一、我国的积极就业政策

我国积极的就业政策产生于 2002 年,在借鉴其他国家经验和总结地方成功做法的基础上,形成了积极的就业政策框架。2005 年积极的就业政策得到延续、扩展、调整和充实。2007 年《就业促进法》的制定颁布使促进就业的政策体系、制度机制纳入法制化轨道。2008 年以来,在应对国际金融危机和重大自然灾害中,政策内容进一步丰富完善,形成了更加积极的就业政策。

(一)政府促进就业的六项职责

促进就业和治理失业是各国政府的重要职责,也是世界各国政府执政的重要目标,在我国更是各级政府执政为民的重要体现。《就业促进法》对政府在促进就业中承担的重要职责做出了明确规定,主要包括:发展经济和调整产业结构,增加就业岗位;制定并实施积极的就业政策;规范人力资源市场;完善就业服务;加强职业教育和培训;提供就业援助6个方面。

（二）促进就业的十大政策

政策是政府履行责任的具体体现。《就业促进法》将经过实践检验行之有效的积极就业政策上升为法律规范,主要从10个方面进行了规定,即有利于促进就业的经济发展政策、财政保证政策、税收优惠政策、金融支持政策和城乡统筹、区域统筹、群体统筹的就业政策,以及支持灵活就业、援助困难群体就业的政策和失业保险促进就业的政策。

【案例】

大学生就业创业的主要政策文件

下文是国家层面出台关于大学生就业创业的政策文件,请你查询阅览,如果还有更多,请分享给大家。

（1）国务院办公厅转发《关于促进以创业带动就业工作指导意见的通知》(国办发〔2008〕111号)

（2）教育部《关于大力推进高等学校创新创业教育和大学生自主创业工作的意见》(教办〔2010〕3号)

（3）国务院办公厅《关于深化高等学校创新创业教育改革的实施意见》(国办发〔2015〕36号)

（4）国务院《关于大力推进大众创业万众创新若干政策措施的意见》(国发〔2015〕32号)

（5）教育部办公厅《关于进一步做好高校毕业生就业创业工作的通知》(教学厅〔2016〕5号)

（6）中共中央办公厅 国务院办公厅印发《关于进一步引导和鼓励高校毕业生到基层工作的意见》(中办发〔2016〕79号)

（7）教育部《关于贯彻落实中央文件精神进一步引导和鼓励高校毕业生到基层工作的通知》(教学〔2017〕3号)

（8）国务院《关于做好当前和今后一个时期促进就业工作的若干意见》(国发〔2018〕39号)

二、我国的公共就业服务

（一）我国公共就业服务现状

我国公共就业服务体系的初步建立,在缓解我国就业压力、帮助失业人员再就业、维护劳动力市场秩序、树立市场服务标杆、促进人力资源合理流动和配置、维护劳动者权益等方面都发挥了重要作用。

1. 公共就业服务的法律、法规制度基本建立

我国的宪法和劳动法明确规定了公民平等就业的权利,规定了国家应该为公民创造劳动就业条件。从20世纪90年代起,我国政府对建立和完善公共就业服务体系提出了一系

列要求,出台了大量的政策。

2008年开始实施的《中华人民共和国就业促进法》,从法律上对公共就业服务机构的设立、功能、经费保障等做出了明文规定。同时,近些年来,《中华人民共和国劳动合同法》《中华人民共和国劳动争议调解仲裁法》《劳动保障监察条例》等法律法规的颁布实施,为完善劳动力市场、促进和稳定就业、提升劳动者就业能力、构建和谐劳动关系提供了基本制度保障。我国政府不断加强公共就业服务制度建设,对劳动者普遍实行了免费的公共就业服务,对就业困难人员开展了就业援助,依法维护劳动者的就业权利,服务对象已扩大至城乡全体劳动者,有力地促进了就业,保持了就业局势的稳定和劳动关系的和谐。

2. 公共就业服务组织体系

目前,我国已初步构建了中央、省、市、区县、街道(乡镇)、社区五级管理、六级服务的公共就业服务网络,如图6-2所示。

(1) 在国家级,设立了我国就业培训技术指导中心。负责承担就业政策实施,就业服务、职业培训的技术指导和技术支持工作。另外还设立了人力资源和社会保障部职业技能鉴定指导中心、信息中心等相关机构。2011年,建立了全国招聘信息公共服务网。目前,正计划分批次逐步实现与全国各级职业介绍机构间的联网贯通和信息共享,提供覆盖全国的招聘信息服务。

(2) 在省级,普遍设立了就业局,在市级和县级,大多数地区设立了就业局,承担公共就业服务的管理和技术指导工作;部分地区设立了公共就业服务综合性服务场所,开展职业介绍、职业指导等服务项目,并承担失业登记、就业登记等管理事务。

(3) 在乡镇、街道、社区级,普遍设立了劳动保障工作平台。承担着面向基层群众提供公共就业服务、对就业困难群体提供就业援助等工作。在行政村,正逐步设立劳动保障工作组织机构,配备专职或兼职工作人员。

(二) 为求职者提供的基本服务

我国《就业促进法》规定,公共就业和人才服务机构应当免费为劳动者提供6项基本服务,基本涵盖了求职者在求职就业过程中应当享有的主要服务内容。受社会发展规划、宏观经济政策、财政预算收入等多方面因素影响,政府只能针对在人力资源市场上相对弱势的求职者群体,围绕就业服务中最直接、最重要的促进就业的服务环节,提供免费的公益性服务。

1. 就业政策法规咨询

就业政策法规咨询服务的主要功能是以简明扼要的方式为用人单位、求职者等服务对象提供常见人力资源和社会保障法律法规、政策等方面问题的咨询指导服务,主要涉及就业扶持政策、社会保障政策、劳动权益保护等内容。

2. 信息发布

信息发布服务的主要功能是通过各种媒体以多种形式发布与就业服务对象求职就业、招聘人员有关的人力资源市场信息,供就业服务对象参考选择。发布的信息内容主要包括:①职业供求信息;②人力资源市场工资指导价位信息;③职业培训信息。此外,还应当提供职业供求分析预测信息、就业服务项目信息、劳动保障和就业政策法规等其他就业

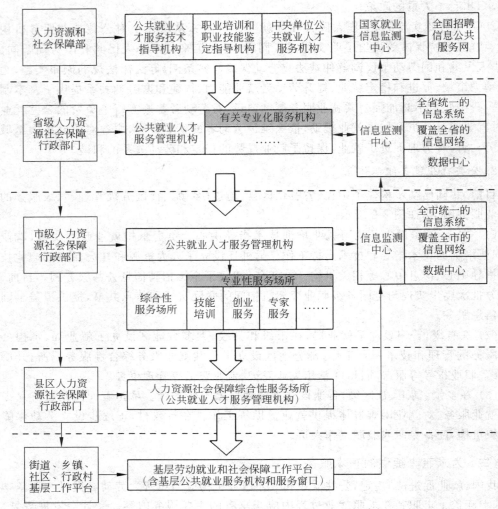

图 6-2 公共就业服务体系建设框架

服务相关信息。

3. 职业指导

职业指导服务主要是协助求职者选择职业、准备就业、安置就业，并帮助其设计个人职业生涯规划，以期在职业上获得成功。职业指导服务主要包括以下内容：①调查分析社会职业变动趋势和人力资源市场供求状况，为服务对象提供依据；②开展对劳动者职业素质和就业能力测评；③帮助劳动者了解职业状况，掌握求职方法，确定择业方向，规划职业生涯；④向劳动者提出职业培训建议，并推介职业培训项目；⑤对妇女、残疾人、退役军人、高校毕业生及就业困难人员等群体提供专门的职业指导服务；⑥指导用人单位选择招聘方法，确定用人条件和标准；⑦对从事个体经营、自主创业的劳动者，提供开业和生产经营方面的咨询服务。

4. 职业介绍

职业介绍服务是通过为人力资源供求双方提供媒介服务以促进就业的活动，包括收集、发布职业供求信息，对用人单位招聘人员和劳动者求职就业提供中介服务等。其主要任务是：求职登记、企业用工调查与登记、劳务市场信息收集、就业与用工的指导与咨询，以及就业预测预报。此外，广义上的职业介绍服务还应当包括有组织地劳务输入和输出。除此之外，公共就业和人才服务机构还应当为求职者和用人单位面对面的双向选择提供现场招聘等配套服务，如按照行业、就业群体等不同类型的需求特点，提供有针对性的专场或专项招聘服务。

5. 就业援助

就业援助服务是指通过采取专门措施、提供专门就业政策，对就业困难人员实施优先扶持和重点帮助，促进他们实现就业和稳定就业。主要包括以下几个方面：①对就业困难人员开展专门性的指导，提供"一对一"的服务，引导转变就业观念，缓解就业困难人员心理压力；②对推荐就业的就业困难人员实行跟踪服务和指导；③积极与当地用人单位联系，有针对性地开发适合就业困难人员的公益性岗位；④建立就业援助制度，定期开展针对就业困难群体的专项服务活动，将日常援助与集中援助结合起来。

6. 办理就业登记、失业登记等事务

办理就业登记、失业登记等事务是公共就业和人才服务机构受政府行政部门委托承担的就业和失业管理事务，以此协助政府准确掌握人力资源供求和社会就业失业状况，为制定和调整就业政策提供决策依据。主要内容包括：①对单位录用人员以及自谋职业、灵活就业的人员办理就业登记手续，并建立信息台账；②为法定年龄内有劳动能力及就业要求的城镇失业人员办理失业登记手续。此外，还可为失业人员提供核定失业保险待遇、失业人员档案管理、《就业创业证》管理、核定相关政策补贴，以及提供创业担保贷款等配套服务。

（三）开展就业服务专项活动

近年来，根据就业工作需要，为有针对性地帮助就业困难群体就业，我国陆续开展了多项就业服务专项活动。

1. 就业援助月活动

自 2005 年开始，每年举行就业援助月活动。例如，人力资源和社会保障部、中国残联共同启动"2019 年就业援助月专项活动"。该活动旨在以多种形式开展对贫困残疾人的就业帮扶，加强保障和改善民生，帮助部分困难群众实现就业创业。活动时间一般为 1 月中旬至 2 月下旬。

2. 春风行动

自 2005 年开始，每年举行"春风行动"。例如，2020 年的活动旨在集中帮扶劳动者就业创业，提供优质就业创业服务，落实就业创业扶持政策，不断增强劳动者的幸福感和获得感。活动时间一般为 2～3 月。

3. 全国民营企业招聘周活动

自 2005 年开始，每年举行全国民营企业招聘周活动。例如，2020 年的全国民营企业招聘周活动,人力资源和社会保障部门联合当地工会和工商联,开展民营企业招聘周,重点面向民营企业、中小微企业和其他各类企业提供招聘用工服务,以2020届高校毕业生、贫困劳动力、失业人员、下岗(待岗)职工为重点。活动时间为7月份。

3. 高校毕业生就业服务月

自2008年开始,每年举行高校毕业生就业服务月活动。例如,2020年高校毕业生就业服务月活动的服务对象是有就业意愿且离校未就业的高校毕业生。活动目标是将有就业意愿的离校未就业高校毕业生全部纳入就业创业促进计划,做到登记一人即服务一人。对有求职意愿的,提供职业指导、岗位信息;对有创业意愿的,提供创业服务,落实创业扶持政策;对有培训意愿的,组织参加职业培训,提供技能鉴定服务;对就业有困难的,实施重点帮扶,加强就业权益保护,促进就业创业。活动时间为9月份。

5. 高校毕业生就业服务周

高校毕业生就业服务周活动是人力资源和社会保障部门在全国范围内统一部署、统一组织开展的,主要面向应届高校毕业生的专项就业服务活动。服务周期间,各地人力资源和社会保障部门、各级公共就业和人才服务机构,以及参加活动的其他各类人力资源服务机构将集中开展网络招聘会、现场招聘会、就业创业指导、万名企业人力资源经理进校园、就业创业政策措施宣传等活动,为高校毕业生提供多样化的就业服务。活动时间一般为每年11月底至12月初。

(四)我国公共就业服务的主要特点

1. 强调"托底"功能,突出对就业困难群体的服务

针对在市场中未能就业的困难人员,公共就业服务机构作为一个公益性的组织,要起到"就业托底"的作用。针对这些就业特困人员,我国采取了多种措施,促进其就业。主要有:一是要建立健全就业援助制度和工作保障制度,认真落实各项帮扶措施。二是继续开展对零就业家庭的就业援助,实现零就业家庭的动态"清零"。三是加大公益性岗位开发力度,增加各级政府对就业资金的投入,对就业困难人员进行托底安置。四是全面推进充分就业社区建设,拓宽就业渠道,扩大和稳定就业困难群体就业。

2. 社会共促就业,注重发挥各部门和社团组织在就业服务工作中的作用

为加强对就业工作的组织协调,我国政府建立了就业工作部际联席会议制度。联席会议由人力资源和社会保障部牵头,共计31个部门和组织参与。联席会负责统筹协调和指导就业工作,各有关部门各司其职、分工负责,检查督促各项就业政策的落实。其中,妇联、工会、共青团、残联等部门作为联席会成员单位,也开办了各自的职业介绍机构。它们协助人力资源和社会保障部门,为促进就业工作发挥着重要作用。

3. 推行"人本服务",提升服务质量和效率

为了全面推进公共就业服务体系制度化、专业化、社会化建设,我国在公共就业服务系统打出了"人本服务"的旗帜,推行"以人为本"的服务理念。在实践过程中,将人本服务细化为六个内涵。一是主动服务;二是个性服务;三是贴心服务;四是诚信服务;五是高效服务;六是满意服务。推行"人本服务",其核心目的是提高公共就业服务的质量,提升其效

率;其最终要求是服务对象的满意。

4. 开展专项活动,为困难群体提供针对性服务

针对我国就业结构性矛盾突出、企业"招工难"等问题,开展了旨在以帮助高校毕业生实现就业、促进农村劳动力转移就业、解决困难群体就业问题为重点的,由人力资源和社会保障部门联合有关部门、团体共同组织的,五个全国性公共就业服务专项活动。通过分别举办"就业援助月""春风行动""民营企业招聘周""高校毕业生就业服务月"和"高校毕业生就业服务周"活动,集中为劳动者和用人单位提供有针对性的就业服务,促进充分就业,维护就业局势稳定。

【活动与训练】

分析各级政府出台的关于大学生就业的政策

(一) 活动目标

(1) 网络搜寻近3年来国家和各地政府出台有关推进大学生就业创业的相关政策,理解政府对大学生的期待和要求。

(2) 分析政策的内容,明确自己的就业方向。

(二) 建议时间

30分钟。

(三) 活动步骤

(1) 将学生分成6~8人一组的若干小组,进行任务分工。

(2) 通过网络进行搜索。

(3) 小组讨论。学生根据搜索情况,进行文件分类。按国家、省、市进行文件分类。

(4) 分析文件内容,明确自己的就业方向。

【探索与思考】

(1) 简述我国的积极就业政策和公共就业服务主要有哪些。

(2) 如何才能获取国家和各地开展的公共就业专项行动计划的安排?

6.3 毕业去向和就业渠道

【名人名言】

当代大学生要志存高远、脚踏实地,转变择业观念,坚持从实际出发,勇于到基层一线和艰苦的地方去,把人生的路一步步走稳走实,善于在平凡岗位上创造不平凡的业绩。

——习近平

【学习目标】

(1) 了解高职生主要毕业去向及利弊。

(2) 了解当前高职学生的就业制度与就业政策。

(3) 掌握科学就业观的内涵与树立途径。

【导入案例】

投资黄金梦一场

小彭是广东某高职高专学院财经系大三的同学,他最近春风得意,在临近毕业前找到了一份让人极其羡慕的工作:黄金投资。通过一名老乡的介绍,他到广东某事业投资有限公司工作,从事黄金境外投资操盘手一职,公司老总告诉他做这一行的是高投资高回报,顾客有风险,但操盘手没有任何风险,一进一出挣的都是顾客的手续费。小彭是学财经专业的,对期货也有一定的认识,虽然他对黄金期货买卖并不熟悉,但由于是熟人介绍,而且最关键的是公司办公地点在寸土寸金的天河体育中心,一个月的月租都好几十万元,他毫不犹豫地入了职。室友们都羡慕地看着他每天西装革履出入在甲级写字楼。谁知一个月后,小彭哭丧着脸找到了学校的就业指导中心,向老师哭诉他的遭遇。原来公司某老总告诉新入职的小彭他们,在成为正式的操盘手之前需要自缴考核金练习操盘,小彭东拼西凑了5万元投入了操作平台,结果这却是个黑平台,这个所谓的老总利用这个平台卷走了所有客户和员工的款项不翼而飞。老师带着小彭去报案,但警方以其描述的案情不符合诈骗案件的要求而不予立案。有专业律师认为,目前黄金、外汇期货境外业务在国内并没有放开,在这种背景下,任何的投资都无法核实其真实性和合法性,投资者在钱财损失后的维权也比较困难。

分析: 建议大家在新的"专业机构""新兴行业"涌入社会之时,一定要查清楚其专业资格和行业背景,不要轻信,要再三思量,谨防受骗。

一、高职生主要毕业去向及利弊分析

自从实行"自主择业、双向选择"的就业体制以来,大学毕业生就业走向了多元化的局面,形成了多种多样的就业方式。

(一)升学深造(考研或专升本)

许多毕业生为了提升自身的学历水平,提高就业竞争力,谋求更好的就业岗位和更高层次的就业,纷纷加入继续升学深造的行列。近几年我国每年参加考研的大学生数量在170万~200万人,录取比例在32%左右。

1. 利

延缓就业压力,推迟就业期的到来;有些城市和学校能给研究生(或本科生)解决户口问题;提高自身学历,增强竞争力;国家出台了新的研究生扩招政策,考研相对容易,能够拿到更高的文凭;学术上有创见,可以沿着这个方向一直努力,毕业后获得稳定的工作。

2. 弊

研究生(或本科生)毕业后,毕业压力仍在,而且有了新的同等学力竞争者,压力更加沉重;读研(或专升本)期间,不一定能学到对自身职业有用处的知识,白白浪费了积累经验的时间;研究生会扩招,会出现和大学扩招相同的结果——研究生学历贬值,也许毕业后只有一个选择——考博士研究生。

硕士生毕业或博士毕业后年龄偏大,失去年龄优势,特别是女生,要面临更多的年龄歧视。学术研究层次越高,就业行业面越窄。在硕士生或博士毕业后,面对更加激烈的竞争,此时却已无法放弃本专业。

3. 建议

如果对某个专业、某种学问有无法遏制的热爱和相应的研究能力,就不要浪费自己的爱好和天才,继续深造,终有一天会有建树。但如果升学只是为了规避和缓解就业压力,建议不要考研(或专升本),升学毕业后压力只增不减,而且会使你丧失积累经验的机会,试想,2~3年内你将与多少机会失之交臂。

(二)报考国家公务员

我国每年都要从大学毕业生当中招收一定数量的优秀毕业生充实各级党政机关的公务员队伍。自身素质好的学生,可以在毕业前参加国家公务员资格考试。在取得公务员资格后,各级党政机关通过双向选择实现就业。由于公务员职业的稳定性,所以每年报考的人数都很多,竞争十分激烈。

1. 利

稳定的收入和生活,有良好的保障;公务员收入不是最高,但福利好;有一定的社会地位及相应的权限;职业轨迹确定,工作没有太大的浮动性;国家机构员工,本身带有荣誉性质。

2. 弊

工作忙闲不均,有时候十分忙,有时候又特别闲;考试接二连三,升职总与考试、考核挂钩;有些机关人际关系复杂;收入稳定,但没有大幅提高的可能;如果长期没有晋升可能的人,很没有成就感。

3. 建议

有志于从政的人、真心想改变国计民生状况的人、想要一个稳定工作的人都可以选择考公务员。公务员这个工作,如果心境淡泊,没有太强物欲,不失为不错的选择;如果想要升职,则要有长期奋斗(至少15年)的决心,否则不容易出头。

(三)国有企事业单位(应聘或报考)

国有企业是指在所有制形式上属于国家所有或国家控股的企业,是依法自主经营、自负盈亏、独立核算的商品生产和经营单位。事业单位是指不以为国家积累资金为直接目的,而是为党政机关和国民经济、社会生活各个领域服务,为国家创造和改进生产,增进社会福利,满足人民文化、教育、科学、卫生等方面需要的社会组织。

1. 利

稳定的收入,良好的福利保障;有国家做后盾,安全系数高;国企注重员工素质,要求员工为人处世遵循一定规则,可以学到不少东西;有些行业工作相对安逸,心理压力相对较低;国企锻炼人,能够形成良好的就业观。

2. 弊

入门难,不容易进入;有的论资排辈,想要出人头地,一般需要多年的奋斗;人际关系较复杂;中西部的国企,大多待遇一般。

3. 建议

国企人际关系复杂,初入其中的大学毕业生也许会摸不到门路,而论资排辈的现实更让心高气傲的大学生心生不服,当然,国企也正在克服上述弱点。国企能够全方位地锻炼人,总的来说,国企是不错的选择。

(四)应聘民营企业和合资、外资企业

民营企业是指在所有制关系上属于劳动者个体所有或采取资本联合经营的非公有制经济形式。《中共中央关于完善社会主义市场经济体制若干问题的决议》指出,要鼓励和支持非公有制经济发展,扩大非公有制经济的投资领域,表明民营企业的发展面临着大好的发展机遇。外资企业主要指中外合资经营企业、中外合作经营企业和外商独资经营企业。

1. 民营企业

(1)利

能够发挥能力,发展空间较大;能够很快学到实用的知识;民企工作不单调,需要一职多能,无形中提高了自己多方面的能力;劳有所得,民企老板会按照你的贡献决定你的待遇,形成良性循环;自由性大,升职、积累经验相对更快,想跳槽也容易。

(2)弊

风险较大,比如经济危机到来,民企抗风险能力较差;有的公司不能保证福利;企业人文环境参差不齐,有些极好,有些极差;竞争相对激烈,工作环境不稳定。

(3)建议

很多毕业生愿意选择民企,认为民企的门槛较低,更易积累经验。但是,民企的质量参差不齐,要认真分辨,尽量选择优质的民企。

2. 外企(或合资企业)

(1)利

高薪、福利好、工作环境好;外企有系统的企业文化、管理制度,能够学到更多的东西;强调个性和创造性,有利于培养能力,也有利于搭建自己的人际关系;注重员工发展,给予员工诸多培训;实力雄厚,很少出现拖欠工资等现象。

(2)弊

起点高,发展空间不大;工作量大,经常加班;竞争激烈,神经随时紧绷;打入核心机构非常困难;对外语有很高要求。

(3)建议

外企的高薪酬是很多毕业生追求的目标,进入外企,感受成熟的企业环境和管理系统,有利于毕业生学到更多的东西,不论是个人能力、行业观念、企业文化意识,外企都能够全方位地充实员工的头脑。但是,外企竞争激烈,职位也只能到一定级别,有些人会进入外企学习先进的管理经验和技术,然后自己创业。

（五）自主创业

我国经济的快速发展、产业结构的调整、非公有制经济迅速崛起，为大学生自主创业、施展才华提供了良好机遇。一些学生毕业后不是向社会寻求工作，而是运用自己的知识和能力进行创业。

1. 利

不必为人打工，自己的事业自己做主；全方位锻炼个人的能力；最大限度地激发个人的潜质；培养系统性的思维能力；创业成功的成就感无可取代。

2. 弊

目前中国的创业环境并不健全，需要一笔较大的开支，需要长远的目光和周密的规划；毕业生社会经验少，眼高手低，盲目乐观，容易碰壁，若创业失败，打击非常大。

3. 建议

大学毕业生想要成功创业，不只需要远大的理想，还要有激情、行动力、领导能力、商业信用和超强的适应性，毕业生不论是心智、观察市场的眼光、领导气质都有一定欠缺，先就业再创业成功率会更高。

（六）参军或参选士官

近年来，为了加快军队现代化建设的步伐，部队加大了接收地方大学生的工作力度，越来越多的大学生走进军营。大学本科毕业生参军入伍以后，属于军官身份，高职专科参选士官成功的属于士官身份。此外，我国还从高校招收未毕业大学生参军。在校本专科学生，不论入学时间长短，都可以报名参军，保留大学学籍，服务期限届满可以回到大学继续学习。如果在部队表现良好，有过立功记录，回到大学后将视立功等级给予减免学费、免试推荐专升本、攻读研究生等。

（七）出国留学或工作

经济全球化带来国际交往的增加，越来越多的年轻人希望有机会到外国去学习或工作。

1. 利

增长见闻，开阔视野；掌握一门外语，受益终生；磨炼自己的生存能力，培养自己的吃苦精神，学习外国人的优秀之处；有好的学校、好的专业，能够学到真正的知识，拿到过硬的文凭。

2. 弊

出国留学需要大笔金钱，投资不一定有相应回报；国外消费水平高；有些国家排他性强；国外的经济危机时工作机会更少；如果没有学到真正的知识，则浪费了宝贵的时间和金钱。

3. 建议

年轻的时候有机会多见见世面，是件好事。如果有条件出国留学，不妨出去。但是，如果没有好的学校或者好的专业,大可不必出国,把同样的资金用来创业或投资意义更大。

(八)自由职业等其他形式

自由职业者是指跟体制或者出资人不存在法律效力合作关系而拥有合法收入的个体,多为从文从艺人员,如自由撰稿人、美术人、音乐人、计算机精英、策划人等。近年来,还有一些学生由于未能找到合适的工作或继续考研等原因,未能及时就业,或者自愿暂缓就业,如新出现的"游学""慢就业"等。

1. 利

充分发挥自己的才能爱好,时间自由、充裕;能够全面安排自己的生活;挑战性高,生活不易枯燥;按照自己的理想生活,心灵充实。

2. 弊

没有稳定收入,必须自己注意社保和养老问题;脱离社会太久,不容易融入;对自制力要求极高;会有入不敷出的情况;有江郎才尽的顾虑。

3. 建议

自由职业适合有艺术气质的人,自控力强、计划性强、有理财观念的人能够适应自由职业,并保证自己的生活;容易产生惰性的人,还是需要工作来规范,不建议太过"自由"。

二、高职生到基层就业的主要项目

(一)农村教师特岗计划

特岗教师政策是中央实施的一项对西部地区农村义务教育的特殊政策,通过公开招聘高校毕业生到西部地区"两基"攻坚县、县以下农村学校任教,引导和鼓励高校毕业生从事农村义务教育工作,创新农村学校教师的补充机制,逐步解决农村学校师资总量不足和结构不合理等问题,提高农村教师队伍的整体素质,促进城乡教育均衡发展。

(二)"三支一扶"计划

2006年2月25日,中央组织部、人事部(现人力资源和社会保障部)、教育部、财政部、农业部、卫生部、国务院扶贫办、共青团中央决定,联合组织"三支一扶"。实施高校毕业生"三支一扶"计划,引导和鼓励高校毕业生到西部去、到基层去、到祖国最需要的地方去,为促进农村基层教育、农业、卫生、扶贫等社会事业的发展、建设社会主义新农村和构建社会主义和谐社会做出贡献。

(三)大学生志愿服务西部计划

大学生志愿服务西部计划,是共青团中央、教育部根据国务院常务会、《国务院办公厅关于做好2003年普通高等学校毕业生就业工作的通知》和2003年全国高校毕业生就业工作电视电话会议精神的要求而实施的,财政部、人力资源和社会保障部给予相关政策、资金支持。该项计划从2003年开始实施,按照公开招募、自愿报名、组织选拔、集中派遣的方式,每年招募一定数量的普通高等学校应届毕业生或在读研究生,到西部基层开展为期1~3年的教育、卫生、农技、扶贫等志愿服务。

（四）大学生村干部

大学生村干部工作是国家开展的选派项目。大学生村干部岗位性质为"村级组织特设岗位"，系非公务员身份，其工作、生活补助和享受保障待遇应缴纳的相关费用由中央和地方财政共同承担。大学生村干部的工作管理及考核比照公务员有关规定进行，由县（区、市）党委组织部牵头负责、乡镇党委直接管理、村党组织协助实施；人事档案由县（区、市）党委组织部管理或县（区、市）人力资源和社会保障部门所属人才服务机构免费代理，党团关系转至所在村。

大学生村干部选聘工作由省（区、市）组织人事部门定期、统一组织实施，或者由省、市两级组织人事部门共同组织实施。选聘工作一般通过发布公告、个人报名、资格审查、考试、组织考查、体检、公示、决定聘用、培训上岗等程序进行。由县（区、市）组织、人力资源和社会保障部门与大学生村干部签订聘用合同，聘期一般为2～3年。大学生村干部主要通过留下继续任职、考录公务员、自主创业发展、另行择业、继续学习深造等"五条出路"有序流动。

三、大学生入伍的有关政策

大学生入伍是指部队每年从在校大学生和大学毕业生中招收义务兵，从2013年开始征兵工作由冬季改为夏季征兵，时间调整为4月中旬开始。

（一）征集对象

男兵征集对象：大专、本科在校生，年龄为17～22周岁；大专毕业生，年龄为17～23周岁；本科毕业、研究生毕业及在校生，年龄为17～24周岁。

女兵征集对象，普通高中应届毕业生（含当年度新入高校就读的学生），年龄为17～19周岁；本科在校生及应届毕业生，年龄为17～22周岁。

（二）报名流程

大学生入伍报名流程包含网上报名、初审初检、体检政审、走访调查、预定新兵、张榜公示、批准入伍等7个步骤。

（三）服役期间的有关就学政策

主要政策有：保留入学资格或学籍；享受学费补偿和国家助学贷款代偿；大学生士兵退役后享受就业安置优惠政策等；大学生士兵退役后享受升学优惠政策，其中具有高职（高专）学历的，退役后免试就读成人本科，或经过一定考核就读普通本科，荣立三等功以上奖励的，在完成高职（专科）学业后，免试就读普通本科。

四、高职毕业生就业求职的主要途径

（一）学校推荐就业

学校推荐是毕业生就业的主要途径，教育部规定每年11月20日以后用人单位可以到高校招聘应届毕业生，学校推荐一般包括学校举办校园大型招聘会和企业专场招聘会等形式。

1. 企业专场招聘会

一个企业面向某一高校毕业学生在该学校单独举行的专场招聘活动。一般企业会提前一个星期左右的时间与学校的就业指导部门或相关部门联系，双方商定准确的来学校招聘时间、专业、数量、男女生比例、学生到企业实习期间及签约后的具体待遇，企业是否提供食宿条件等。如果是熟悉的企业，学校对企业的情况已经了解，就不用考察了；如果是新企业，学校将通过实地考察、上网查询等手段对企业进行考察。

2. 校园大型招聘会

校园大型招聘会是学校同时邀请许多企业在校园举行的大型集中招聘活动。大型招聘会一般参加的企业多，毕业生可选择的余地大；但是也正因为企业多，觉得这个企业可以，那个企业也不错，以至于毕业生举棋不定、优柔寡断、难以取舍，有时还会出现一个学生被几个用人单位同时录用的情况；大型招聘会由于参加企业和学生较多，所以企业与毕业生个人之间双向交流往往不够充分；组织的难度相对大一些。

（二）参加社会招聘会

社会招聘会是由政府组织或人事、劳动部门的人才市场组织用人单位和求职者双方在同一时空直接进行交流洽谈的一种集市式招聘形式。招聘会上供需双方直接见面洽谈，双向交流，反馈及时，省略了许多不必要的中间细小环节，增加了洽谈的成功率，节省了宝贵的时间，提高了应聘的效率。另外，招聘会上就业信息集中、便于收集，应聘者在招聘会上可以同时和多家招聘单位见面洽谈，选择余地较大。

（三）网上求职

网上求职、网上招聘的就业方式目前已经成为一种时尚。对大学毕业生来说，网上求职既省钱又省事，将会越来越成为就业的主流方向。

1. 查询、检索就业信息

就业网站很多，不必一一拜访，上网浏览应选择信息完整、丰富、全面、针对性强、可信度高的就业网站，并且要经常关注这些网站。

2. 登记电子简历

在登录就业网站时，应该选择访问量大、更新快、可注册会员、登记后有专用简历编号、密码可以修改、具有自动向招聘单位发送简历功能的网站。最好能把你的简历注册到网站人才库里，成为网站会员，其主要目的是能使招聘企业查询检索到你的简历和享受到其他的求职帮助服务。

3. 用 E-mail 求职

当对用人单位比较了解并有求职意向后，用 E-mail 发送求职申请是个很好的方法。这种方法方便，联系快捷，也能防止被骗。

4. 建立个人主页

为了让用人单位全面了解你的情况，最好的方法是建立个人主页，在个人主页中把你的有关情况都罗列出来，一目了然。在充分了解当今大型企业和公司的主要人才要求的情况下,全面展现自己的才能和独特之处。主页要设计得新颖,让人觉得你很有内涵又不失风度。

(四)利用亲友等社会关系求职

利用自己的亲友、同学、同乡等社会关系收集就业信息和进行求职也是大学生就业的一个重要途径。许多用人单位尤其中资企业也愿意录用经熟人介绍或者推荐引进的求职者。大学毕业生在求职的过程中,如果关键时刻有关键人物帮自己引荐,无疑效果会更好:一是亲友一般不会骗自己,他们介绍的单位都是经过认真筛选的,单位可靠;二是亲友肯定关心自己,他们介绍的单位的福利待遇不会太差。

(五)自荐求职

在没有其他关系的介绍和推荐的情况下,大学毕业生可以带着简历直接到一些自己选定的公司登门造访,勇敢地把自己介绍给对方,赢取用人单位的赏识和青睐。职业指导专家认为,求职中的主动表现在两个方面:一是主动为自己寻找机会,主动登门拜访来推销自己;二是在面试后主动做一些适当的工作。当然,主动求职要因人、因公司而异,因为主动并非对任何公司都有用,是否主动登门求职,还要根据自身的实际情况来决定,可根据工作性质不同、职位高低不等和公司文化等多种因素来选择是否主动登门求职。

(六)通过中介机构求职

大学毕业生可以到就业中介机构专设的招聘部门去办理就业代理登记,投放简历,委托推荐。在选择代理求职的中介机构时,毕业生要警惕那些操作不规范的"伪中介"和"黑中介"。

五、利用大学生就业市场

(一)就业市场及类型

就业市场是在市场经济条件下按市场运行规律对人力资源进行配置。学生就业市场是为了适应社会主义市场经济发展的需要而建立起来的,专门为高校毕业生求职择业和用人单位挑选毕业生提供服务的场所。

依据其外在的表现,可以将大学生就业市场分为两类:有形市场和无形市场。

1. 有形市场

有形市场是指有固定的场所、具体的时间和地点、特定的参与对象的形式,主要包括以下几类。

(1)高校自身为本校毕业生举办的就业市场、招聘会、洽谈会或供需见面会。

(2)若干所高校联合举办的就业市场,这种市场能够克服单个学校就业市场规模小、效能低等现象。

(3)区域性就业市场,这种市场是由各地政府和教育主管部门联合举办的,为本地高校毕业生和本地用人单位服务的市场。

(4)分层次市场,即根据毕业生层次分别举办的研究生、本科生和专科生就业市场。

(5)行业性就业市场,即主要是由有关部门为本系统、本行业高校毕业生和用人单位举办的市场。

(6) 企业性就业市场,即主要是大型企业或企业集团为招聘毕业生而专门举办的市场。

(7) 国际性就业市场,即随着全球化的发展,国外企业为招聘国内高校毕业生、国内企业为招聘国外留学生或驻外机构的人员而举办的就业市场。

(8) 其他特殊就业市场,如招聘飞行员、外交人员、公安干警等。

2. 无形市场

无形市场是指不受时间和空间的限制,毕业生按照自身择业意向来挑选工作单位的形式。无形市场的主要表现形式是网络市场和新媒体市场(微信平台),如各级教育主管部门建立的"高校毕业生就业信息网"、各类高校建立的"毕业生就业网"以及其他的"人才招聘网""求职网"等。

(二) 特点

1. 专门性

大学生就业市场与社会上服务于其他人才的就业市场不同,它是专门为高校毕业生就业服务的,它的目的是通过市场使各级各类高校毕业生找到合适的工作。

2. 集中性

高校毕业生就业主要集中于夏季,每年数百万人同时进入社会。

3. 时效性

每年高校毕业生就业都有一个大致的时间期限,因而各级主管部门也有相应的时间安排。如果毕业生不能在规定时间内落实工作单位,就要转到其他人才市场就业或者待业。

【总结案例】

奋斗的人生,一定会成为赢家

他叫周滨,一个江苏盐城的农村家庭小伙子。他从小就梦想着成为一名军人,2012年高考时他未能如愿考取军事院校,也未能考取一所本科院校,来到了无锡科技职业学院学习。在学校学习了一年后,从未放弃从军梦想的周滨决定从军。要放弃学业选择从军,父母坚决不同意,亲朋好友也都极力劝他放弃这个想法,认为放弃学业去当兵不值得,是浪费青春。而且由于视力原因,他也可能过不了身体检查这一关。面对来自各方面的压力,周滨没有放弃自己的梦想,终于在2013年9月走入了那个自己期待已久的军营。

由于在部队里过硬的个人军事素质和突出表现,2015年年初,周滨被推荐参加纪念抗战胜利70周年阅兵仪式训练,为了不被淘汰出局,他在阅兵村里经受住了艰苦、枯燥,甚至是无情的高强度训练,最终和战友们一起走过了天安门广场,接受党和国家领导人检阅。期间,他于2015年6月加入了中国共产党,也在阅兵训练考核中获得了"阅兵训练标兵"称号。

2015年9月受阅结束,光荣退伍的周滨就复学回到母校。作为一名退伍军人和共产党党员,他时刻牢记部队的优秀传统,以一名军人的标准严格要求自己,刻苦学习,积极参与各项社会工作,用自己的实际行为感染、引领着身边的同学,成为同学们学习的模范。

复学在校期间,周滨先后获得了全国大学生年度人物入围奖、江苏省年度人物提名奖、江苏省优秀共青团员,发起成立无锡科技职业学院复学军人党支部,并被《国防报》头条宣传。专科毕业后,周滨又考取了南京的一所本科院校,继续学习深造。大学本科毕业后,周滨担任了无锡少年迷彩军校的负责人,与青少年一起再圆军人梦,继续走在人生奋斗的路上。

分析:在成长的道路上,每个大学生都不会一直走在一条平坦的路上,做出选择、认准目标,通过不懈的坚持和奋斗,才能实现我们的梦想,才能成为赢家。同学们,你们准备好了吗?

【活动与训练】

我找我查我抄抄抄

(一)活动目的

找到身边的就业市场。

(二)活动方法

每组5个人。组内5人分好任务,可以分别或共同查找:隶属政府机关的大学生就业信息网至少10个、全国有口碑的综合就业信息网至少10个、来自各自生源地的人力资源管理部门的网站和实地办公地点、联系电话至少5个、来自求学地的省级、市级、区级人才市场的网站和实地办公地点、联系电话至少5个、本校校园网和同类院校校园网的就业网站至少5个。找到后用Excel表格输入。

(三)评比

看哪一组查找到的信息最多、最完整即获胜。最后各组共享信息。

【探索与思考】

(1)国家"三支一扶"计划中,"三支"和"一扶"各指什么?

(2)大学生村干部是否属于公务员?

(3)大学生志愿者服务西部计划对自己的成长有什么作用?

(4)国家鼓励大学生基层就业政策有哪些?

6.4 就业协议与就业程序

【名人名言】

能够摄取必要营养的人要比吃得很多的人更健康,同样地,真正的学者往往不是读了很多书的人,而是读了有用的书的人。

——[希腊]亚里斯

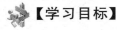【学习目标】

(1)了解就业协议签订与解除程序。

(2) 了解毕业生派遣、档案相关的知识和办理程序。

(3) 了解人事代理等基本的就业常识。

【导入案例】

一意孤行的小王

小王是某高职院校人力资源管理专业的毕业生，他来自内蒙古，毕业后想回到内蒙古考取公务员。大学三年，小王专业成绩在班上名列前茅，踏实稳重，是老师信赖的学生。就是这样一名让老师放心的学生，却在最后的实习就业阶段，让老师操碎了心。从5月份起，老师开始催促她上交就业材料，以便办理就业手续及档案转递。小王均以要考取公务员，内蒙古的政策要求考取公务员需要保留未就业身份为由，拒绝办理。

直到7月中旬，小王在现场报名时发现，提交报名材料中有一项为《报到证》，而自己没有，不能报名。小王回校找到老师，老师解释说，需要办理就业手续，才能拿到《报到证》。听老师这么一说，小王后悔不已！

分析：毕业生要及时了解就业地的有关政策，注意各项政策所需材料及时间节点，及时办好就业手续、档案等迁移事项。

就业作为大学毕业生需要亲自完成的过程，不仅受到国家法律、就业法规与政策的约束，还必须遵循一定的原则和程序。毕业生要了解各就业部门的工作程序及就业流程，以便顺利地完成就业中的各个环节。

一般来说，毕业生就业要经过的流程如图6-3所示。

一、毕业生的就业权利和义务

（一）权利

我国在《宪法》《劳动法》《高等教育法》《普通高等学校毕业生就业工作暂行规定》《中华人民共和国就业促进法》等法律、法规和政策中均规定了毕业生应有的权利。这些权利概括起来主要包括以下内容。

1. 获取信息权

就业信息是毕业生择业成功的前提和关键，只有在充分占有信息的基础上，才能选择用人单位。毕业生获取的信息应该是公开、及时、全面的。信息公开指所有用人单位的需求信息必须向全体毕业生公开，任何单位和个人不得隐瞒、截留需求信息。信息及时是指毕业生获取的信息必须是及时、有效的，而不能将过时无利用价值的信息传递给毕业生。信息全面是指毕业生有权获得准确、全面的就业信息。

2. 自主选择权

根据双向选择、自主择业的原则，高校毕业生可以自主地选择用人单位，学校、其他单位和个人均不得干涉。把任何个人意志强加于毕业生，均被视为侵犯毕业生选择权的行为。

3. 接受就业指导权

接受就业指导是每个毕业生都具有的权利。《高等教育法》规定，高等学校应当为毕业

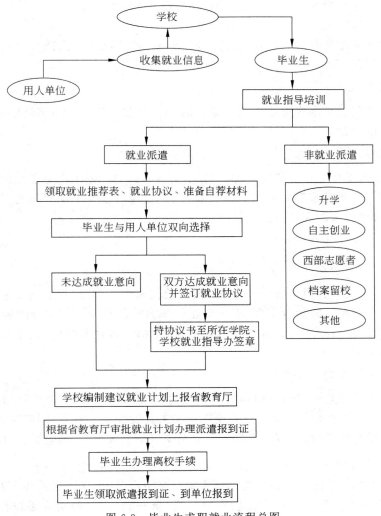

图 6-3 毕业生求职就业流程总图

生提供就业指导和服务。《普通高等学校毕业生就业工作暂行规定》中明确指出,高等学校的一个主要职责就是对毕业生开展就业教育和就业指导工作。

4. 被推荐权

高等学校的一个重要职责就是向用人单位推荐毕业生。历年工作经验证明,学校的推荐在很大程度上影响到用人单位对毕业生的取舍。毕业生享有被推荐权包含以下几个方面的内容。

(1) 如实推荐

如实推荐即高校对毕业生进行推荐时实事求是,根据毕业生本人的实际情况向用人单位进行介绍、推荐。不能故意贬低或随意捧高对毕业生在校表现的评价。

(2) 公正推荐

学校对毕业生进行推荐时应做到公平、公正,应给每一位毕业生推荐就业的机会。公正推荐是学校的基本责任,也是毕业生享有的最基本的权利。

(3) 择优推荐

学校根据毕业生的在校表现,在公正、公平的基础上,还应择优推荐,用人单位录用毕业生也应坚持择优标准。

5. 公平录用权

女生就业难仍然是困扰女性毕业生就业的一大问题。公平录用权是毕业生最为迫切需要得到维护的权益。

6. 违约求偿权

毕业生、用人单位签订协议后,任何一方不得擅自毁约。如用人单位无故要求解约,毕业生有权要求对方严格履行就业协议,否则用人单位应对毕业生承担违约责任,支付违约金,毕业生有权利要求用人单位进行补偿。

(二) 义务

1. 回报国家、社会的义务

我国《中华人民共和国宪法》规定,劳动对于公民来说,既是权利也是义务,是权利和义务的结合和统一。对于毕业生而言,不仅要履行作为公民来说必须履行的劳动义务,而且要按照"得之于社会,还之于社会,报之于社会"的原则,积极地回报国家、社会和家庭,承担起自己应尽的义务。

2. 服从国家需要的义务

虽然毕业生在择业过程中有相当大的自主权,可以根据个人意愿选择用人单位,但作为当代大学生,上大学还不完全是一种投资于未来发展的个人行为,国家和社会为大学生的成才付出了很大的代价。因此,大学生就业不仅仅是个人行为,还应服从国家的需要。

3. 如实介绍自己情况的义务

毕业生在求职择业过程中应如实向用人单位介绍自己的情况,这是基本的择业道德要求,也是自己应尽的义务。毕业生在填写推荐表、撰写自荐书、与用人单位洽谈介绍自己时,必须实事求是,不得弄虚作假。

4. 遵守和履行就业协议的义务

毕业生与用人单位通过双向选择签订协议,以约束双方的行为。遵守协议是就业工作顺利进行的保证。一经签订协议,就不能随便违约,一旦违约,不仅影响学校正常的就业秩序,而且会损害用人单位、学校、其他同学等各方面的利益。因此,毕业生必须增强信用意识。

5. 按时到工作单位报到的义务

《普通高等学校毕业生就业工作暂行规定》要求,毕业生办理完离校手续后,应持报到证按时到用人单位报到。如果自离校之日起,无正当理由超过三个月不去就业单位报到的,由学校报主管毕业生就业部门批准,不再负责其就业。

二、就业协议书

就业协议(又称三方协议)是《全国普通高等学校毕业生就业协议书》的简称,是普通高等学校毕业生和用人单位在正式确立劳动人事关系前,经双向选择,在规定期限内就确立就业关系、明确毕业生、用人单位、学校三方权利和义务而达成的协议。是用人单位确认毕业生相关信息真实可靠以及接收毕业生的重要凭据,是高校进行毕业生就业管理、编制就业方案以及毕业生办理就业落户手续等有关事项的重要依据。就业协议书由教育部统一制定式样。就业协议书具有法律效力,一经签订,各方就必须严格履行。

就业协议书签订样本如图6-4所示。

就业协议一旦签署,就意味着第一份工作就基本确定。因此,应届毕业生要特别注意签约事项。毕业生签订就业协议前,须认真查看用人单位的性质。国家机关、事业单位、国有企业一般都有人事接收权,可以接收档案;民营企业、外资企业则需要经过地方人事局或人才交流中心的审批才能招收职工,协议书上要签署他们的意见方能有效。应届毕业生还要对不同地方人事主管部门的特殊规定有所了解。

(一)就业协议书的内容

1. 毕业生的情况及意见

这部分内容是由毕业生本人填写,毕业生的情况包括姓名、性别、年龄、民族、政治面貌、培养方式、健康状况、专业、学制学历和家庭地址。在上述各栏中,特别注意在"培养方式"一栏中,对属于国家计划招收的毕业生要填写"非定向"。在"毕业生意见"一栏中,由毕业生填写自己的应聘意见,要求毕业生对是否愿意到用人单位就业表明自己的意见,同时也应将与用人单位在洽谈中达成的基本条件写明,以避免日后发生争议。

2. 用人单位的情况及意见

这部分内容由用人单位填写,用人单位的情况包括单位名称、组织机构代码、联系人、联系电话、单位性质、行业类型和毕业生档案转寄详细地址。在"用人单位意见"一栏内包括两方面的内容:用人单位的意见和用人单位上级主管部门的意见。用人单位意见需盖单位公章。有人事权的用人单位,无须在"用人单位上级主管部门的意见"一栏盖章。无人事权的用人单位,需该单位有人事权的上级主管部门盖章。

3. 学校意见

学校意见中主要包括两级意见:学院(或系部)意见和学校就业主管部门意见。学院(或系部)意见是毕业生所在单位的基层意见,学院(或系部)在签署意见时除进行初步审核外,还要了解毕业生具体的就业去向。学校就业主管部门签署意见是代表学校一方在就业协议书上签字盖章。

(二)签订协议时应注意的问题

1. 查明用人单位的主体资格

签订就业协议的当事人必须具备合法的主体资格,一般而言,用人单位必须具有从事各项经营或管理活动的能力,单位应有录用指标和录用自主权。

2. 按规定的程序签订协议

毕业生凭学校发放的就业协议书,在与用人单位签约后交学校就业部门盖章。此程序

普通高校本、专科（高职）毕业生就业协议书

<table>
<tr><td rowspan="10">毕业生基本情况</td><td>姓　名</td><td colspan="2"></td><td>性　别</td><td></td><td>民　族</td><td></td><td>出生日期</td><td></td></tr>
<tr><td>政治面貌</td><td colspan="2"></td><td>健康状况</td><td></td><td>身份证号</td><td colspan="3"></td></tr>
<tr><td>毕业学校</td><td colspan="2"></td><td>院（系）</td><td></td><td>专　业</td><td colspan="3"></td></tr>
<tr><td>学　号</td><td colspan="2"></td><td>培养方式</td><td></td><td>学　历</td><td></td><td>学　制</td><td></td></tr>
<tr><td>生源地区</td><td colspan="4">/省(自治区、直辖市)　　/市(地区)　　/县(区)</td><td>毕业时间</td><td colspan="3">　　年　　月</td></tr>
<tr><td>家庭地址</td><td colspan="4"></td><td>家庭电话</td><td colspan="3"></td></tr>
<tr><td>电子邮箱</td><td colspan="4"></td><td>电话/手机</td><td colspan="3"></td></tr>
<tr><td rowspan="10">用人单位基本情况</td><td>单位全称</td><td colspan="4"></td><td>组织机构代码</td><td colspan="3"></td></tr>
<tr><td>单位地址</td><td colspan="4"></td><td>邮政编码</td><td colspan="3"></td></tr>
<tr><td>联系人</td><td colspan="2"></td><td>联系电话</td><td></td><td>单位传真</td><td colspan="3"></td></tr>
<tr><td>电子邮箱</td><td colspan="2"></td><td>企业规模</td><td>大型/中型/小型/微型</td><td>岗位名称</td><td colspan="3"></td></tr>
<tr><td>行业类型</td><td colspan="7">农、林、牧、渔业｜采矿业｜制造业｜电力、热力、燃气及水生产和供应业｜建筑业｜批发和零售业｜交通运输、仓储和邮政业｜住宿和餐饮业｜信息传输、软件和信息技术服务业｜金融业｜房地产业｜租赁和商务服务业｜科学研究和技术服务业｜水利、环境和公共设施管理业｜居民服务、修理和其他服务业｜教育｜卫生和社会工作｜文化、体育和娱乐业｜公共管理、社会保障和社会组织｜国际组织｜部队</td></tr>
<tr><td>单位性质</td><td colspan="7">机关｜科研设计｜高等教育｜中初教育｜医疗卫生｜其他事业｜国有企业｜三资企业｜民营企业｜其他企业｜部队｜农村建制村｜城镇社区</td></tr>
<tr><td>档案转寄单位名称</td><td colspan="3"></td><td>档案转寄地址</td><td colspan="3"></td></tr>
<tr><td>档案接收联系人</td><td colspan="3"></td><td>档案接收电话</td><td></td><td>邮政编码</td><td colspan="2"></td></tr>
<tr><td>户口迁移地址</td><td colspan="7"></td></tr>
<tr><td rowspan="2">学校基本情况</td><td>学校名称</td><td colspan="3"></td><td>联系人</td><td></td><td>联系电话</td><td colspan="2"></td></tr>
<tr><td>通信地址</td><td colspan="3"></td><td colspan="2"></td><td>邮政编码</td><td colspan="2"></td></tr>
</table>

经毕业生（甲方）、用人单位（乙方）、学校（丙方）协商，同意达成以下约定：
1. 甲、乙、丙三方须共同遵守本协议背面所列内容。
2. 甲、乙双方如有其他约定，可本着平等协商、权利义务对等的原则另附约定，并视为本协议的一部分。
3. 其他约定（如工作地点等，可另附页说明）：

_____

毕业生意见	签名：＿＿＿＿＿　　　　　　　　　　年　月　日	
用人单位意见	用人单位人事部门意见： 负责人：＿＿＿＿＿（公章） 　　　　　　　　年　月　日	用人单位上级主管部门意见： （有人事权的单位此栏可略，无人事权的单位请加盖上级主管部门人事公章或人事代理机构公章） 负责人：＿＿＿＿＿（公章） 　　　　　　　　年　月　日
学校意见	毕业生所在院（系）意见： 负责人：＿＿＿＿＿（公章） 　　　　　　　　年　月　日 实行一级管理的院校、科研单位此栏可不填。	学校毕业生就业主管部门意见： 负责人：＿＿＿＿＿（公章） 　　　　　　　　年　月　日

备注：本协议书限国家统一招生录取的普通高等教育非定向本、专科（含高职）毕业生使用。

图 6-4　就业协议书签订样本

由学校最后把关，更有利于维护学生的合法权益。

3. 有关条款的内容必须明确

毕业生与用人单位签约时,尽量采用示范条款。如确有必要进行变更或增加,亦应在内容上明确。

4. 注意与劳动合同的衔接

由于毕业生就业协议签订在先,在毕业生领取毕业证书后,应按照《劳动法》规定的时限,及时签订劳动合同,不能以就业协议代替劳动合同。

5. 对合同的解除条件做事先约定

毕业生就业协议一经订立,就对当事人具有约束力,不得随意解除,否则应承担违约责任。

(三) 就业协议订立的原则

1. 主体合法原则

签订就业协议的当事人必须具备合法的主体资格。对毕业生而言,就是必须取得毕业资格。如果学生在报到时未取得毕业资格,用人单位可以不予接收而无须承担法律责任。对用人单位而言,用人单位必须具有从事各项经营或管理活动的能力,单位应有录用指标和录用自主权,否则毕业生可解除协议而无须承担违约责任。对高校而言,高校应根据用人单位的要求如实介绍毕业生的在校表现,也应将所掌握的用人单位的信息发布给毕业生。高等学校在毕业生签订就业协议书的过程中应进行监督和指导。

2. 平等协商原则

就业协议的当事人在签订就业协议时的法律地位是平等的,一方不得将自己的意志强加给另一方。学校也不得采用行政手段要求毕业生到指定单位就业(不包括有特殊情况的毕业生),用人单位亦不应在签订协议时要求学生缴纳高数额的风险金、保证金。除协议书规定的内容外,当事人如有其他约定事项,可在协议书"约定"栏中加以补充确定。

(四) 签订就业协议的程序与步骤

1. 就业协议的订立要经过两个步骤,即要约和承诺

用人单位收到毕业生材料、对毕业生进行考察后,表示同意接收毕业生,即为要约。毕业生持学校统一印制的就业推荐表或复印件参加各地供需洽谈会(人才市场招聘会),进行双向选择或向用人单位寄发书面材料,应为要约邀请。签订就业协议时要约是法定程序。毕业生收到用人单位的用人邀请后从中做出选择,与用人单位签订协议,即为承诺。

要约是向特定的人做出的意思表示,同时要约内容必须具体明确。要约到达受要约人时生效,受要约人做出承诺时合同即告成立。因此用人单位在毕业生作出同意到单位工作后就业协议即成立,不能随意变更。

2. 签订就业协议的程序

(1) 毕业生本人如实填写就业协议书。

(2) 用人单位签署意见并加盖单位公章。

(3) 用人单位或毕业生本人将就业协议书交至学校院系,由学校院系签署意见并加盖

公章,纳入就业计划派遣。

(4) 用人单位或毕业生本人将就业协议书交至学校招生就业处或就业中心,由学校就业主管部门签署意见并加盖公章。

(5) 毕业生、用人单位、学校各留一份。

(五) 无效就业协议

无效就业协议是指欠缺就业协议的生效要件而导致就业协议无效。主要包括以下两种情形。

1. 一方采取欺诈手段签订的就业协议无效

如用人单位不如实介绍本单位情况,或根本无录用指标而与毕业生签订就业协议,或毕业生在订立就业协议时对个人情况有重要隐瞒等情况。无效协议产生的法律后果由有欺诈行为的一方承担责任。

2. 就业协议未经学校审查同意时无效

就业协议未经学校审查同意时无效,学校将不予列入就业方案,不予办理就业报到手续。学校经审查认为该协议对毕业生显失公平,或违反公平竞争、公平录用的原则,或不符合国家有关政策规定,学校有权拒签。就业协议被确认为无效的法律后果由责任方承担违约责任,并赔偿经济损失。

(六) 就业协议的解除

1. 就业协议的解除分为单方解除和三方解除

(1) 单方解除

单方解除包括单方擅自解除和单方依法或依协议解除。单方擅自解除协议属违约行为,解约方应对另两方承担违约责任。单方依法或依协议解除是指一方解除就业协议有法律上或协议上的依据,如学生未取得毕业资格,用人单位有权单方解除就业协议,毕业生未通过用人单位所在地组织的公务员考试,用人单位有权解除协议,此类单方解除,解除方无须对另两方承担法律责任。

(2) 三方解除

三方解除是指毕业生、用人单位、学校三方经协商一致,解除原订立的协议,使协议不发生法律效力。此类解除因是三方当事人真实意思表示一致的体现,三方均不承担法律责任,三方解除应在就业计划上报主管部门之前进行,如就业派遣计划下达后三方解除,还须经主管部门批准办理调整改派。

就业协议书一经毕业生、用人单位、学校签署即具有法律效力,任何一方不得擅自解除,否则违约方应向权利受损方支付协议条款所规定的违约金,从实际情况来看,就业违约大多为毕业生违约。

2. 毕业生违约的后果

毕业生违约,除本人应承担违约责任、支付违约金外,往往还会造成其他不良的后果,主要表现在以下几个方面。

第一,就用人单位而言,用人单位往往为录用毕业生做了大量的工作,有的甚至对毕业生将要从事的具体工作也有所安排。同时毕业生就业工作时间相对比较集中,一旦毕业生因某种原因违约,势必使用人单位的录用工作付之东流,用人单位若重新选择其他毕业生,在时间上也不允许,从而给用人单位的工作造成被动。

第二,就学校而言,用人单位往往将毕业生的违约行为认为是学校的行为,从而影响学校和用人单位的长期合作关系。

用人单位由于毕业生存在违约现象,而对学校的推荐工作表示怀疑。从历年情况来看,一旦毕业生违约,该用人单位在几年之内不愿到学校来挑选毕业生。面对激烈的就业竞争,用人单位的需求就是毕业生择业成功的前提,如此下去,必定影响今后学校的毕业生就业工作。同时影响学校就业计划方案的制定和上报,并影响学校的正常派遣工作。

第三,就其他毕业生而言,用人单位到校挑选毕业生,一旦与某毕业生签订就业协议,就不可能再录用其他毕业生。

若日后该毕业生违约,有些当初希望到该用人单位工作的其他毕业生由于录用时间等原因,也无法补缺,造成就业信息的浪费,影响其他毕业生就业。因此,毕业生在就业过程应慎重选择,认真履约。

第四,就毕业生本人来说,既浪费金钱又浪费时间。

建议毕业生签约的时候要仔细考虑,减少违约。希望毕业生从我做起,注重诚信,共同维护毕业生良好的社会声誉。签约前要谨慎,签约后要信守承诺。

(七)就业协议对毕业生权益的保护

就业协议本质上是一种合同,它是由毕业生、学校、用人单位三方以平等的身份签订的确立三方权利与义务的协议。就业协议反映的是一种民事法律关系,签订协议是一种民事行为,要想使这种民事行为成为民事法律行为,就必须遵循民法的具体规定。

1. 在订立附加条件的就业协议时,应重视备注

大学毕业生与用人单位签订的就业协议与报到后签订的劳动合同都是双方的法律性行为。如果协议中附带有特殊的条件如住房待遇、科研待遇等,这种协议又称为附加条件的法律行为。就业协议及附加条件必须以书面形式由双方签订。在具体就业过程中,毕业生签完主协议后,对附加条款不进行文字注明和双方签字,只接受口头承诺,这是非常不可取的。当毕业生进入工作单位,口头承诺得不到兑现时,毕业生的合法权益就得不到有效保护。

2. 签订就业协议的违约责任形式

根据我国《合同法》的精神,签订就业协议的违约责任形式有以下几种。

(1)继续履行的责任构成形式

继续履行又称强制履行,是指在违约方不履行合同时,由法院强制违约方继续履行合同债务的违约责任方式。在签订就业协议后,如果毕业生与用人单位就是否按照约定聘用产生违约行为,一方可要求违约方按照就业合同约定继续履行协议规定,按原来的计划进行聘用。

(2)赔偿损失的责任构成形式

赔偿损失即债务人不履行合同债务时依法赔偿债权人所受损失的责任。我国合同法上的赔偿损失是指金钱赔偿,既包括实物赔偿,也限于以合同标的物以外的物品予以赔偿。

如果毕业生与用人单位一方违约,则应赔偿对方损失,一般的变现形式为支付一定的违约金。违约金责任,又称违约罚款,是由当事人约定的或法律直接规定的,在一方当事人不履行合同时向另一方当事人支付一定数额的金钱,也可以表现为一定价值的财物。

(3) 就业协议违约责任的构成

① 一方有违约行为发生,不按照原来约定聘用或应聘,至于违约行为的类型,应视当事人的约定或法律的直接规定而定。

② 原则上要求违约方有过错,或者是故意,或者是过失。

③ 违约金约定的无效情况即订立的就业协议无效,违约金的约定也无效。

3. 签订就业协议违约的免责条件与免责条款

免责条件即法律明文规定的当事人对其不履行合同不承担违约责任的条件。我国法律规定的免责条件主要有以下内容。

(1) 不可抗力。《中华人民共和国合同法》第一百一十七条规定,因不可抗力不能履行合同的,根据不可抗力的影响,部分或者全部免除责任,但法律另有规定的除外。当事人迟延履行后发生不可抗力的,不能免除责任。本法所称不可抗力,是指不能预见、不能避免及不能克服的客观情况。在签订就业协议后,一方因为不可抗力的原因而违约,不承担违约责任。

(2) 根据高校毕业生就业的有关规定,已与用人单位签订就业协议(合同)的应届高校毕业生,在毕业离校前升学、入伍或被录用为国家公务员的,不视为违约,用人单位不得收取违约金。所以,如果考上本科、公务员、参军,都可以和用人单位解除合同关系。

4. 就业主管部门对毕业生的保护

毕业生就业主管部门可通过制定相应的规则来确定毕业生的权益,并依据国家的法律和政策规定对侵犯毕业生权益的行为予以抵制或处理。例如,对不履行就业信息公开登记手续、侵犯毕业生获取信息权的单位,省毕业生就业主管部门对其上报的协议书不予签证、不予审批就业方案和打印就业报到证,严重者将取消其录用毕业生的资格。

5. 高校对毕业生的保护

学校对毕业生权益的保护最为直接。学校可通过制定各项措施来规范毕业生的就业指导和就业推荐,对于用人单位在录用毕业生过程中的不公平、不公正行为,学校有权予以抵制,以维护毕业生的公平录用权。高等学校在毕业生签订就业协议的过程中应进行监督和指导。对于用人单位与毕业生签订不符合国家有关政策规定的就业协议,学校有权拒签,未经学校审核同意的就业协议不能作为编制就业方案的依据。

【案例】

我能不能在北京签就业协议呢?

小张的户籍地在河北省,考入北京某高职院校读专科,大三接受就业指导时得知,签订就业协议对毕业生来说非常重要。因此,小张在北京找到就业单位后,要求用人单位与他签订就业协议。用人单位拒绝了他,并告知,只能跟他签订劳动合同。小张很委屈,找到学校就业指导老师诉说。就业指导老师却告诉他,用人单位做得对。因为签订就业协议,也意味着用人单位或用人单位上级主管部门同意接收毕业生的档案,迁入毕业生的户籍。小张的情况并不符合北京市引进非北京生源毕业生的政策。因此用人单位不能与小张签订就业协议。

分析:专科学生入学时并不迁移户口,原则上回原籍就业。如跨省就业,则不能签订就业协议。毕业生应熟悉各个就业政策,了解就业协议、劳动合同之间的区别。

三、就业工作流程

大学生就业管理机构大致由三部分组成:教育部负责制定全国毕业生就业的相关政策;各省、自治区、直辖市和中央有关部委的毕业生就业工作主管部门负责属地内所有高校毕业生的就业工作;各高等院校的毕业生就业工作主管部门负责本院校毕业生的就业工作。大学生就业主要的工作流程如下。

(一)核对毕业生资源信息

毕业生资源信息是指学校每年需要列入就业计划的毕业生的基本信息,如毕业生的姓名、身份证、学号、专业、入学时间、生源所在地、培养方式等。这些基本信息需由学生提供给本院系,由院系统一录入数据库,再由学校就业工作部门汇总上报到省教育厅进行资格审查。经教育厅检验审批通过后,毕业生资源信息才可以正式列入就业计划,为以后继续编写毕业生的就业信息,形成毕业生的就业方案做好准备。因此,毕业生资源信息的准确性是非常重要的,录入时应注意以下几点。

(1)应届毕业生的生源地区是指入学前户口所在地,如在读期间家庭户籍变更的,需出示异地户籍部门证明和户籍迁移证复印件,才可更改生源地名称。

(2)毕业生资源信息中毕业生的姓名必须与高考录取通知书的姓名一致,如在读期间更改姓名的毕业生,需出示已有更改登记的户口本复印件及身份证复印件。

(3)毕业生的学号与身份证号将作为毕业生以后办理户口及档案转移等就业手续的识别号,因此,录入时需要保证其准确性。

(二)填写"就业推荐表"

1. 填写就业推荐表须知

毕业生就业推荐表(见图6-5)是学校为帮助毕业生就业,专门向用人单位出具的一份正式的推荐函,该表对毕业生和单位都很重要:一个毕业生只能持有一份原件,若需联系不同的单位,请用复印件,待确定单位后,再将原件交就业单位。

2. 就业推荐表的作用

(1)推荐表是毕业生具有就业资格的证明文件。

(2)推荐表是毕业生申请人事接收函、报考公务员等的必备材料。

(3)推荐表是学校向用人单位推荐毕业生的正式书面材料,推荐表内容需要经过毕业生所在高校审核并加盖公章。

(三)填写"毕业生登记表"

"毕业生登记表"是学生毕业档案材料之一,其内容包括了学生基本情况、学习经历、社

普通高校毕业生就业推荐表

（此表仅限非定向毕业生使用）　　No. 2187321

个人信息	姓　名		性　别		民　族		近期一寸免冠照片
	政治面貌		出生日期		健康状况		
	毕业学校		院　系		专　业		
	学　号		学　历		学　制		
	生源地区	/省(自治区、直辖市)		/市(地区)　/县(区)	毕业时间	年　月	
	通信地址				邮政编码		
	联系电话	固定电话：　　手机：			电子邮箱		

	奖惩情况	
社会实践	…………………………………………………………………………………………	
特长及能力	1. 主修外语语种及水平：…………………　2. 计算机水平：……………………… 3. 特长：…………………………………　4. 在校期间担任职务：…………………	

学校推荐意见	毕业生培养方式		就业范围	
	院（系、所）意见 （公章） 　　年　月　日		学校毕业生就业部门意见 以上表格内容填写情况属实，特此证明。 （公章） 　　年　月　日	
	学校就业部门名称		联系人		联系电话		传　真	

备注	1. 持此推荐表的毕业生应为国家统一招生录取的普通高等教育毕业生。 2. 此表每名毕业生一份，经培养单位校级就业主管部门盖章（红章）有效（复印无效）。 3. 请用人单位于　　月　　日前将回执返回学校（培养单位）。 4. 其他　　　　　　　　　　　　　　　　　　　　　教育委员会印制

✂--

用 人 单 位 回 执　　　　No. 2187321

_____大学（学院）：

　　经研究，我单位拟同意接收你校_____（专业）毕业生_____（学号：_____），请凭此回执换发就业协议书，并于____月____日之前与我单位签订协议书。

　　　　　　　　　　　　　　　　　　　____年____月____日　（用人单位人事部门公章）

图 6-5　毕业生就业推荐表

会关系、自我鉴定、班委鉴定、院系意见及学校意见等，是就读大学的重要证明。登记表由毕业生本人按"填表说明"认真填写。自我鉴定内容是自己在学校期间思想政治、学习等方面的表现,必须如实填写。登记表填写后,由班委根据填写内容及"自我鉴定"情况对该同学学习期间的总体表现进行民主评议,并将结论写在"班委鉴定"栏中,班长签字后报院系审核并加盖公章后,由校级主管部门确认"学校意见",盖学校公章后封入学生档案。

(四)党组织关系接转

毕业生党员离校前与其签约单位党组织联系确定组织关系转移去向,各支部根据毕业生就业计划填写《毕业生党员组织关系转出情况登记表》,并安排专人到学校党办办理相关手续;因组织关系转移去向不明,暂时无法统一办理的,由毕业生党员本人于毕业当年7月10日前到学校党办办理相关手续;对毕业离校时未落实就业单位,户口转至入学前户籍所在地的毕业生党员,其组织关系则要转到入学前户籍所在地县(市)级以上的党组织;凡属不就业继续升学或办理出国手续的毕业生党员,其党员组织关系原则上要及时转出。凡是将档案和户口转到各地县级以上人才交流服务中心的,其党员组织关系可以转到相应的人才交流中心党组织。

(五)升学深造

升学深造要以获得录取通知书为依据,不能以毕业生提出申请为依据。考取普通专升本的毕业生不签发报到证。凭入学通知书领取毕业生档案。

(六)出国留学

符合国家规定申请自费出国留学的毕业生,必须在学校规定的时间内(一般为每年5月底或6月初)向学校就业工作部门提出书面申请。经批准后,学校不再将其列入就业方案及派发就业报到证,毕业时将其档案和户口直接转回生源地。超过规定时间,学校不再受理自费留学申请。申请自费留学不参加就业的毕业生,不能办理申请暂缓两年就业手续。办理了暂缓就业手续的毕业生,在暂缓就业期限内提出出国申请的,由省级毕业生就业主管部门办理派遣手续,将其派遣回生源地,到生源地有关部门办理申请出国手续。

(七)毕业离校

1. 需完成的事项

毕业生在毕业离校之前,须完成下列有关的事项。

(1)接受毕业教育。
(2)填写"高等学校毕业生登记表"。
(3)归还所借图书资料和所借公物。
(4)归还在校期间贷款。
(5)上缴学生证、借书证。
(6)办理党团组织关系转移证明。
(7)领取毕业证书。
(8)领取报到证。
(9)完成所在院校提出的其他事务。

2. 离校时间

根据教育部规定,结合学校实际,毕业生离校的时间一般定于6月底或7月初,以便让毕业生在 7 月 30 日前到单位报到。

四、就业派遣、报到及调整改派相关问题

(一)报到证及其作用

毕业生派遣将发放"全国普通高等学校本专科毕业生就业报到证",以下简称"报到证",如图 6-6 所示。毕业生签订了就业协议书,学校将按照就业协议书的内容,向上级主管部门报送就业方案,就业方案审批通过后,将核发毕业生的就业报到证。

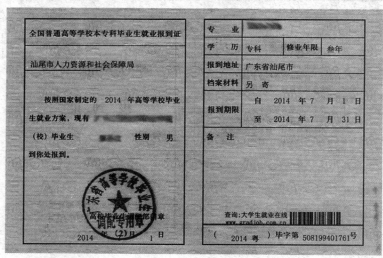

图 6-6 报到证样本反面图

报到证用于单位办理毕业生的接收及人事关系迁转、档案接收等一系列事宜,用人单位凭报到证为毕业生办理相关工作手续。报到证一式两联(正本和副本),正本为蓝色,由毕业生持有,到单位报到时交给单位;副本为白色,由学校放入毕业生的档案。报到证只

允许一人一份,由其他部门印制或签发的报到证无效。毕业生要妥善保管报到证,凡自行涂改、损毁的报到证一律作废。报到证有以下作用。

(1) 到接收单位报到的凭证,毕业生就业后的工龄由报到之日开始计算。

(2) 证明持证的毕业生是纳入国家统一招生计划的学生。

(3) 凭报到证以及其他有关材料办理人事档案等手续。

(4) 是毕业生在工作单位转正和干部身份的证明。

(二) 就业派遣的原则

(1) 有具体单位的毕业生直接派往具体单位。毕业生要认真核对单位名称及单位所在地。

(2) 升学深造的毕业生需出示相关证明,不参与派遣,不发放报到证。

(3) 毕业生出国学习、自主创业,派遣到生源地。

(4) 没有落实单位的毕业生可以与地方政府的人事代理机构签订就业协议,办理人事代理,报到证发往人事代理机构。

(5) 没有落实单位的按各省级毕业生就业主管部门的要求,一律派回生源所在地。

(6) 在校有学籍的学生,因其他原因中途退学者不予派遣;因行政处分取消学籍者,取消其派遣资格。

(7) 结业生自荐就业,落实工作单位的可以派遣,但必须在报到证上注明"结业生"字样。

(三) 就业报到可能遇到的问题及处理方法

1. 报到证出错

毕业生领取报到证后,请立即检查是否有误,有误的须立即报自己所在学校就业工作部门重新办理。

2. 报到证遗失或损毁

如果毕业生发生了报到证遗失或损毁的情况,应由毕业生及时向学校就业工作部门提出申请,然后由学校就业工作部门呈报上级主管部门予以补发。

3. 毕业生报到时接收单位拒收

毕业生与用人单位签约具有法律效力,双方均有义务遵守。如果由于用人单位发生了严重变故,如企业破产、削减编制、转产等原因,而无法继续接收毕业生时,单位必须向学校出具解约函,由毕业生重新联系单位就业。

4. 毕业生未能按期报到

毕业生应在规定的时间内报到。如果由于不可抗拒的原因(如生病、遇灾等)无法按期报到,应采取信件、电话、传真等方式向接收单位说明和请假。如果逾期不报,又未向接收单位说明和请假的,就可能发生接收单位拒绝接收的后果。

(四) 调整改派

就业方案公布后,原则上不办理改派。调整改派应该在毕业生自派遣之日起1年内进行,超过时间不予受理。改派所需材料如下。

(1) 原报到证的上下联。

(2) 新接收单位的就业协议书。

(3) 原单位出具的解除就业协议的书面材料。

五、毕业生档案

毕业生档案是学生毕业前家庭情况、学习成绩、政治思想表现、身体状况等情况的文字记载材料,是用人单位选拔、聘用毕业生的重要依据。用人单位往往根据毕业生人事档案中反映的德、能、才以及专业特长,将其安排到适当的工作岗位上。因此,学生毕业后,其档案能否准确、及时、安全地到达用人单位手中是非常重要的。

(一) 毕业生档案的作用

(1) 确定本人身份、家庭情况、社会关系、学习经历等历史资料。

(2) 评定职称、出国、升学、生育等手续办理的凭据。

(二) 毕业生档案包含的内容

①高考录取档案;②"学生学籍卡";③"高等学校毕业生登记表";④记录在校期间所学全部课程及实验、实习、设计、劳动等成绩的"学习成绩登记表";⑤实习鉴定表;⑥大学期间的奖惩材料;⑦入团、入党志愿书;⑧大学体格检查表;⑨报到证(白色报到证副本)。

(三) 毕业生档案的转递

1. 档案去向

已有就业单位的毕业生的人事档案由学校毕业生档案管理部门分别按报到证的去向或就业协议书上的档案交寄地址,填写档案投递地址,投寄到毕业生工作单位所归属的人事档案管理部门;专升本毕业生按学生考取所在学校地址投递档案;办理了暂缓就业的毕业生的人事档案由省级毕业生就业主管部门统一保管;已办理出国的毕业生按其生源地地址将其档案转回生源地人事档案管理部门;既没有就业单位,也没有办理暂缓就业的,则转回生源地就业主管部门保管。

2. 档案投寄方式

毕业生的档案根据学校就业工作部门的就业方案统一办理转递手续。毕业生离校后,学校一般在一个月左右的时间内将档案转递出去,用人单位也可以开具证明,派人到学校调取,毕业生本人不得携带档案。

3. 查询档案

去向毕业生在报到后3个月内,应向接收单位人事主管部门了解本人档案是否已交寄到单位。若单位未接收毕业生档案,毕业生可凭单位人事部门证明到学校查询,或由接收单位人事部门向学校毕业生档案管理部门查询。

六、暂缓就业

(一)暂缓就业的概念

暂缓就业是在每年5月底学校向省高校毕业生就业指导中心上报毕业生就业计划时,部分毕业生未落实就业单位,又不愿把人事关系迁回原生源地,将人事关系暂寄存在省级毕业生就业主管部门的一种办法。

(二)可以办理暂缓就业的毕业生

符合资格的应届普通高校毕业生均可申请办理暂缓就业。适合办理暂缓就业的毕业生主要有以下几种类型。

(1)已与用人单位签订协议书,但在学校规定的时间内(一般为每年5月底或6月初)仍未得到用人单位上级主管部门审批或取得接收函的毕业生。

(2)有就业意愿,但在学校规定时间内(一般为每年5月底或6月初)未找到就业单位而档案又不愿意迁回生源地的毕业生。

(3)自主创办企业暂未获有关部门正式批准的。

(4)准备考公务员的毕业生。特别说明:外籍生源、港澳台生源、未取得毕业资格、毕业前申请出国(出境)的学生不得申请暂缓就业。

(三)申请暂缓就业的程序

(1)毕业生须在规定的时间内由本人向学校提出暂缓就业申请,经批准后签订《暂缓就业协议书》。

(2)省级毕业生就业主管部门根据各高校在网上上报的毕业生就业信息打印条形码并下发到各高校,各高校将条形码按要求分别粘贴在《暂缓就业协议书》(三份,一份上交省就业指导中心,一份由学校留存,一份由学生保管)。暂缓期间,毕业生档案由省级毕业生就业主管部门集中保管,暂缓期为两年。暂缓期间如能落实就业单位者,可按照有关就业程序办理就业报到手续。逾期未落实单位者,其档案转回生源地自谋职业。毕业生申请暂缓就业的时间:一般为每年5月底或6月初。

(四)取消暂缓就业

(1)已办理暂缓就业的毕业生,在学校未把档案送到省级毕业生就业主管部门前要求取消暂缓就业的,可向学校就业工作部门提出申请,由学校统一到省级毕业生就业主管部门办理派遣手续。

(2)在学校送档案到省级毕业生就业主管部门后,毕业生如果在非生源地落实就业单位或回生源地就业而需要取消暂缓就业,办理派遣手续的,可到省级毕业生就业主管部门办理。

① 派遣回生源地的毕业生办理报到证须携带贴有省级毕业生就业主管部门核发的条形码的《暂缓就业协议书》、身份证、毕业证。

② 派遣到非生源地的毕业生办理报到证须携带贴有省级毕业生就业主管部门核发的条形码的《暂缓就业协议书》、就业单位当地人事部门(人才交流中心)或教育行政部门的接

收证明(或就业协议书)或其他有效接收材料、身份证、毕业证。

(3)办理报到证后方可凭报到证、毕业证、身份证到学校党办办理党员组织关系的转出手续(非党员除外)。

(五)暂缓就业注意事项

(1)《暂缓就业协议书》为三方协议,学校作为协议中的丙方,负责提供用人单位所需的学生(乙方)的表现等鉴定材料。

(2)根据有关规定,暂缓就业毕业生的党团关系留在原毕业院校。

(3)在暂缓就业期间,省级毕业生就业主管部门负责为学生出具与升学(出国留学除外)或考公务员有关的证明。如果毕业生需要办理与就业、升学无关的证明(如失业证、未婚证、计划生育指标等)必须解除暂缓就业协议,并把档案转回生源地办理。

(4)办理暂缓就业的毕业生必须办理离校手续,暂不签发报到证。暂缓就业期限届满,毕业生仍未落实就业单位的,省级毕业生就业主管部门将其档案寄回生源地毕业生就业主管部门。

(5)暂缓就业期间不能计算工龄及办理职称的评审,也无法购买社会和医疗等保险。

(6)暂缓就业期限内,如毕业生有违法违纪以及民事纠纷、劳务纠纷、债权债务纠纷,所引起的法律责任及后果自行承担。毕业生被劳动教养或犯罪被追究刑事责任的,省级毕业生就业主管部门有权取消其暂缓就业资格,将毕业生档案转回生源地毕业生就业主管部门。暂缓就业期间,医疗费用、人身意外伤害费用,毕业生个人承担。

【案例】

该不该办理暂缓就业

5月底,就读省内某大专的应届毕业生阿诗还在忙于找工作,她最近听到同学说,还没落实就业单位的,可办理暂缓就业,这样户口能留在学校。阿诗很纳闷,按照目前自己的情况,在6月份定下工作有些难度,家里人也不想她把户口迁回家乡。目前她一心忙着找工作,人事档案、户口根本就没想到如何处理。见不少同学都办理了暂缓就业手续,她决定也办理。

分析:暂缓就业在一定程度上延长了找工作的时间,毕业生可以有更长的时间来选择;准备考研的同学,档案、户口可以暂时不迁回生源地;为部分被用人单位要求先实习后签约的毕业生提供了缓冲时间。但需要注意的是,毕业生在暂缓就业期间既不是在校学生,也不是社会人,身份比较尴尬,造成有些证件或证明无法办理,需要办理这些证件还是需要取消暂缓。暂缓就业的毕业生因错过应届毕业生就业最佳时期,将会面临更大的就业压力。不仅可能会受到用人单位的歧视,还须与更多的毕业生竞争。

七、人事代理的含义及服务项目

(一)人事代理

人事代理是指由政府人事部门所属的公共就业和人才服务机构,按照国家有关人事政策法规要求,接受单位或个人委托,在其服务项目范围内,为多种所有制经济尤其是非公有制经济单位及各类人才提供人事档案管理、职称评定、社会养老保险金收缴、出国政审等全方位服务,是实现人员使用与人事关系管理分离的一项人事改革新举措。

(二)服务项目

公共就业和人才服务机构可在规定业务范围内接受用人单位和个人委托,从事下列人事代理服务。

(1)流动人员人事档案管理。

(2)因私出国政审。

(3)在规定的范围内申报或组织评审专业技术职务任职资格。

(4)转正定级和工龄核定。

(5)大中专毕业生接收手续。

(6)其他人事代理事项。

按照《人才市场管理规定》的有关规定,人事代理方式可由单位集体委托代理,也可由个人委托代理;可多项委托代理,也可单项委托代理;可由单位全员委托代理,也可由部分人员委托代理。

单位办理委托人事代理,需向代理机构提交有效证件以及委托书,确定委托代理项目。经代理机构审定后,由代理机构与委托单位签订人事代理合同书,明确双方的权利和义务,确立人事代理关系。

【总结案例】

请直接把档案给我吧

5月底,在某人才服务中心实习的小陆这样告诉他的班主任:老师,我问了人才的工作人员了,我不需要向学校提供任何材料,您只要把档案给我,人才就能给我存档了。小陆直到毕业后,也没办法领取他的档案,更没办法存档。明白过来的小陆向学校提交了劳动合同,顺利地拿到了报到证,档案也顺利地存到了人才中心。

分析:毕业生的档案管理是有严格流程的,涉及学校、教委以及人才服务中心三个部门。毕业生提交材料,学校审核后,报上级主管部门——教委审批,合格后上级主管部门签发报到证,学生持报到证到相关人才服务中心办理档案转递手续。不同部门要求不同,毕业生要熟悉就业相关政策,及时办理各种就业手续。

【活动与训练】

就业流程梳理

(一)活动目标

掌握就业流程。

(二)活动时间

30分钟。

（三）活动内容

（1）请同学们根据本次课程所学知识，结合所在省（市、自治区）的具体规定，画出本校毕业生办理就业手续流程图，并列出办理各项手续的具体地点和联系人。

（2）运用绘图软件工具绘制。

（3）列举一份优秀的、美观的、完整的流程图进行讲解。

【探索与思考】

（1）"自主创业就要办就业手续了"这种说法对吗？

（2）专升本的学生放弃攻读本科，应如何办理有关手续？

模块七　就业准备与求职技巧

模块导读

就业信息是指通过各种媒介传递的有关求职就业方面的消息和情况,如就业政策、就业机构、供需双方的情况及用人信息等。择业决策的过程实质上就是一个与择业有关的信息收集、处理和转换的过程。

大学生完成学业成为社会职业人,不仅表现为身份的转变,其内心也会随之发生种种反应、变化。因此需要加强就业心理准备,努力提高自我的就业心理调适能力,塑造积极的就业心态,为顺利就业做好准备。

对于即将面临就业的每个毕业生而言,当务之急的事情恐怕就是制作一份个人求职材料了。因为大部分用人单位在多数情况下,是通过求职材料来了解求职者的,因此,求职材料准备得充分与否,对于求职者能否成功就业是关键的一环。

用人单位对求职者的测试方法有笔试、面试等方法,尤其面试是用人单位选拔人才的常用方式之一,毕业生们要做好充分准备。

本模块全面介绍就业信息的获取、就业心理准备、准备求职材料、应对各类笔试和面试的有关内容。

7.1　就业信息的获取和利用

【名人名言】

　　人的一生很像是在雾中行走,远远望去,只是迷蒙一片,辨不出方向和吉凶。可是,当你鼓起勇气,放下忧惧和怀疑,一步一步向前走去的时候,你就会发现,每走一步,你都能把下一步路看得清楚一点。往前走,别站在远远的地方观望,你就可以找到你的方向!

——[法]罗曼·罗兰

【学习目标】

(1) 能有效地收集职业信息。
(2) 能对各类招聘信息进行筛选分析和整理。
(3) 克服不良倾向,树立科学的就业观。

【导入案例】

认识自己，早做准备

某高校人力资源管理专业的毕业生小刘，在毕业的前一年就开始注意收集各种就业信息，其中包括就业政策、就业形势分析、用人单位的招聘信息等，还建立了自己的就业信息库。在这一年里，小刘通过校园招聘会、招聘网站等途径收集的招聘信息有几百条。在筛选信息的过程中，她遵循的原则是，寻找快速成长或者高回报的行业；处于上升期的企业；有助于发挥自身优势的职位。

在毕业学期，小刘没有像一些同学那样漫无目的地投递简历或随便找个实习工作，她会有选择地去一些招聘会，都是有目的和有准备而去的，她应聘的都是经过精心选择后的中意单位。由于前期信息收集整理的工作充分，最终，当许多同学还在为了找工作而四处奔波时，小刘已经找到了一份适合自己的工作。

分析：许多毕业生在求职初期总要走一些弯路，主要原因就在于缺乏求职规划，收集就业信息的目标不明确。本案例中的小刘之所以能找到适合自己的工作，正是在于她能够认真分析自身特点，明确自己的求职目标，提早做求职准备，利用多途径获取就业信息。

一、就业信息的收集与整理

就业信息对于每一位谋求工作的毕业生来说至关重要。在择业过程中，无论是职业目标的确定、求职计划的设计，还是决策方案的选择，就业信息的收集和处理都是基础。

（一）就业信息的内容

就业信息的内容非常广泛，通常应该包括以下几个方面。

（1）了解本校、本专业毕业生在社会上的需求状况

依据其受欢迎程度及时调整自己的择业期望值，做到有的放矢。

（2）具体的内容

① 招聘单位的准确全称、隶属关系、上级主管部门（指人事管理权限），此次招聘中所需要的专业、人才的数量、使用意图、具体工作岗位及要求。

② 招聘单位的性质及在行业中、地区中的地位以及发展前景。

③ 招聘单位的发展历史，目前的硬件设施、发展规模、经济效益、职工收入状况及其他福利待遇（奖金、住房等）情况。

④ 招聘单位的管理体制、岗位设置、技术人员、管理人员、职工培训机会、个人发展前景等方面的情况。

⑤ 招聘单位的人事管理制度、人才使用情况，如工作后是否允许提高学历、劳动合同签订的年限等。

⑥ 招聘单位的地理环境、文化生活、办公条件等。

⑦ 招聘单位的联系方式，如通信地址、联系电话、邮政编码、联系人、传真、E-mail等。

（3）其他对于毕业生求职择业有利的其他信息

如重要的社会关系、本地区毕业生的供需情况、男女生比例等。

（二）就业信息的来源与渠道

就业信息的来源与渠道主要如下。

（1）国家政府部门

国家政府部门及各地区推出的有关就业方面的法律、法规、决议、决定、规划、举措等信息。

（2）学校就业指导中心

学校就业指导中心的用人单位信息库和就业网上都有大量的用人单位信息和招聘信息，此外，就业指导中心有专业的就业指导老师，具备专业的职业指导和职业规划知识，对毕业生们而言非常有帮助。

（3）人力资源市场

各地区、各行业的人力资源市场每天都有来自全国各地的单位招聘信息，信息量大且集中，能够帮助毕业生在较短的时间内获取各种职业信息，并与单位进行直接洽谈。

（4）各类招聘会

招聘会主要有面向社会和面向校园两种，对毕业生来说特别要关注的是校园招聘会，因为无论是校园大型招聘会还是专场招聘会、宣讲会都带有明确的针对性，其信息的准确性和实用性非常强。

（5）各种媒体

我们可以通过网络、报刊、广播、电视等新闻媒体了解就业市场动态，获得用人的信息资料，尤其是网上双选招聘已经越来越普遍、快捷。

（6）人际关系网络

人际关系网络包括自己的亲戚、朋友、老师、同学以及校友资源等。通常由"熟人"推荐的就业机会，在同等条件下，成功率会更高。

（7）社会实践、实习、见习、兼职

我们在校期间所从事的社会实践、实习、见习、兼职等活动，是我们了解用人单位的最好途径。在这个过程中，我们应有意识地去了解工作单位各方面的情况，并且争取在此过程中有突出的表现。

【案例】

常用的求职网站

智联招聘网：http://www.zhaopin.com

中华英才网：http://www.chinahr.com

前程无忧：http://www.51job.com

卓博网：http://www.jobcn.com

528招聘网：http://search.528.com.cn

全国大学生就业公关服务立体化平台：http://www.ncss.org.cn

中国人才热线：http://www.cjol.com

人才职业网：http://www.rencaijob.com

应届生求职网：http://www.yingjiesheng.com

易聘网：http://www.68hr.com

我的工作网：http://www.myjob.com

（三）就业信息的获取要求

在获取用人信息的过程中，应力求做到"早""广""实""准"。

（1）"早"。"早"就是收集信息要及时，要早做准备，不能事到临头再去抱佛脚。毕业生在毕业半年以前就应该收集相关信息。

（2）"广"。"广"就是要广开渠道，网罗信息，多方面、多角度、多层次、全方位地获取用人信息。在广泛获取信息的同时，要突出重点，层次分明，有条件的应在计算机上建立自己的信息库。

（3）"实"。"实"就是收集的信息要具体，如用人单位的地址、环境、生产规模、发展前景、人员构成、生活待遇、联系人、联系电话、网址、电子信箱、用人要求等方面，越具体越好。

（4）"准"。"准"就是要做到准确无误。当你从各种渠道收集到大量需求信息后，要善于对比鉴别，去伪存真。

除此之外，在获取用人信息时，要切合自身实际，明确择业方向，原则上反对脱离自己专业、自身特点进行择业。

二、就业信息的分析、鉴别、筛选

（一）用人单位信息具体分析

掌握用人单位的信息，不仅指在招聘广告和职业信息中选择出最适合自己的求职机会，而且应包括在初步确定了自己想应聘的职业或岗位后，对该招聘单位及应聘岗位工作要求有所了解。对于用人单位的信息，可以从单位介绍资料中获得，也可以到当地的工商管理部门或企业的主管单位那里了解到。当然，如果能认识一些已在该单位就职的人员，从他们那里也许能获得更多更有价值的信息。亲自到企业去社会实践、生产实习与参观考察将会对企业有更多的感性认识，以便做出适合自己的职业抉择。

【案例】

有关用人单位资料的调查提纲

(1) 企业是否得到工商部门认可。

(2) 企业的性质、规模、占地面积、固定资产总额、职工人数、人均收入等。

(3) 主导产品、产品的市场占有率、生产总量与销售总额。

(4) 企业内是否有适合自己兴趣的工作岗位。

(5) 企业的福利、工资、津贴、住房、医疗保险、养老保险、生活设施等。

(6) 晋升的机会。

(7) 企业领导人的学历与人品。

(8) 现企业职工对企业的评价。

（9）企业的社会知名度。

（10）企业效益是呈增长趋势，还是下降趋势。

（11）企业有没有濒临倒闭的风险。

（12）工作的劳动强度。

（13）工作环境：包括设备条件、安全保护、污染等。

（二）就业信息的鉴别

一条比较好的就业信息应该包括以下几个要素。①用人单位的全称、性质及上级主管部门名称；②用人单位的实力、远景规划、在行业中以及社会上的地位；③对求职者年龄、身高、相貌、性别、体力等生理条件方面的要求；④对求职者敬业精神、工作态度等方面的要求；⑤对求职者学历、职业技能和其他才能的特殊要求；⑥对求职者价值观、兴趣、气质等心理特征方面的要求；⑦个人发展的机会、工资收入、福利待遇等。

对就业信息通常从以下几个方面进行鉴别。

1. 真伪性

了解就业信息的真伪，一定要弄清楚就业信息的来源渠道、信息的提供者是谁、提供者提出该就业信息的依据是什么。

2. 权威性

判断就业信息权威性的方法是通过了解就业信息的来源与质量，掌握信息提供者的背景，比较同类信息。一般国家政府部门、学校的官方信息比较权威。

3. 相对性

应该注意就业信息的相对性，就业信息是动态的信息，它有一定的时效性。

4. 适合性

收集就业信息的目的就是为自己找一个合适的岗位。可以从专业性、兴趣爱好及性格特征三个方面来鉴别就业信息的适合性。

（三）就业信息的筛选

筛选求职信息的步骤主要是鉴别信息、按照求职需求将信息排序、重视信息反馈。

1. 准确鉴别

信息的价值首先在于真实性。因此，从不同的渠道收集到的大量的需求信息，首先要对其进行分析，以确定它的真实可靠程度。信息既蕴藏着机会，又可能包含着陷阱。这就要求每一位大学毕业生在求职过程中必须提高警惕，分析和鉴别所收集就业信息的真伪性，避免上当受骗。

2. 合理排序

筛选信息时，可以草拟一个职业选择提纲，确定择业标准，再按照标准进行初选，去粗取精、去伪存真，把自己需要的信息选出来，最后进行精选。毕业生就要对自己掌握的就业信息进行比较和选择,分析它所需要的人才特点、对人才使用的方向以及该单位未来发展的前景等。进行信息排序的关键是大学毕业生在求职择业时首先对自己应该有一个全面而准确的评价,要清楚自己的兴趣爱好、气质特点、性格特点、基本素质、专业知识、技术能力等,在此基础上,才可以判断就业信息是否适合自己。

3. 适当分享

对自己用处不大的信息要与他人进行沟通和分享,他人的顺利就业不但减少了求职竞争对手,而且增强了自己与他人的交流,也许能从中获取到对自己有用的就业信息。

【总结案例】

广撒网不如懂撒网

为了能在网上找到自己满意的工作,小桃用搜索引擎找到许多网上求职网站,上面有很多用人信息,按地区按工种都可查询,相当方便。小桃发简历时秉承"多多益善"的原则,对自己心仪单位的所有职位"全面发送",觉得这样就可以增加保险系数,如果遇到特别中意的单位,在第一次发出简历没有面试消息后,她总会将简历重复发送几遍。一转眼,小桃上网求职已有一个多月,她每天都上网查看自己的电子邮件,但很长时间还是杳无音讯。

分析:许多毕业生与小桃一样,认为网上的信息来得方便,所以未加整理筛选,频频向招聘单位发简历。殊不知,毫无目的地海量发送简历,其结果往往不尽如人意。求职者一定要结合自己的实际情况,对信息进行去伪存真、去粗取精的筛选,有目的、有重点、有针对性 地进行分析处理,以便自己准确有效地选择使用。

【活动与训练】

筛选招聘信息

(一)活动目标

通过互联网查找企业招聘信息。

(二)活动时间

20分钟。

(三)活动内容

(1)至少以三家企业为调研对象,最好和本专业相关,获取企业基本信息(如属于何种行业、发展概况、发展前景等)、了解企业用工情况(用工需求、学历要求、技能要求等)。

(2)信息筛选后,请完成表7-1。

表7-1 筛选招聘信息

企业基本信息	何种行业	发展概况	发展前景	企业文化
企业用工情况	用工需求	岗位设置	岗位用工标准	岗位职责

【探索与思考】

(1)如何有效地收集就业信息并进行处理?

(2) 结合自己的体会谈谈和同学共享就业信息的利弊。

7.2 就业心理的调适

【名人名言】

　　心理变,态度亦变;态度变,行为亦变;行为变,习惯亦变;习惯变,人格亦变;人格变,命运亦变。

——[日]安岗正笃

【学习目标】

(1) 能识别就业过程中的心理特点和常见的心理问题。
(2) 掌握塑造积极就业心态的方法、步骤。
(3) 掌握进行就业心理调适的常用方法。

【导入案例】

带着老爸去应聘

　　在招聘会现场,也不乏在父母的陪同下来应聘的求职者。

　　"你准备应聘什么岗位?你对工资的期望值是多少?你觉得你有什么优势?"重庆某装饰有限公司市场部经理郑某在小唐递过简历后不断提问。

　　但是令郑某惊讶的是,小唐一言不发,父亲却一个劲地向其询问,"你们公司每个月工资多少?工作环境怎么样?中午管不管伙食?"小唐有时候准备插上一两句却被父亲打断了,后来便索性玩起了手机。

　　分析:小唐的问题出在过分依赖他人上。其实,过于依赖他人是难以选择到一份满意的工作的。"90后"的这一代活得一帆风顺,没有经历过什么波折,再加上父母的过分呵护,客观上培养了他们的依赖心理。他们大多缺乏主见,自我意识模糊,在择业中常会茫然不知所措,因此在人才市场上,父母代替子女与用人单位洽谈的场面也就屡见不鲜了。难怪有用人单位对依赖性过强的毕业生说:"你本人都要靠别人来推销,企业还能靠你来推销产品吗?"

　　作为一名即将毕业的大学生,需要了解影响就业的心理因素,自觉加强就业心理准备,努力提高自我的就业心理调适能力,塑造积极的就业心态,为顺利就业做好准备。

一、大学生就业的心理特点

　　下面从择业标准、择业意识、择业心理倾向、心理素质和心态等几方面说明当代大学生在择业中存在的心理特点。

(一) 择业标准方面

　　由于大学生对工作抱有不同的期望值,大学生的择业标准和价值取向呈现出多元而复杂的特点,事业、待遇、单位性质等都可能被不同毕业生放在第一位考虑。其中经济待遇和自身价值的实现两个取向最为突出。许多毕业生已经懂得只有将职业价值与个人需要、社会价值和自我价值有机结合起来,一切从实际出发,去认识职业、认识自己,才能在择业过程中实现自己的人生价值。

(二)择业意识方面

大学生的择业过程是一个复杂的心理过程,它受到个体心理、群体心理以及社会心理等因素的影响与制约。随着社会主义市场经济和高校就业制度改革的稳步推进,大学生参与就业市场自由选择职业的心态已经成熟,择业意识也市场化了,具体表现在择业自主意识、竞争意识和风险意识明显增强。从近几年的就业情况来看,有些大学生不再是毕业前半年左右开始找工作,而是提前一年甚至一入学就开始考虑;还有一些大学生在寻找职位时,对当前的就业形势、就业政策、专业需求状况非常了解,能做到知己知彼,不再处于"高不成,低不就"的尴尬处境。

(三)择业心理方面

大学生就业群体有自己鲜明的特征,主要可以从以下两方面分析。

1. 择业心理倾向较务实

大学生重实惠的倾向更加明显,对个人利益的关注与反思增多,他们更加强调接受现实,在现实利益的追求中把奉献和索取统一起来。在择业过程中,表现为把"地位""声望"等东西看得比较淡,而更重视个人发展、经济收入等实际的功利化因素。

2. 择业心理倾向不稳定

择业中的心理倾向是指对大学生选择职业有推动与指向作用的那些具有心理动力性的心理因素。这些心理因素决定着大学生的择业行为。它主要包括大学生的职业需要、动机、兴趣、价值观等成分。

(1)多元化与一致性。不同的择业标准都得到大学生的一定认可,价值标准的多元化凸显。同时,不同地区、性别、学科的大学生在职业选择标准上也存在一定的一致性,不同类型的大学生的总体择业观念差异不大。

(2)变化性。虽然重视经济收入、个人发展是近几年来大学生的主要就业心理倾向,但是目前大学生对稳定、福利好的工作又开始重视起来。

(3)择业心理素质相对稳定,主要表现在三个方面:一是业务能力相对稳定,又可以分为专业内的和专业外的两个部分;二是职业成熟度有起伏,大学生的职业成熟度主要是指与求职密切相关的职业心理能力与活动的发展水平;三是择业人格特点表现不一,包括职业道德、挫折忍受力、压力应对方式、自信心、人际交往、积极性、竞争性、合作性、进取精神、冒险精神、创新精神等方面,会影响大学生成功就业的概率,以及在择业过程中的心理健康水平。

(4)择业心态各异。择业心态是指大学生在涉及有关就业问题时,特别是在准备就业与寻求职业的过程中形成的具体的心理状态,如焦虑、情绪高涨、失落、信心百倍、犹豫不决等状态。当代大学生的择业心态表现出以下特点。

一是渴望竞争,但缺乏勇气;二是理想化的倾向严重;三是对公平竞争机制持怀疑态度,四是情绪稳定中有波动,如理想与现实、择业与学业、眼前利益与长远利益的矛盾等,这些矛盾必然带来其情绪的波动。

二、大学生就业求职中的心理问题

在大学生就业双向选择中,毕业生要想找到自己理想的工作单位,必须与其他毕业生展开激烈的竞争,加上主客观各种因素的影响,大学生们承受着前所未有的就业压力,导致大学毕业生在求职过程中出现种种心理问题。

(一)焦虑与恐惧心理

焦虑是一种紧张不安并带有恐惧体验的情绪状态,多半是由于不能实现目标或是不能避免某些威胁而引起的。一般学生表现的焦虑程度较轻,主要有不安、忧虑及某些心理反应。例如在等待就业的过程中,很多学生就产生了焦虑心理。成绩优秀的学生担心找不到理想的工作,体现不出自己的价值;成绩较差的学生担心没有单位接收自己;女生担心自己受到性别歧视,等等。

面对签约与违约、就业与升学等矛盾以及各种选择和诱惑时,大学生常会感到难以取舍、无所适从、焦虑烦躁。轻度的焦虑是正常的,适度的焦虑还可以使人产生压力感,催人奋进,但过度的焦虑就会影响人的正常生活。就业焦虑发展到严重阶段,就可能产生"就业恐惧",甚至怀疑自己,否定自己,逃避现实,个别人甚至产生绝望的心情,出现极端行为。

(二)自卑与自负心理

1. 自卑心理

自卑是一种轻视自己或低估自己能力的一种心理倾向。在求职问题上,主要表现为缺乏自信心,缺乏勇气,不敢竞争。有自卑心理的大学生面对激烈的竞争,胆小、畏缩、悲观失望,不能很好地表现自己,往往错失良机。

2. 自负心理

与自卑心理相反,自负心理是缺乏客观地自我分析和自我评价的表现,在职业选择时往往体现出对职业的过高期望,追求完美。在求职中,追求最优工作,把工作地域、工作环境、工资待遇等作为自己的择业标准,从中满足自我实现的需要。不切实际地自我欣赏,在求职中期望值偏高,择业脱离实际。大学生应有合理的自身角色定位,才能正视自己的身份,摒弃过分追求完美的心态,找到适合自己的位置。

(三)从众与攀比心理

1. 从众心理

从众心理是指一个人的观念或行为,由于群体压力的影响,在认知、判断、信念与行为等方面与群体多数人保持一致的现象。部分大学生在压力下觉得还是"随大流"有把握些,所以,出现了招聘会上有的单位门前人山人海,有的单位门可罗雀的现象。这种人云亦云的做法在一定程度上给大学生求职增加了难度,也影响了大学生的发展。求职择业是一件严肃郑重的事情,一定要认真考虑,谨慎从事,绝不能盲目从众。

2. 攀比心理

攀比心理是指大学生在求职过程中,不从自身实际出发,不考虑所选单位是否适合自己,而是盲目攀比,攀比工作的地点与环境,攀比收入和待遇,攀比职位和行业,等等。正是这种攀比心理导致很多大学生迟迟没有签约就业。在这种心理的支配下,有的大学生会因为工作的某一方面不如其他同学的好,就放弃很适合自己发展的工作,从而错失很多好的就业机会。

(四)依赖与懈怠心理

1. 依赖心理

如今,大学生中独生子女较多,他们在生活和学习中的事情,大多都是家长、老师做主,缺乏独立自主的意识,主动性、计划性较差,缺乏对困难的自我处理能力。在就业过程中,一些大学生信心和勇气不足,在机会面前顾虑重重,不能主动地参与就业市场的竞争,向用人单位展示自我,推销自我,真正依靠自身的努力去赢得竞争、赢得用人单位的青睐,而是期望依靠外部条件或力量促成顺利就业,从而使自己在就业中处于劣势。

2. 懈怠心理

有些大学生从心理上消极懈怠,不重视自己的就业问题,不关心就业动向和招聘信息,不主动接受就业指导和教育,不积极与同学、朋友联系和沟通就业的经验和教训,认为车到山前必有路,甚至部分学生认为能否顺利找到工作、找什么样的工作都是上天注定的,把一切涉及就业的问题和困难都归结为自然因素,表现出对就业的漠不关心或随波逐流。

(五)挫折与嫉妒心理

1. 挫折心理

挫折心理是指在从事有目的的活动时遇到障碍所表现出来的情绪反应。许多大学生去参加各类招聘会,一看到合适的岗位就将简历递上,但往往石沉大海,这样屡屡失败,就产生了挫折心理。他们忧心忡忡、悲观失望,对自己、对未来失去信心,不思进取、消极等待,沉浸在失败的阴影里无法自拔。冷漠是遇到挫折后的一种消极的心理反应。一些大学生择业时,因受到挫折而感到无能为力,从而失去信心,产生不思进取、情绪低落、情感淡漠、意志麻木等心态。这种心理与就业的竞争机制和社会环境是不相适应的,表现为对环境的适应能力差。

2. 嫉妒心理

嫉妒心理的主要特征是把别人的优越之处视为对自己的威胁,因而感到心理不平衡,甚至是恐惧和愤怒,于是借助贬低、诽谤以至报复的手段来求得心理的补偿或摆脱恐惧和愤怒的困扰。在求职过程中受环境、机遇以及其他诸多因素的影响,对于同等资历的求职者来说,求职结果也会产生落差,反映到自身就会产生一定的嫉妒心理。有些大学生由于种种原因,一直没有找到满意的工作,感到目标渺茫,就业无望,于是情绪一落千丈,可能会变得愤世嫉俗,对社会、学校产生不满和埋怨情绪。

（六）问题行为

问题行为即违背社会行为规范的不良行为。毕业前，一些大学生因某些主体需要不能满足或因较大的挫折感，加之平日缺乏应有的品德与个性修养，可能发生各种各样的问题行为。常见的有逃课、损坏东西、对抗、报复、迁怒于人、进行不良交往、过度消费、嗜烟、酗酒等。问题行为的存在，不仅会影响学生的顺利择业，严重的还有可能导致违纪与违法。

（七）躯体化症状

躯体化症状是由于心理压力和生活方式而导致的异常生理反应。毕业前的大学生，由于心理应激水平高、心理冲突强度大、挫折体验多，所以容易导致某些躯体化症状，如头痛、头昏、血压不正常、消化紊乱、背痛、肌肉酸痛、口干、心慌、尿频、饮食障碍或睡眠障碍等。这些症状若不及时排除，就会危及学生的身体健康和心理健康。

三、学会就业心理调适

就业本身就是我们认识和适应社会的一个过程，在求职过程中遇到困难，甚至经过几次挫折才最后成功是正常的，如果遇到了就业心理困扰，可以试着从以下几个方面来调节。

（一）接受客观现实，调整就业期望值

就业市场化、自主择业给大学生带来了机遇与挑战，但许多大学生对"市场"残酷的一面认识不足，对就业市场的客观实际了解不够。经过对就业市场、就业形势的客观了解与深刻体验后，我们必须明白现实情况就是如此，要勇敢地承认和接受当前所面临的现实，脚踏实地地寻求解决问题的好办法。

（二）充分认识职业价值，树立合理的职业价值观

对于现代社会的人来说，职业对个体的意义已经远不是生存这么简单，职业可以满足人们从低层次到高层次的多方面需要，比如交往、挑战、环境、权力、成就、创造、求新、归属、责任、自认等。因此，职业的价值是丰富的，我们要充分认识到职业对个体发展、社会进步所起到的重要作用。

（三）认识与接受职业自我，主动捕捉机遇

大学生就业中的许多心理困扰都与大学生不能正确认识和接受职业自我有关，因此正确地认识自我的职业心理特点并接受自我，是调节就业心理的重要途径，并可以帮助自己找到适合自己的职业方向。要知道自己喜欢什么样的职业、需要什么样的职业、自己的择业标准以及依自己目前的能力能干什么样的工作，这样才能知道什么样的工作更适合自己。要承认自己的现状，学会扬长避短；另外，要用发展的观点来看待自己，要知道有些缺点并不可怕，可以先就业，然后在工作岗位上不断发展自己。大学生就业中的机遇因素也是非常重要的，因此了解并接受了自我特点以后，还要学会抓住属于自己的机遇，这样才能保证以后的求职顺利。

（四）坦然面对就业挫折，提高心理承受力

面对市场竞争、就业压力，大学生的求职总会遇到许多困难、挫折甚至是委屈，面对这

些问题,仅抱怨是没有用的,更重要的是调整自我的心态,提高自己对各种突发事件的心理承受能力。其实,就业的过程也是大学生重新认识自我、认识社会,并主动调整自我适应社会的过程。如果能通过求职而增强自我心理调节与承受能力,对大学生今后的职业生活是非常有用的。

(1)在就业市场化、需求形势不佳、就业竞争激烈的条件下,出现求职失败是在所难免的,不能期望自己每次求职都能成功。要对可能出现的求职挫折有充分的心理准备。应通过求职活动来发展自己,促进自我成熟,因此"不以成败论英雄"。

(2)求职失败并不一定就是因为自己的能力不行。求职失败有许多原因,要正确分析自己失败的原因,调整自己的求职策略,学会安慰自己,以便在下次的求职中获得成功。

(五)调整就业心态,促进人格完善

在求职过程中出现一些不良心态是常见的现象,没有必要过度担心,当然重要的是学会主动调适,必要时还可以寻求有关心理专家的帮助。可通过以下方式来调适:①可进行积极的自我心理暗示,鼓励自己、相信自己,帮助自己渡过难关。②可以向朋友、老师倾诉,寻求他们的安慰与支持。③还可以通过体育锻炼、听音乐、郊游等方式转移自己的注意力,排解心中的烦闷,放松自己的心情。

通过对自己在就业时出现的种种不良心态的分析,可以发现自己平时不容易察觉的一些人格缺陷。应该说这些人格缺陷是产生这种就业心理问题的根本原因,如果现在没有很好地完善自己的人格,那么这些问题还会在今后的工作、生活中继续带来困扰。因此,有关问题其实是暴露得越早越好,关键是要在发现问题的基础上,积极改变自己、发展自己,使自己的人格更加成熟,使自己将来的人生道路更顺利。

(六)开拓进取,勇于创业

大学生是青年中的佼佼者,思维活跃,创新意识强,在政府多项优惠政策的激励下,完全可以走自我创业的道路。"万众创新、大众创业"目前成为社会发展的主流,因此大学生要有自主创业的打算,这既可以在毕业后马上实现,也可以通过一定的社会积累后再实行。据不完全统计,大学生创业在美国高达25%,在日本有10%,我国大学生自主创业也呈快速上升的势头。作为新时代的大学生,应有敢闯敢干的精神,树立自主创业意识。

四、塑造积极的就业心态

就业心态就是个人在求职过程中对自己、对单位、对同学、对问题的看法和观点。一个人通过积极的心态付诸行动,便可获得充实向上的人生。

(一)培养积极心态的8种方法

1. 从言谈举止上变得积极起来

心态是紧跟着行动的,一个人从言谈举止上变得积极起来,才能感染自己的内心,成为一个心态积极者。而消极的人,永远是等着感觉把自己带向行动,那么他永远也积极不起来。一个人只有积极地行动起来,才能逐渐摆脱颓废、懒惰、悲观等消极情绪,让思维活跃起来,从而塑造一种积极的心态。

2．心怀必胜的积极想法

美国著名的企业家和成功学大师卡耐基说过："一个对自己的内心有完全支配能力的人，对他有权获得的任何其他东西也会有支配能力。当我们开始用积极的心态并把自己看成一个成功者时，我们就开始收获成功了。"一个人必须在心里撒下积极的种子，然后在每件事情面前都抱着积极、乐观的想法，让积极的种子生根发芽，慢慢扩散，逐渐占据你的内心，那么消极思想就没有机会在你的心灵土壤上滋长。记得时刻心怀必胜和积极的想法，为你的积极心态浇水，而不要给消极心态施肥助长。

3．用美好的感觉、信心和目标去影响别人

人们总是喜欢和积极乐观者在一起，一个心态积极的人有一种吸引力，他能很好地感染周围的人。这种良好的心态会体现在他的每一个行动中，让人在行动中获得对于生活的满足感，有了这种满足感，就会信心倍增，人生目标也越来越明确。别人靠近你，能从你身上感受到一种力量，那就是积极的心态带给人的信心和目标感。

4．让每个人都感到自己很重要和被需要

当别人认为你把他看得重要的时候，他同样会增加你在他心中的分量。每个人都希望自己是最重要的、受人关注的。而这种自我满足感通常来自他人对自己的需要。当我们被需要、被感激，我们就会意识到自己的作用，从而产生一种自我认同感，这时候就会建立起一种无比积极的心态。当然，对于给予重要感的对方，别人也会持一种积极的态度，使对方同样感到自己重要。你只有给予对方积极肯定的态度，别人才会以同样的态度对待你，这样就能形成一种你好我好大家都好的局面。正如19世纪美国著名的思想家兼文学家爱默生说的："人生最美丽的补偿之一，就是人们真诚地帮助别人之后，同时也帮助了自己。"

5．心存感激

一双流泪的眼是看不见满天星光的，一个心怀仇恨和抱怨的人不可能发现人生中美好的东西。在日常的工作和生活中可能会有很多的不顺利，但当你怀着感恩之心时，你会发现自己拥有的很多，不要等到失去后再悔恨。学会珍惜自己所拥有的，你也会是一个幸福的人，这样的人生才会美好许多。

6．学会称赞他人

在人与人的交往中，适当的、发自内心的赞美，会让他人产生一种成就感，能够改善人际关系，拉近你与他人的距离。美国心理学家威廉·詹姆斯曾说过："人性最深切的需求就是渴望别人的欣赏。"莎士比亚也说："赞美是照在人心灵上的阳光。没有阳光，我们就不能生长。"真诚地赞美别人，是对别人价值的一种肯定，它是一股滋润心灵的甘泉，让人内心舒畅，并有着不可思议的力量。当一个人被赞美时，他就会产生一种责任感，这就像一种行为规范，他会按照别人赞美的样子去努力甚至全力以赴，取得辉煌的成绩。赞美还可以让人怀着积极的心态去改变自己，去做一种快乐的蜕变，更有利于事业的成功。

7．在求职过程中学会微笑

英国有一句谚语说："一副好的面孔就是一封介绍信。"一张微笑的脸就如同一幅赏心悦目的画，让人心情愉快。我们的面孔生来如此，但是表情却是由你自己支配的。一个面带微笑的人,传达的是一种自信和友好、乐观和坚强,它能以最简单、最快捷的方式感染人。一个时常微笑的人,是心胸豁达的,是坚定勇敢的,当你和他在一起时,能够被他所散发的魅力吸引,并随着他一起快乐起来。

8. 不计较小事

一个人的精力是有限的,我们每天有数不尽的大事小事要做,如果在无关紧要的事情上浪费时间,就会偏离大的目标和重要事项,得不偿失。一个有着积极心态的人,绝不会允许这种偏离产生,他懂得轻重缓急,从来不会无缘无故地小题大做。一个心态积极者必定拥有豁达的心胸;一个人为多大的事情发怒,就能看出他的心胸有多大。

(二) 塑造积极心态的四个步骤

逆境与顺境转变的关键就是心态的变化,一个人如果想取得成功,塑造良好的职业心态是重要的秘诀之一。

1. 善于发现美好

要善于发现学习美好的一面,企业美好的一面,岗位美好的一面,发现同学美好的一面,发现同事美好的一面,发现朋友美好的一面,最后发现生活是美好的,人生也是美好的。

2. 尝试着宽容

在工作中任何人都会犯错误,包括我们自己。如果你总是不原谅别人的错误,等你犯错误时,别人也不会原谅你。

3. 主动做事

利用现有的资源把事情做成,不要消极等待。敞开心扉拥抱这个世界,为你的选择全力以赴,才不会后悔。

4. 主动服务他人

经常帮助别人的人,心中常有欣慰、愉悦的感觉,这种良好的心理状态能把血液的流量和神经细胞的兴奋度调到最佳状态,从而激发思维达到最佳状态,使其工作效率最高,同时也使身体的免疫力增强。助人使自己感到有能力完成一件有意义的事,感到自己的存在是被别人需要的、有价值的,从而自我效能感提高,对自己更加充满信心,心情自然会很愉悦。

(三) 心理压力的缓解方法

缓解心理压力的方法主要有以下几种。

(1) 自我反省。一方面客观地分析就业环境,把面临的情况搞清楚;另一方面思考自我,找到自己的准确位置。

(2) 松弛练习。这是一种通过练习,在心理上和躯体上放松的方法。放松训练可以帮助人们减轻或消除各种不良的身心反应,毕业生遇到心理压力时,可以在有关人员的指导下做一些放松练习。

(3) 心理测验。通过心理测验,了解自己的心理特点和问题,从而有针对性地调节情绪,克服心理弱点,发挥优势。

（4）自我转化。有些时候不良情绪是不易控制的,这时可以把自己的情感和注意力转移到其他活动中去,例如学习一种新的技能,参加有趣的活动,进行郊游等。

（5）聊天和写作。解除苦恼的最好办法便是找人聊天,及时疏导,排遣郁闷。毕业生有一个优势,就是身边有一群拥有相似经历和目标的同学,他们会帮助消除烦恼。

（6）专家咨询。人的心理出现矛盾,特别是有较大的心理负担之后,内心冲突激烈,自我调节难以奏效,外来力量的帮助就显得非常重要。毕业生可以求助于心理咨询专家,帮助消除择业挫折带来的焦虑、烦恼、抑郁等不良情绪。

【总结案例】

小许的成功

小许性格内向,不敢与用人单位交流,每次匆匆放下简历就走。她在面试前更是紧张得睡不好觉,在现场也不能很好地发挥。眼看毕业临近,她的就业问题还没有解决,由于心理压力过大,只好去心理咨询中心寻求帮助。

老师听了她的倾诉后,首先教给她一些舒缓情绪的方法,然后帮她一起分析、挖掘自身的优势,告诉她吃苦耐劳的品质、朴实无华的内在素质,是不少企业看重的。老师的话给她很大启发,回去后她在同学面前演练,解决面试紧张的问题。一周后,重新有了自信的小许又开始参加招聘会,最后终于顺利签约了。

分析：就业成功的关键是要能够正确地评价自己。有时要纠正过低的自我评价,大胆地去尝试。不要觉得谁都比自己优秀,要克服自卑心理,树立自信,要知道"天生我才必有用",不要总将自己的弱项和别人的长项比,要发挥自己的优势,最终到达胜利的彼岸。

【探索与思考】

（1）面对当前严峻的就业形势和激烈的求职竞争,你认为毕业生需要具备什么样的心理素质？

（2）在校期间提升自己的心理素质,你是如何安排的？

（3）如果即将面临就业,你在心理方面需要做哪些准备？

（4）求职遇到挫折时,你认为该如何应对？

7.3 求职准备

【名人名言】

业精于勤而荒于嬉,行成于思而毁于随。

——[唐]韩愈

【学习目标】

（1）了解求职材料的构成和装订规则。

（2）掌握求职信的写作格式、方法和技巧。

（3）掌握个人简历的内容、制作原则和方法。

【导入案例】

简历越复杂越好吗？

李想大学即将毕业，同学们都在制作简历。李想觉得如果想要在众多的简历中脱颖而出，一定要制作一份与众不同的简历。于是李想请设计公司设计，精心制作了一份十页的彩印简历，但出于成本太高，一份将近100元，所以只印制了10份。到了参加招聘会时，大多数接到他简历的单位负责人都皱了皱眉头，简单翻了翻就直接让他自己介绍一下，然后把简历放在一摞简历中让他等通知。更麻烦的是很快就把简历发完了，后面有几个李想感觉更好的单位，只能匆匆的临时在白纸上草草写明了自己的基本情况。

一周过去了，李想没接到任何面试的电话。而此时和李想一个专业的某男生却成功应聘到李想心仪的一家大集团海外贸易部。他告诉李想，他的简历只做了两页，一页介绍自己的基本情况（包括各科成绩），一页是大学4年的社会活动简介。不甘心的李想打电话到这家公司，耐心报了学校、专业和姓名，可对方却说从来没收到过他的简历。

分析：从这个案例中要吸取三个教训：①简历制作应简单明了，突出重点和优势。②投简历时应注意专业对口。③递简历后若对方明确表示出专业不对口不提供面试机会或自己对对方公司不感兴趣时，可以把简历要回。

一、求职材料的构成

对于应届毕业生来说，求职材料通常包括封面、求职信（自荐信）、毕业生推荐表、个人简历、成绩单、在校期间各种证书和其他辅助材料。例如参加各类比赛的获奖证书、各类荣誉证书、英语、计算机、普通话等各种技能等级证书和已发表的文章、论文和取得的成果等。毕业生的求职材料应多侧面、多角度准确全面地反映自己的专业水平、组织能力、领导能力和综合素质等多方面能力。

（一）求职信

求职信也称自荐信，是毕业生在收集需要的信息后有目的地向用人单位做的自我介绍。它是针对特定单位（岗位）的特定人写的，主要表述求职者的主观愿望和特长，以求吸引招聘者的注意力，取得面试机会。求职信在求职过程中作用重大，是学生自我推销、展示自己公关能力的重要一环。

（二）个人简历

简历，顾名思义是反映求职者个人的简要经历，是一个人生活、学习、工作的经历与成绩的概括和总结。它提供给阅读者的信息量应该是全面而直接的。在通常情况下，用人单位都是通过简历来了解求职者的业绩、能力、性格、经验以及受教育程度、兴趣、特长等，留下一个初步的印象，从而决定求职者能否参加下一轮的面试。

（三）就业推荐表

就业推荐表是学院就业指导中心发给每位毕业生填写的并附有学校意见（鉴定、评价等)的书面推荐表格。该表一般由三部分组成：一是毕业生本人的情况介绍；二是毕业生所在院系的推荐意见；三是毕业生所在学校就业主管部门的推荐意见。一般来讲,这个表格是学校正式向用人单位推荐毕业生的书面材料,因此具有较大的权威性和可靠性。用人单位往往对该表比较重视,因此,要求毕业生认真填写,妥善保管。

（四）成绩单

成绩单是大学毕业生学习成绩的证明,通常为表格形式,应由学校教务部门出具并盖章。

（五）证件与证书

证件与证书是企业招聘、录用人才的重要依据。它会帮助你获得更多的就业机会,是就业的敲门砖,而且可以提高你打开招聘企业这扇门的概率。证书有外语等级证书、计算机等级证书、各类奖学金及其他获奖证书、各种技能证书、各种职业证书等。

（六）参加社会实践、实习的鉴定材料

这能让毕业生体验社会生活,为毕业后踏进社会做好充分的准备,积累相关经验,提高自身的实力。鉴定材料是社会实践单位和实习单位给予的评价,对日后就业有一定的帮助。

（七）其他材料

如院系教师的推荐信、公开发表的论文、文章及其他成果复印件或证明等。

二、求职材料的装订

大学毕业生求职时一般需要将求职材料装订成册。

（一）装订顺序

用人单位翻阅求职材料的时候,因为求职者数量多,不一定会对每份求职材料中的每一页都认真仔细阅读,因此在求职材料的装订中,需考虑用人单位对求职材料各种信息的需求心理,按照求职材料所反映的信息的重要程度来安排装订顺序。常见的装订顺序为：封面、求职信、个人简历、就业推荐表复印件、在校成绩单、其他证明材料（包括各种证书的复印件、各种作品或成果的复印件）。

（二）装订要求

(1) 求职所有材料切忌歪斜。
(2) 求职材料所有纸张应该整洁干净。
(3) 求职材料中的纸张大小尽量一致,建议统一用 A4 纸张。
(4) 求职材料中的字体应该一致,排版的行距应该一致。
(5) 切忌用松动的透明文件夹,以免求职材料脱落,造成缺页或者排列顺序混乱。

三、求职信（自荐信）

求职信是简历的附信,属于商业信函,可放在简历的前面,也可放在简历的后面。求职信能够很好地补充简历本身缺乏描述性词语的不足。

（一）求职信的格式与内容

1. 求职信的写作格式

（1）称呼。要顶格写。如"尊敬的招聘主管""尊敬的单位领导"等。

（2）开头。以问候语开头。

（3）正文。介绍你应聘工作的条件，要注意表现你的成绩，突出你的优势。

（4）结尾。强调你的愿望并致敬。

（5）附件。选用的证明材料要有盖章和签名。

（6）署名日期。

2. 求职信的内容

求职信通常为一页，有开头、主题和结尾三部分。求职信内容格式并不固定，一般包括3~5个简短的段落，下面按五段的书写格式介绍一下求职信的写作要点。

第一段应该能够引起招聘人员对你作为候选人的兴趣，并激发阅读者的热情。阅读者为什么要读这封信？你能够为他（她）做什么？

第二段必须推销你的价值。你那些能够满足阅读者需要和工作要求的技能、能力、资质和自信是什么？

第三段展示你突出的成就、成果和教育背景，它们必须能够直接有力地支持第二段的内容。如果可能，量化这些成就。

第四段必须写清将来的行动。请求安排面试，或者告诉阅读者你将在一周内打电话给他们，商谈下一步进程。

第五段应该是非常简短的一段，结束这封信并表示感谢。

（二）求职信的写作技巧

1. 开头

在求职信的开头部分，除了称呼和问候语外，还需要自我介绍、是从什么渠道得知该招聘信息的以及所要应聘的具体职位等内容。求职信的第一句话很重要，如果写得好，不仅可以让收信人愿意继续阅读，有时甚至会在第一时间给他留下极佳的印象。

很多人认为，求职信的第一句话最难写，其实，有很多写法，归纳起来，主要有以下几种形式。

（1）概述式

用一句话概述你所具备的任职资格及工作能力。例如，"在完成了会计学专业的学习，并取得了注册会计师资格以后，我相信自己能够卓有成效地为贵公司的发展做出贡献。"

（2）提名式

如果条件允许，可以提及一位建议你到用人单位求职并且为该单位所熟悉或尊崇的人。这个人必须连名带姓全部写上，后面加上职衔或官衔，也可以简单地称"先生"或"女士"。例如，"贵公司企划部的王先生告诉我，你们需要一位优秀的策划人员。"

(3) 提问式

针对用人单位的需要,先提出一个设问或是假设,然后用一句话表述你诚挚地希望自己能够帮助对方实现目标。例如,"如果贵公司需要每分钟能打 100 个字以上的秘书,本人是绝佳人选。"

(4) 赞扬式

先赞扬用人单位最近一段时间所取得的显著成就或发生的明显变化,然后再表示自己愿意为其效力。例如,"贵公司近期公布了本年度业绩,盈利之高为业内人士所津津乐道,本人真诚地希望为贵公司效力。"但是要记住,语气千万不要过度热情,否则就会有奉承之嫌。

(5) 应征式

先说明你通过什么途径了解到用人单位的招聘信息,并肯定自己的条件符合用人单位的要求。例如,"本人的受教育程度和工作经验符合贵公司在网上公布的招聘条件。"

(6) 独创式

可以用一个比较新奇的、能表现你在某些方面过人才华的句子开头。但是,这种开头只能用于申请需要丰富想象力的职位,如广告文案、装潢设计、平面设计、工业设计等。

2. 正文

求职信的正文部分一般分为三方面内容:你对招聘单位的认识和理解、你的综合能力即你的求职资格、你能为公司做出什么样的贡献。

(1) 描述你对招聘单位的认识和理解

这方面内容通常是说招聘单位有什么好的方面吸引你,对他们进行适当的赞赏,让他们知道你很愿意在此服务。这一部分的内容不是必需的。如果你对招聘单位比较了解就可以写,否则不必要。

(2) 描述你的综合能力

这是求职信的核心部分。你需要有的放矢地说明你的个人技能和个性特征如何能满足公司的要求,要让招聘方明白为什么你是最好的人选。在求职信中,你只需要针对与招聘单位及所应聘岗位的应聘要求,围绕你简历中的两三个要点进行发挥,突出你的知识技能和工作能力,以引起招聘单位的兴趣。

切记,这部分的内容一定要有针对性,一定要突出与所申请职位有联系的内容,你所陈列的每一方面的知识技能和实践经历要能够表明你可以胜任该职位,从而让招聘人员觉得你是他们最好的人选之一,让你通过筛选进入面试程序。

3. 结尾

求职信结尾部分的内容可以包括以下几个方面。

(1) 再次强调你对于此职位的兴趣。

(2) 表明你希望得到面试机会。

(3) 向对方表示谢意和祝福。

(4) 别忘了署名。

(5) 日期。

（6）写上联系方式。

（三）写求职信的注意事项

1. 为每家公司（或每一类公司）调整措辞

不要发适合任何职位的通用求职信。你要确保信中的语气适合你申请的公司的氛围。找出招聘要求，调整求职信，让它适合每家公司。

2. 写具体事例

要在求职信上用事例证明你为什么适合这份工作以及为什么想来这家公司。推销自己的一个好方法是把经历和职位描述联系起来。列出和公司想招的人才相匹配的技能和经历。

3. 求职信要短

不仅要短，一定要引人入胜，记住你只有几秒钟时间吸引你的读者继续看下去。在求职信中要重点突出你的背景材料中与未来雇主最有关系的内容。通常招聘人员对与其企业有关的信息是最敏感的了，所以你要把你与企业和职位之间最重要的信息表达清楚。言简意赅，切忌面面俱到。

4. 切忌过分吹嘘

从求职信中看到的不只是一个人的经历，还有品格。

5. 内容要和简历不一样

不要在求职信里重复简历上的一切。求职信是你展示亮点和个性的机会。

6. 不要提到弱点

如果没人问你最大的缺点是什么，不要急着把它说出来。求职信不是反思自我的时间，当面试时被问到弱点时再考虑吧。

7. 关注该公司而不是你自己

尽量表现出你对公司的关心以及你如何想要帮助它成长。不要用过多的"我要"，而是要体现出你对公司会如何有用。

8. 严格遵守求职信格式

求职信一定只能一页，尽量有四五个段落。

9. 语句无错，前后一致

一份好的求职信不仅能体现你清晰的思路和良好的表达能力，还能考察出你的性格特征和职业化程度。所以一定要注意措辞和语言，写完之后要通读几篇，精雕细琢，切忌有错字、别字、病句及文理欠通顺的现象发生。确保前后一致。

10. 针对性和个性化可以让你的求职信从数百封的信件中"脱颖而出"

有的求职者采用了"天女散花"式发求职信的方式，事实上它的命中率很低，此时，针对性已成为求职信奏效与否的"生命线"。另外，个性化也很重要。有的求职信没有任何豪言壮语，也没有使用任何华丽的词汇，却使人读来觉得亲切、自然、实实在在。

【案例】

求职信模板

尊敬的招聘主管：

　　您好！请恕打扰。

　　我是一名刚从××学院会计专业毕业的大学生，很荣幸有机会向您呈上我的个人资料。在投身社会之际，为了找到符合自己专业和兴趣的工作，更好地发挥自己的才能，实现自己的人生价值，谨向各位领导做一下自我推荐。

　　现将自己的情况简要介绍如下。

　　作为一名会计专业的大学生，我热爱自己的专业并为其投入了巨大的热情和精力。在几年的学习生活中，我所学习的内容包括了从会计学的基础知识到运用等许多方面。通过对这些知识的学习，我对这一领域的相关知识有了一定程度的理解和掌握。此专业是一种工具，而利用此工具的能力是最重要的，我在与课程同步进行的各种相关实践和实习中，具有了一定的实践操作能力和技术，并在学校工作中加强锻炼处事能力，学习管理知识，吸收管理经验。

　　我知道计算机和网络是将来的工具，在学好本专业的前提下，我对计算机产生了浓厚的兴趣并阅读了大量的相关书籍，能够熟练操作 Windows XP、Office、金蝶财务、用友财务等应用软件，并通晓 VC 语言等程序语言。

　　我正处于人生中精力充沛的时期，我渴望在广阔的天地里展露自己的才能，我不满足于现有的知识水平，期望在实践中得到锻炼和提高，因此我希望能够加入贵单位。我会踏踏实实地做好属于自己的一份工作，竭尽全力地在工作中取得好的成绩。我相信经过自己的勤奋和努力，一定会做出应有的贡献。

　　感谢您在百忙之中所给予我的关注，愿贵单位事业蒸蒸日上，屡创佳绩，祝您的事业百尺竿头，更进一步！

　　希望各位领导能够对我予以考虑，我热切期盼你们的回音。谢谢！

　　此致

敬礼！

自荐人：×××
××××年××月××日

四、个人简历的制作

　　一份好的简历，对于找到工作至关重要，有时甚至起到决定性的作用。一般常用的个人简历的格式有三种：表格式、时间顺序式、学习工作经历式。表格式是用表格的形式列出自己的基本情况和学习、工作经历，使人一目了然；时间顺序式是按年月顺序，列出自己的学习工作经历，条理清楚；学习工作经历式则是根据需要有选择地列出自己的学习、工作经历，充分表现自己的技能、品德。对于刚从大学毕业的求职者来说，宜采用第一种格式。

（一）个人简历的内容

　　个人简历主要包括以下内容。

1. 个人的基本情况

个人的基本情况主要是指姓名、年龄、性别、籍贯、学历、政治面貌、联系方式(电话号码和电子邮箱)等。个人信息模块的写作应该简单、直观、清晰并且没有冗余信息。

2. 教育背景

按照次序,写清所读学校名称、专业、学习年限及相关证明等,让招聘单位迅速了解求职者的学习背景,以判断与应聘职位的相关性。

3. 工作或社团经验

大学生一般都没有工作经验,但经常会利用假期等时间勤工俭学、兼职或积极参加各类性质的社团活动,可充分提供在校期间的打工经验、社团经验,说明自己担任的工作、组织的活动以及特长等经验,供招聘单位参考。

4. 爱好特长

无论是所学的专业还是单纯的个人兴趣发展出来的特长,只要与工作性质有关的才艺,都应在简历上写出来。这将有助于招聘单位评估求职者的所长与应聘工作的要求是否相符。

5. 知识、技能水平

知识结构(主要课程和从事的科研活动)、外语和计算机水平以及其他技能方面的证书等。

6. 求职意向

求职简历上需清楚地表明自己倾向就业的地域、行业、具体岗位等,以便招聘单位了解求职者的志向与追求,从而作出正确的选择。

7. 联系方式与备注

同上面所要突出的内容一样,一定要清楚地表明怎样才能找到求职者的电话(固定电话应加上长途区号)、手机及其他移动通信工具、E-mail 地址、邮政编码、传真电话等。总之,要确保招聘单位能通过简历中的联系方式迅速联系到求职者。

(二)简历的撰写原则

一份格式完美、内容翔实、重点突出的简历,会让你得到更多的面试机会。

1. 真实性原则

简历是对自己大学生活的全面总结和反映,在内容上必须真实,切忌为赢得用人单位的好感而弄虚作假。

2. 规范性原则

规范性原则的确立,是对毕业生所有文字材料的基本要求,简历可以说是对毕业生大学生活的一个全面总结,在简历中既要全面反映自身的基本情况,又要反映自身优势、特长、爱好等。简历不仅格式要规范,而且填写术语要规范。例如在"健康状况"一栏,一般应填写"健康",而不能写"健壮"。

3. 富有个性原则

富有个性原则主要是要求简历要体现求职者的个性,不能"千人一面",更不能"张冠李戴"。

4. 突出重点原则

简历必须讲求简明扼要,突出重点,要让想了解你的人能很快地、明确地看到你的基本情况。有些毕业生的简历做工精巧,设计美观,但是没有突出重点,这会影响求职成功率。

5. 设计美观原则

一般来讲,简历无论是文字的,还是表格的,都应采用 A4 复印纸打印,并进行必要的版面设计。学习理工类专业的毕业生,简历的版面要讲究自然、朴实、理性、洁净的风格;学习文学、艺术、管理、软件设计等专业的毕业生,简历要富有创意。

6. 杜绝错误原则

简历要杜绝一切错误,无论是语法上的、文字上的、用词上的、标点符号还是打印错误。

(三)撰写简历的注意事项

1. 针对岗位定内容

撰写简历不能千篇一律,需要针对每类招聘岗位撰写有针对性的、个性化的求职简历。

2. 求职意向需具体

求职意向越具体,越有利于招聘单位进行初步选择,明确的求职意向能提升求职的命中率。

3. 联系方式要留全

手机号码和电子邮箱都要留,如果有能够联系到本人的固定电话,也可以留在简历上,以备不时之需。

4. 使用招聘关键词

在对个人知识结构、技能及综合素质进行描述时,尽量使用招聘中的关键词,这样可以给招聘单位留下更符合岗位需求的印象。

5. 长短以一至两页纸为宜

简历一定要朴实简洁,切忌出现大段描述性的文字。一份简历每种语言用 1~2 页 A4 纸完成即可,可以使招聘者一目了然。

6. 学历实践重顺序

建议在教育背景部分先写最高学历,而后依次倒序撰写。同样的,在社会实践或学生工作经历部分,也建议先写与招聘信息中要求的经历、能力最为匹配的相关信息,而后可以按照重要顺序书写。

7. 数字比例显优势

多用招聘单位关注的数字信息突出个人的优势,尽量选用阿拉伯数字,效果会优于中文书写。

个性化简历样式如图 5-1 所示。

【案例】

个人简历（范例）

【个人概况】

姓名：×××

性别：女

民族：汉

健康状况：良好

毕业学校：××职业学院

学历：高职专科

宿舍电话：×××××××

移动电话：×××××××××××

电子信箱：××××××

邮编：××××××

【教育背景】

2016 年 9 月—2019 年 7 月就读于××××学院电气工程系。

专业：通信工程。

【主修课程】

程控交换技术、光纤通信、移动通信、电磁场、通信电子电路、数字信号处理、数字电路、通信原理、电视原理、计算机网络工程、多媒体教程、C 语言、电子线路、电子测量等。

【专业能力】

熟练掌握通信系统的基本原理、网络设计及有关技术，熟悉 GSM 系统、CDMA 无线通信系统、SDH，特别对移动通信、GPRS 技术进行了深入广泛的学习，能较好地运用相关知识，对移动数据通信新技术如 Bluetooth 等有一定的认识。

【工作经历】

2016 年 7 月在桂林国际会展中心"2016 年国际电子展览会"上，为台湾世纪股份有限公司做软件产品展示员，介绍网络应用软件《沟通大师》和《沟通精灵》。

2017 年 3—4 月，独立完成清华同方计算机有限公司技术培训教程 *Data Warehouse Introduction* 的翻译工作。

2017—2018 年担任学院校园网的维护员。

【外语水平与 IT 知识技能】

国家英语四级成绩优秀。

全国计算机等级考试二级(C 语言)合格，××地区计算机应用水平测试(C 语言)成绩优秀。

能熟练使用 Office 软件，如 Word、Excel、PowerPoint 等，熟练掌握动画软件 3ds Max。

具有较好的英文阅读、写作能力。

【获奖及成绩情况】

综合测评本专业第五名，学习成绩本专业第三名，平均分为 85.4 分。第一学年获校

"优秀团员"称号和三等奖学金,第三学年被评为"三好学生"。

【自我评价】

个性坚忍,能吃苦耐劳,工作认真,有突出的钻研开拓精神,为人热情乐观,兴趣广泛,适应性强,人际关系和睦。有较强的组织、协调能力。善于沟通,有良好的团队精神。

【求职意向】

在电子行业企事业单位从事通信技术开发工作、通信网络维护工作或英文翻译工作。

五、其他求职材料的准备

（一）简历封面

学校名称、专业名称、学历、姓名、联系方式。这是通过简历简单掌握一个人基本情况的要素,因此,求职简历的封面应当含有这些内容。按照人们长期形成的快速阅读习惯,文件(或文件中的某一段落)的头和尾通常是阅读的焦点,因此在这两部分务必体现出最为重要的数据。而一旦用人单位选中你,如何与你取得联系,就成为主要的问题。因此,在整份简历的一头一尾(或头或尾),务必将本人的联系方式突出出来。

（二）学校就业推荐表与成绩单

就业推荐表是"毕业生双向选择就业推荐表"的简称,是学校向用人单位推荐毕业生的书面材料,表中所填内容反映了学生个人信息、学习成绩、奖惩情况、社会实践经历等方面的情况,是用人单位选择人才的重要依据,直接关系毕业生的切身利益。学校就业推荐表在自荐材料中有举足轻重的地位,可以说这是一个官方的认证,具有权威性,用人单位对此有较高信任度,把它放在自荐材料中可加大自荐材料的可信度及自荐力度。

因学校发给毕业生的正式推荐表(即盖上校学生就业指导服务中心章的推荐表)每人只有一份,所以自己可多复印几份,以备在双向选择的过程中与其他材料一起送给有关用人单位。只有当用人单位决定录用你且你也愿意去时,才能将盖有学校学生就业指导服务中心章的推荐表送给单位。

成绩单是由学校的教务部门出具并盖章的成绩证明,在应届毕业生求职时是必须具备的。用人单位可以通过成绩单了解毕业生的学业水平和具体科目的学习情况。

（三）各种获奖证书和技能证书材料

1. 外语水平和计算机水平证书

英语水平证明,如大学英语四、六级证书或成绩单(未取得证书时),公共英语等级考试的证书,计算机二、三级考试的证书,参加IT类培训的证明等。

2. 职业资格证书与职业技能鉴定证书

(1) 职业资格证书

在求职应聘的道路上,多一种职业资格证书,就可能多一条就业门路。职业资格证书表明持证者接受该职业所需要的职业知识与技能的教育,并具备了这方面的能力,如电工证、驾驶证、律师资格证书、教师资格证书等都是职业资格证书。

（2）职业技能鉴定证书

职业技能鉴定是指按照国家规定的职业标准，通过政府授权的考核鉴定机构，对劳动者的专业知识和技能水平进行客观公正、科学规范的评价与认证的活动。职业技能鉴定包括：职业资格一级（高级技师）、职业资格二级（技师）、职业资格三级（高级）、职业资格四级（中级）、职业资格五级（初级）的资格考评。

（四）获奖证明

在大学期间参加各种比赛或活动的获奖证明，奖学金证明或优秀学生干部证书等。

（五）推荐信

推荐信也是大学生求职过程中不可忽视的环节。这里所指的推荐信并不是那种找关系、托人情"走后门"的"条子"，而是权威人士的实事求是、认真负责的推荐。

【总结案例】

如何在网上投递出吸引HR的优秀简历

一、如何在网上投递简历

（一）选用常见且稳定的电子邮箱

不要用学校内部邮箱或是其他小服务商提供的邮箱系统，以免简历夭折在发送的过程上。发完简历后，过几分钟再查看一遍邮箱，看是否有退信，若有，查明原因后再重新发送。

（二）忌只用附件形式发送简历

只发附件，很可能让HR对你的简历视而不见，因为在邮箱爆满时，打开附件不仅是对耐心的极大考验，还要承担计算机感染病毒的风险。建议先将简历贴入正文，再添加附件作为补充（以便HR保存和归档）。

（三）心仪岗位可以隔周重复投递

很多HR表示，虽未谋面，但是从投简历的方式中也能"识人"。在几分钟之内，连续发出两份以上相同的简历，显得谨慎有余，自信不够，若无特别，不作考虑；在最近一段时间内连续发出一份相同的简历，表明求职者看重这份工作及应聘单位，若条件符合，可重点考虑。

（四）错开"高峰"，把握投递时间

（1）避开招聘信息发布的前两天（投递简历的最高峰），以免你的简历因HR邮箱爆满而遗失。

（2）不要在19:00—22:00投递，这时你的简历很容易淹没在成堆的垃圾邮件中。

（3）不要在17:00，也就是下班前夕投递，这时阅读率非常低，因为HR也要准备下班回家吃饭啦。

（4）最佳时间：7:00—8:00，13:00—14:00，这时既能避开投递高峰，又能让HR在上班第一时间看见你的简历。

二、如何凸显简历关键词

应该如何凸显关键词，瞬间抓住HR的眼球呢？

（一）投其所好，按需设词

根据招聘信息的要求，对应自身情况制定简历关键词，突出优势。

（二）字体要醒目

关键词设置一定要醒目，以方便快速浏览。对于自己的优势条件，可将相关字体加粗加黑，并在发送邮件的主题上主动提及，以便在快速扫描阶段"先声夺人"。

（三）重要信息放在前面

将 HR 最关注的信息，如毕业院校、专业技能、实践经历等放在一屏就能看到的位置。

（四）提炼邮件主题关键词

HR 最先看到的是邮件主题，要吸引他点击，邮件主题就一定要突出你的竞争优势。

【活动与训练】

个人简历设计大赛

（一）活动目标

掌握个人简历的制作技巧，能够设计适合自己的个人简历。

（二）建议时间

课外 ＋ 课上 30 分钟。

（三）活动过程

(1) 学生利用课余时间制作个人简历，然后在课堂上展示。

(2) 学生投票评选出优秀作品 4 个，制作者走上讲台介绍自己的简历。

(3) 其他同学提问和点评。

(4) 教师现场颁发奖品予以鼓励。

【探索与思考】

(1) 一份完整的求职材料都有哪些内容？

(2) 求职信包括哪几个主要部分？怎样有针对性地写好求职信？

(3) 个人简历包括哪几个主要部分？怎样撰写个性化的个人简历？

7.4 笔试与面试技巧

【名人名言】

一个人事业上的成功，只有 15% 是由于他的专业技术，另外的 85% 要依赖人际关系、处世技巧。软与硬是相对而言的。专业的技术是硬本领，善于处理人际关系的交际本领则是软本领。

——[美]戴尔·卡耐基

【学习目标】

(1) 能有效地收集职业信息。

(2) 能对各类招聘信息进行筛选分析和整理。

（3）克服不良倾向,树立科学的就业观。

【导入案例】

用"两元钱"敲开成功之门

天津某外企本想招一个有丰富工作经验的资深会计人员,有一个女大学生因为没有工作经验,在第一次面试时即遭到了拒绝,但她并没有气馁,一再坚持。她对面试官说:"请再给我一次机会,让我参加完笔试。"面试官拗不过她,就答应了她的请求。结果,她通过了笔试,由人事经理亲自复试。

人事经理对她颇有好感,因她的笔试成绩最好,不过,女孩的话让经理有些失望。她说自己没有工作过,唯一的经验是在学校掌管过学生会财务。找一个没有工作经验的人做财务会计不是他们的预期,经理决定收兵:"今天就到这里,如有消息我会打电话通知你。"女孩从座位上站起来,向经理点点头,从口袋里掏出两元钱双手递给经理:"不管是否录取,请都给我打个电话。"经理从未见过这种情况,问:"你怎么知道我不给没有录用的人打电话?""您刚才说有消息就打,那言下之意就是没录取就不打了。"经理对这个女孩产生了浓厚的兴趣,问:"如果你没被录取,我打电话,你想知道些什么呢?""请告诉我,在什么地方我不能达到你们的要求,在哪方面不够好,我好改进。""那两元钱……"女孩微笑道:"给没有被录用的人打电话不属于公司的正常开支,所以应该由我付电话费,请您一定打。"经理也笑了:"请你把两元钱收回,我不会打电话了,我现在就通知你:你被录用了。"

分析:仅凭两元钱就招了一个没有经验的人,是不是太感情用事了?经理说:"不是。这些面试细节反映了她作为财务人员具有良好的素质和人品,素质和人品有时比资历和经验更为重要。第一,她一开始便被拒绝,但却一再争取,说明她有坚毅的品格。财务是十分繁杂的工作,没有足够的耐心和毅力是不可能做好的;第二,她能坦言自己没有工作经验,显示了一种诚信,这对搞财务工作尤为重要;第三,即使不被录取,也希望能得到别人的评价,说明她有直面自己不足并把每项工作都做得很完美的精神,我们接受失误,却不能接受员工自满不前;第四,女孩自掏电话费,反映出她公私分明的良好品德,这更是财务工作不可或缺的。"

一、笔试及其准备

笔试是用人单位对应试人员的一种考核办法,目的是考核应聘人员的文字能力、逻辑思维能力、创新能力、知识面和综合分析问题的能力。它通常用于对专业技术要求、对员工素质要求很高的大型企事业单位,如一些涉外部门、对技术要求很高的专业公司以及国家机关等。

（一）常见的笔试种类

（1）专业考试。这种考试主要是检验求职者担任某一职务时是否能达到所要求的专业知识水平和相关能力。例如,外资企业要考应聘者的外语,招聘护士时要考核基本的护理知识和技能,国家机关招聘公务员要考行政管理和法律知识。从答卷中可看出求职者的文字表达、问题分析和逻辑思维等方面的能力。

（2）心理测试。求职者的心理素质如何，也是招聘者关心的。因此，有的单位会请求职者完成一套心理测试题，来判断求职者的心理素质。

（3）命题写作。这种考试的目的在于考察求职者的文字表达能力、分析问题能力和逻辑思维能力，比如根据背景材料限时写出一份请示报告、会议通知或工作总结。

（二）笔试准备

良好的笔试成绩来自平时的努力学习。在大学期间刻苦学习，将所学专业及基础知识弄懂学会，这样在考试时就能信心十足，得心应手。

1. 笔试前应进行简单的复习

复习已学过的知识是笔试准备的重要方式。一般来说笔试都有个大体的范围，可围绕这个范围翻阅一些有关的图书资料。从用人单位的角度看，主要目的是为考核求职者对所学知识的运用能力。因此，在复习过程中一定要善于将知识运用到实际问题的解决中。

2. 要保持良好的身心状态

临考前，要适当减轻思想负担，保证充足的睡眠，适当参加一些文体活动，从而使高度紧张的大脑得到放松休息，以充沛的精力去参加考试。

3. 做好临场准备

提前熟悉考场环境，有利于消除应试时的紧张心理。还应仔细看看考场注意事项，尽量按要求做好。除携带必备的证件外，一些考试必备的文具（钢笔、橡皮等）也要准备齐全。

二、面试的方法与技巧

面试是用人单位招聘时最重要的一种考核方式，是供需双方相互了解的过程，是一种经过精心设计，以交谈与观察为主要手段，了解应试者信息和能力的一种测评方式。

（一）面试的主要类型

根据面试的实施方式，可将面试分为五类。

（1）一对一的个别面试。常用于第一轮面试，主要目的是排除一些素质相对较差者。

（2）多对一的面试官面试。由多个部门组成面试团，考核应聘者的人格素养、业务素质、行为风格等。

（3）多对多的小组面试。面试对象有多个，便于对应聘者进行比较。

（4）小组讨论面试。由应聘者组成一个临时工作小组，讨论给定的问题并且做出决策。目的是考核应聘者的领导能力、组织能力、口头表达能力、说服力、洞察力、处理人际关系的技巧等。

（5）评估中心面试。评估中心将进行一系列综合性的考核，包括在公众人物前发表演讲、自由讨论、参与团队面试、辩论等，目的是考核应聘者的适应能力及在一个全新的、毫无准备的情境中处理问题的能力。

（二）面试前的准备

面试是求职的关键环节，需要事先做好准备，主要包括以下几个方面。

（1）研究用人单位。"知己知彼，百战不殆"，求职者要通过多种渠道（如宣讲会、网站、社会关系等），设法了解自己所应聘公司和职位的情况，了解公司所在地、规模、背景、经营状况和发展前景，还要了解公司对员工的工作要求、待遇、培训情况。了解企业文化有助于判断公司的环境是否良好，知道公司需要招聘什么样的员工，可以帮助自己恰当地回答问题。

（2）审视自己。面试前要梳理一下自己的情况，对照应聘岗位的招聘要求，问一问自己：我是否对这个岗位感兴趣？我参与竞争的优势是什么？劣势是什么？如果被问到劣势方面，如何应对？

（3）物品准备。面试前，应把自己准备带去参加面试的文件包整理好，带上必需用品。带好求职简历、求职信、各种荣誉证书和成绩单的复印件等。多带一份简历，有备无患。

（4）面试训练。应届毕业生缺乏面试经验，在面试前有必要进行面试的学习和训练，先了解各种面试形式，学习他人的经验，并可向学长请教，还可以模拟面试的过程，锻炼展示自我的能力，积累面试的实战经验。

（5）心理准备。面试成功的关键在于自己优秀的素质以及良好的临场发挥。择业前要进行心理调适，克服紧张情绪，并排除心理干扰。面试时要放松，这样才能发挥出最佳的水平。还要注意保证足够的睡眠，保持良好状态。

（三）面试的一般程序

1. 面试开始阶段

在这段时间里，应聘者应该确定面试的总体语调和气氛。这是面试中非常重要的一个阶段，要给对方良好的第一印象。所以要面带微笑，注视对方的眼睛，礼貌地握手，问候时显得兴致勃勃、信心百倍。

2. 正式面试阶段

在这段时间里，面试双方的主要任务是互相了解情况。面试官在这段时间里要同时对应聘者做出三种评估：①你的能力和性格是否适合这项工作。②如果你成为公司中的一员，能为公司做出什么贡献。③如果面试官决定聘用你，你的稳定性如何。应聘者必须让面试官觉得你热情、友好，使他相信你完全符合上述三个条件。应聘者还应该利用这段时间主动打听一些关于公司以及工作的情况，这样做一方面可以表示你对该公司非常关注；另一方面可以从面试官的介绍中了解到他们到底想找什么样的人。

3. 面试结束阶段

此时应聘者应表现出对该公司的兴趣，还要对面试官表示感谢。如果结果还没有确定下来，那么你可以问："我哪些地方符合你们的要求？哪些地方不符合？"或者"我有希望被录用吗？"这些问题表达了你对他们的兴趣，可以增加他们对你的印象，提高你被录用的可能性。要善于觉察面试官暗示面试结束的种种迹象，如他开始整理纸张或不再继续提问，这就是告诉你面试已经结束了，你应及时且有礼貌地告辞。

(四)面试着装

服装和外貌同交谈一样,是面试官了解应聘者的重要内容。从某种程度上说,这绝不亚于面试中的语言对白。如果一个应试者能镇定自若,注意仪态,穿着得体,面试时就能脱颖而出。所以,应试者在面试出发之前应着重对自己的外观进行一番打扮,使自己在面试时有一个良好的外表和精神面貌。

大学毕业生在求职过程中的着装整体上要求给人以整洁、大方的感觉,不追求名牌、高档服装,最好不穿新买的衣服,穿平时熟悉、有自信的服装。颜色以中性为主,避免夸张、刺眼的颜色。

(1) 男同学准备服饰一般应注意的事项

宜穿西装,打领带;皮鞋要打鞋油,鞋一定要擦干净;男生的头发必须干净整洁,有光泽,不要把发型搞得过于新奇、引人注目;胡须和鼻毛必须清理干净。

(2) 女同学准备服饰一般应注意的事项

宜穿职业套装套裙,给人朴实、大方、明快的感觉,但不宜穿紧身衣服或牛仔装、运动裤,尤其是无袖、露背、迷你裙等前卫服装;不要穿露出脚趾的凉鞋,宜穿素色素面的一寸半包鞋;女生可以化淡妆,勿浓妆艳抹,不宜涂指甲,不宜擦拭过多的香水;头发最好束起来;不要佩戴造型过于夸张的饰品。

(五)面试中的礼仪

面试中良好的礼仪能向面试官传递这样的信息:我非常尊重您,也很希望获得这份工作,同时我对自己面试成功充满自信。

1. 赴约守时

守时是职业道德的一个基本要求,如果你面试迟到,那么不管你有什么理由,也会被视为缺乏自我管理和约束能力,即缺乏职业能力,给面试者留下非常不好的印象。提前10分钟到达面试地点效果最佳,而提前半小时以上到达亦会被视为没有时间观念。

2. 进入用人单位

对于应试者,必须明白你的面试有可能从你一踏入单位的大门就开始了,必须时刻留意。到了招聘单位,如果面试单位有前台服务,则开门见山说明来意,经指导到指定区域落座,若无前台,则找工作人员求助。这时要注意用语文明,开始的"您好"和被指导后的"谢谢"是必要的。

3. 等待面试

参加面试时不要来回走动显得急躁不安,也尽量不要与别的接受面试者聊天,你的谈话对周围的影响是你难以把握的,这也许会导致你应聘的失败。另外,特别提醒毕业生,在等待面试期间,有可能会发生一些预想不到的事情,这时要谨慎,这可能是招聘单位有意设计的测试情景。

4. 进入面试现场

无论门是敞开还是关闭的,进入面试室之前一定要敲门。连续敲两次门是较为标准的。敲门力度适中,进入后轻轻将门关上,然后面带微笑走向面试官。走到面试官面前,应亲切地道一声"您好",等面试官示意你坐下时方可坐下。坐下后不要背靠椅子,也不要弓着腰,应该很自然地将腰伸直。

5. 面试过程中的形体

在面试中,上身正直,微向前倾,目光注视面试官的眼部和脸部以示尊重,双手放在扶手上或交叉于腹前,双腿自然弯曲并拢,双脚平落地面;特别提醒,不能两脚交叉,更不可跷二郎腿;双手不宜做各种小动作,不要弓腰曲背,抓耳挠腮。不宜趴在桌子上,应自然挺直上身。面试过程中不能左顾右盼,不要看表。在面试过程中,如果工作人员向你发放资料或索要资料,一定起身接受或递送,并说声"谢谢"。

6. 学会做倾听者

要耐心听完面试官的问题,切忌中途插嘴,弄清楚他要你回答的究竟是什么。有些人在别人说话时仿佛都听进去了,等别人说完,却又问道:"很抱歉,你刚才说些什么?"对说话的人来说是件很失礼的事。所以参加面试,一定要集中精神,细心地听完对方讲话。

7. 谈吐文雅、谦逊,态度热情

如果用人单位有两位以上面试官时,回答谁的问题,你的目光就应注视谁,并应适时地环顾其他面试官以表示你对他们的尊重。谈话时,眼睛要适时地注意对方;激动地与用人单位争辩某个问题也是不明智的举动,冷静地保持不卑不亢的风度是有益的。有的用人单位专门提一些有压力的问题试探你的反应,如果处理不好,容易乱了分寸,面试的效果显然不会理想。

8. 回答问题

对用人单位面试官提出的问题要逐一回答,对方给你介绍情况时,要认真聆听。为了表示你已听懂并感兴趣,可以在适当的时候点头或适当提问、答话。回答面试官的问题,口齿要清晰,声音要适度,答话要简练、完整。问话完毕,听不懂时,可礼貌地要求重复(尽量不要出现这种情况)。当不能回答某一问题时,应如实告诉用人单位,不要不懂装懂。

9. 退场

面试结束时,应站起来对面试官表示感谢。在走出面试室时先打开门,然后转过身来向面试官鞠一躬并再次表示"感谢,再见!",最后轻轻地将门合上。

(六)面试中的语言技巧

面试场上你的语言表达艺术标志着你的成熟程度和综合素养,对求职应试者来说,掌握语言表达的技巧无疑是重要的。

1. 语言礼貌,生动形象

礼貌用语是一个人文化修养的表现,也是对他人的尊重。因此,面试中应注意使用礼貌语言,如"您""请""对不起""谢谢"等,还应包括在语言交谈中的委婉含蓄、豁达大度。有时面对难堪的局面,即使自己有理,也需礼让三分,使面试官感到你通情达理、随和而有诚意,礼貌而有修养。

2. 口齿清晰,语言流利,沉着应对,表达简洁

交谈时要注意发音准确,吐字清晰。还要注意控制说话的速度,以免磕磕绊绊,影响语

言的流畅。面对有压力的问题应保持冷静,不动声色,待明确对方意图后,再委婉应对。应试者的谈话和应答要做到简洁、清晰、准确。交谈时一般先将自己的中心论点表达出来,然后再做叙述和论证。

3. 语气平和,语调恰当,音量适中

面试时要注意语言、语调、语气的正确运用。自我介绍时,最好多用平缓的陈述语气,不宜使用感叹语气或祈使句。音量的大小要根据面试现场情况而定,以每个面试官都能听清你的讲话为原则。面试并不要求应试者表现出高超的演讲技巧,只要求其讲话条理清楚,不急不缓,通过表情、声音、语调的配合,传达出热情、诚恳、乐观、合作的态度。

4. 语言要含蓄、机智、幽默

说话时除了表达清晰以外,适当的时候可以插进幽默的语言,使谈话增加轻松愉快的气氛,也会展示自己的优越气质和从容风度。尤其是当遇到难以回答的问题时,机智幽默的语言会显示自己的聪明智慧,有助于化险为夷,并给人以良好的印象。

5. 掌握倾听的技能,注意听者的反应

虽然面试中发问的是面试官,回答的是应试者,应试者说的时间比听的时间多,但应试者还是必须学会倾听。应试者要时刻关注面试官思维的变化、谈话的要点、主题的转变以及语音、语气、语调、节奏的变化等各种信号,准确进行分析判断,然后才能采取合理有效的应对措施。要尊重面试官,保持耐心;要专心致志,适时提问;要洗耳恭听,敏捷应对。

6. 乘"兴"而进,赢得成功

有经验的面试官大多注意把握面试的气氛和情绪。面试中当你的表达有"新意"时,面试官会点头,或会心地一笑,或者鼓励说"你再说下去",这是面试官对你感兴趣的表示,一定要做出快速反应,就这一点可多谈一些,或者干脆停下来,听听他对你的评价。抓住面试官的兴趣点,乘"兴"而进,扩大战果,是赢得面试成功的秘诀之一。

7. 面试语言的忌讳

(1) 缺乏自信的问语

"你们要几个?""你们要不要女生?"这是缺乏自信的表现。

(2) 开口就问待遇

"你们的待遇怎么样?"谈论报酬要看时机,一般是在双方已有初步意向时才委婉地提出。

(3) 不合逻辑的答语

面试官问:"请你告诉我你的一次失败。"若回答"我没有失败过。"这样的搪塞之语在逻辑上是讲不通的。

(4) 说出熟人

拉近乎的"套语",如"我认识你们单位某某""某某经理和我关系很不错"等,这种话面试官听了可能会反感。

(5) 拿腔拿调的语言

拿腔拿调的语言表达会给人留下过于做作的印象。

(6) 不切实际的"洋话"

有些求职者在回答问题时喜欢不断地夹杂一些英语单词,如果应聘职位并没有特殊的英语要求,这样的应聘者是不受欢迎的。

(7) 本末倒置的话语

应聘者的问题如果超出了应当提问的范围,很容易使面试人产生反感。

(七) 面试行为的忌讳

1. 忌迟到失约

迟到和失约是面试中的大忌,这种行为不但反映出求职者没有时间观念和责任感,更会令面试官觉得求职者对这份工作没有热忱,印象分自然大减。如因有要事迟到或缺席,一定要尽早打电话通知该公司,并预约另一个面试时间。

2. 忌数落别人

切勿在面试时当着面试官数落现任或前任雇主、同事、同学、老师的不是。这样做会令人觉得你不好相处,因而招来面试官的反感。

3. 忌说谎邀功

面试时应实话实说,可以扬长避短,但决不能以谎话代替事实。

4. 忌准备不足

无论学历如何高,资历如何深,工作经验如何丰富,当面试官发现求职者对申请的职位知之不多,甚至连最基本的问题也回答不好时,印象分自然大打折扣。

5. 忌长篇大论或少言寡语

面试官最怕求职者长篇大论,说个没完没了。面试时只需针对问题,重点回答。与此相反,有些求职者十分害羞,不懂得把握机会表现自己,无论回答什么问题,答案往往只有一两句,甚至只回答"是、有、好、可以"等,这同样不可取。

6. 忌语气词过多

使用太多"呢、啦、吧"等语气词或口头禅,会让人不舒服,也会让面试官误以为求职者自信心和准备不足。

7. 忌欠缺目标

面试时,千万不要给面试官留下没有明确事业目标的印象,会被认为缺少主动性和创造性,对企业贡献有限。

(八) 回答问题的技巧

1. 把握重点,简洁明了,条理清楚,有理有据

一般情况下回答问题要结论在先,议论在后,先将自己的中心意思表达清晰,然后再做叙述和论证。否则,长篇大论,会让人不得要领。

2. 讲清原委,避免抽象

用人单位提问总是想了解一些应试者的具体情况,切不可简单地仅以"是"和"否"作

答。应针对所提问题的不同,有的需要解释原因,有的需要说明程度。

3. 确认提问内容,切忌答非所问

面试中,如果一时难以理解对方问题的含义时,可将问题复述一遍,并先谈自己对这一问题的理解,请教对方以确认内容,然后再回答。

4. 有个人见解,有个人特色

用人单位相同的问题问得听得多了,会有乏味、枯燥之感。只有具有独到的个人见解和个人特色的回答,才会引起对方的兴趣和注意。

5. 知之为知之,不知为不知

面试遇到自己不知、不懂、不会的问题时,回避闪烁、默不作声、牵强附会、不懂装懂的做法均不足取,诚恳坦率地承认自己的不足之处,反倒会赢得面试官的信任和好感。

(九)消除紧张的技巧

有些大学生可能由于过度紧张而导致面试失败,因此必须设法消除过度的紧张情绪。

1. 面试前可翻阅一本轻松活泼、有趣的杂志书籍

这时阅读书刊可以转移注意力,调整情绪,克服面试时的怯场心理。

2. 面试过程中注意控制谈话节奏

进入面试场致礼落座后,若感到紧张,先不要急于讲话,而应集中精力听完提问,再从容应答。一般开始谈话时可以有意识地放慢讲话速度,等自己进入状态后再适当加快语速。这样,既可以稳定自己的紧张情绪,又可以扭转面试的沉闷气氛。

3. 回答问题时,目光可以对准提问者的额头

面试时把目光集中在对方的额头上,既可以给对方以诚恳、自信的印象,也可以鼓起勇气,消除自己的紧张情绪。

【总结案例】

面试的12个经典问题及回答思路

以下是摘自"中国人才指南网"(www.cnrencai.com)对面试中经常出现的一些典型问题总结、归纳出的回答思路和参考答案。读者无须过分关注分析的细节,关键是要从这些分析中"悟"出面试的规律及回答问题的思维方式,达到"活学活用"。

1)"请你自我介绍一下。"

(1) 这是面试的必考题目。

(2) 介绍内容要与个人简历相一致。

(3) 表述方式上尽量口语化。

(4) 要切中要害,不谈无关、无用的内容。

(5) 条理要清晰,层次要分明。

(6)事先最好以文字的形式写好背熟。

2)"谈谈你的家庭情况。"

(1)家庭近况对于了解应聘者的性格、观念、心态等有一定的作用,这是招聘单位问该问题的主要原因。

(2)简单地罗列家庭人口。

(3)宜强调温馨和睦的家庭氛围。

(4)宜强调父母对自己教育的重视。

(5)宜强调各位家庭成员的良好状况。

(6)宜强调家庭成员对自己工作的支持。

(7)宜强调自己对家庭的责任感。

3)"你有什么业余爱好?"

(1)业余爱好能在一定程度上反映应聘者的性格、观念、心态,这是招聘单位问该问题的主要原因。

(2)最好不要说自己没有业余爱好。

(3)不要说自己有哪些庸俗的、令人感觉不好的爱好。

(4)最好不要说自己仅限于读书、听音乐、上网,否则可能令面试官怀疑应聘者性格孤僻。

(5)最好能有一些户外的业余爱好来"点缀"你的形象。

4)"你为什么选择现在的学校和专业?"

高考填报志愿时,当然有好几个高校是我理想的选择。按高考成绩进入现在的学校,它是我的选择之一,当然这个专业是我喜欢的专业。喜欢的或感兴趣的专业,也是我学习的动力之一,事实上,通过四年或三年的学习生活,我对我在学校所学的专业感觉很好。

回答这一问题时,要对自己的学校和所学的专业有一种崇高和热爱的心情,并应抱有信心。随意菲薄母校和所学的专业是一种极不负责的态度,会引起别人的反感,甚至让人怀疑应试者是否有真才实学。

5)"你最崇拜谁?"

(1)最崇拜的人能在一定程度上反映应聘者的性格、观念、心态,这是面试官问该问题的主要原因。

(2)不宜说自己谁都不崇拜。

(3)不宜说崇拜自己。

(4)不宜说崇拜一个虚幻的或是不知名的人。

(5)不宜说崇拜一个明显具有负面形象的人。

(6)所崇拜的人最好与自己所应聘的工作能"搭"上关系。

(7)最好说出自己所崇拜的人的哪些品质、哪些思想感染着自己、鼓舞着自己。

6)"谈谈你的缺点。"

(1)不宜说自己没缺点。

(2)不宜把那些明显的优点说成缺点。

(3) 不宜说出严重影响所应聘工作的缺点。
(4) 不宜说出令人不放心、不舒服的缺点。
(5) 可以说出一些对于所应聘工作"无关紧要"的缺点,甚至是一些表面上看是缺点,从工作的角度看却是优点的缺点。

7)"谈一谈你的一次失败经历。"
(1) 不宜说自己没有失败的经历。
(2) 不宜把那些明显的成功说成是失败。
(3) 不宜说出严重影响所应聘工作的失败经历。
(4) 所谈经历的结果应是失败的。
(5) 宜说明失败之前自己曾信心百倍、尽心尽力。
(6) 说明仅仅是由于外在客观原因导致失败。
(7) 失败后自己很快振作起来,以更加饱满的热情面对以后的工作。

8)"你为什么选择我们公司?"
(1) 面试官试图从本题中了解你求职的动机、愿望以及对此项工作的态度。
(2) 建议从行业、企业和岗位这三个角度来回答。
(3) 参考答案——"我十分看好贵公司所在的行业,我认为贵公司十分重视人才,而且这项工作很适合我,相信自己一定能做好。"

9)"谈谈在五年的时间内,你的职业规划。"
这是每一个应聘者都不希望被问到的问题,但是几乎每个人都会被问到,比较多的答案是"管理者"。但是近几年来,许多公司都已经建立了专门的技术途径。这些工作职位往往被称作"顾问""参议技师"或"高级软件工程师"等。当然,说出其他一些你感兴趣的职位也是可以的,比如产品销售部经理、生产部经理等一些与你的专业有相关背景的工作。要知道,面试官总是喜欢有进取心的应聘者,此时如果说"不知道",或许会使你丧失一个好机会。最普通的回答应该是"我准备在技术领域有所作为"或"我希望能按照公司的管理思路发展"。

10)"如果我录用你,你将怎样开展工作?"
(1) 如果应聘者对于应聘的职位缺乏足够的了解,最好不要直接说出自己开展工作的具体办法。
(2) 可以尝试采用迂回战术来回答,如"首先听取领导的指示和要求,然后就有关情况进行了解和熟悉,接下来制订一份近期的工作计划并报领导批准,最后根据计划开展工作。"

11)"你是应届毕业生,缺乏经验,如何能胜任这项工作?"
(1) 如果招聘单位对应届毕业生的应聘者提出这个问题,说明招聘单位并不真正在乎"经验",关键看应聘者怎样回答。
(2) 对这个问题的回答最好要体现出应聘者的诚恳、机智、果敢及敬业。
(3) 可以采用如下回答:"作为应届毕业生,在工作经验方面的确会有所欠缺,因此在读书期间我一直利用各种机会在这个行业里做兼职。我也发现,实际工作远比书本知识丰富、复杂。但我有较强的责任心、适应能力和学习能力,而且比较勤奋,所以在兼职中均能圆满完成各项工作,从中获取的经验也令我受益匪浅。请贵公司放心,学校所学及兼职的工作经验使我一定能胜任这个职位。"

12)"你希望与什么样的上级共事?"

(1)通过应聘者对上级的"希望"可以判断出应聘者对自我要求的意识,这既是一个陷阱,又是一次机会。

(2)回答对最好回避对上级具体的希望,多谈对自己的要求。

(3)可以采用如下回答:"作为刚步入社会的新人,我应该多要求自己尽快熟悉环境、适应环境,而不应该对环境提出什么要求,只要能发挥我的专长就可以了。"

【探索与思考】

(1)笔试前需做好哪些准备?

(2)面试前需做好哪些准备?

(3)查阅资料回答:什么是无领导小组面试?应如何应对?

模块八　职场适应与职业发展

模块导读

经历了毕业前找工作的艰辛,大学生跨出校门,迈向社会,走上了向往已久的工作岗位。校园与职场是截然不同的环境和文化,如何适应这一环境转变,顺利度过职业适应期,将是摆在每一位大学毕业生面前的现实问题。大学生过惯了相对单纯、清静、被动的校园生活,投身社会走上工作岗位后,一接触实际,常常会感觉到自身与社会之间存在着一些矛盾,工作中有许多困难,这是大学生踏上工作岗位后首先应该思考的一个问题。这时,如果你能客观地审时度势,尽快地完成从大学生到工作人员的角色转换,顺利地渡过这个转换的适应期,得心应手地开展工作,将会为今后的职业生涯打下良好的基础。

本模块将从如何实现角色转换、培养良好的职业道德、建立自己良好的人际关系,以及掌握职场基本礼仪和提高职场基本技能方面进行全面的讲解。

8.1　逐渐适应职业

【名人名言】

一个有事业追求的人,可以把梦做得"高些"。虽然开始时是梦想,但只要不停地做,不轻易放弃,梦想就能成真。

——虞有澄

【学习目标】

(1) 学会如何实现角色转换。
(2) 学会培养良好的职业道德。
(3) 了解如何建立自己良好的人际关系。

【导入案例】

第一份工作

李华,某职业学院文秘专业的毕业生,毕业时找到了一份在财经类媒体负责杂志活动和推广的工作,职位是大客户主管,小李的核心工作是征订杂志,扩大发行量。他在工作中遇到的问题是杂志征订量太少,影响个人收入,很难过上所期望的生活,而且他每个月还要给家里寄钱,家庭和生活给他造成了双重压力。

小李8月份进入这家单位,刚开始的时候他制定了一个详细的营销方案,当时他满怀信心,将方案提交给领导后,领导满口答应,说一定尽力配合,但鉴于报社的工作程序复杂,此计划并没有得到按期有效的实际执行。更多的还是和客户口头交流,而没有明确的书面文件。

在小李工作的第二个月里,他改变策略,变被动为主动。因为小李知道报社工作流程慢,能自己做主就自己做主,尽量少和报社官方发生联系,但征订工作仍没有什么起色,小李仍拿着很低的底薪生活。家庭、生活、追求,下一份工作该何去何从,小李难以抉择。

分析：小李是一个刚参加工作的职场新人,他的困境也是所有职场新人未来要经历的工作状态。小李在这份工作上的心态,验证了大学生从毕业之初到转换工作的完整工作状态。

一、角色认知和转变

（一）角色与职业角色

社会学对角色的定义是"与社会地位相一致的社会限度的特征和期望的集合体"。通俗地讲就是我们在生活中的人际关系和肩负的责任集合体。家人、朋友、同事及其他人际关系和责任就构成了我们在生活中的角色。人的一生要扮演很多角色,即使是同一阶段,在同一个人身上,也有可能扮演多重角色。如父母、子女、兄长、长者、晚辈、上司、下属、邻居、朋友、老师、学生等。

职业角色是指社会和职业规范对从事相应职业活动的人所形成的一种期望行为模式。如教师、医生、律师等。

（二）角色认知

角色认知是指角色扮演者对社会地位、作用及行为规范的实际认识和对社会其他角色关系的认识。任何一种角色行为只有在角色认知十分清晰的情况下,才能扮演好角色。

（三）学生角色与职业人角色的区别

大学生完成学业,步入工作岗位,实际上就是一个人由学生角色向职业人角色转换的过程。这两种角色之间存在着很大的不同,主要体现在社会责任、社会规范、社会权力、面对的环境、人际关系和对社会的认识等几个方面,如表8-1所示。

表8-1　学生角色和职业人角色的区别

内　容	学生角色	职业人角色
社会责任不同	遵守纪律,勤奋学习,接受教育,储备知识,掌握本领,有限度地参与社会实践,逐步完善自己,成为对社会有用的人。在学校里为了学习,什么事情都可以去尝试,哪怕是错误的尝试,无需承担过多的社会责任	以特定的身份去履行自己的职责,依靠自己的本领或技能独立作业,为社会付出,服务于社会。如果在工作中犯了错误,是没有挽回的机会的,就要承担成本和风险的责任,承担相应的社会责任
社会规范不同	通过国家制定的《大学生行为准则》和各学校制定的《大学生手册》来规范。违反角色规范时,主要是以教育帮助为主	对职业角色的规范因职业的不同而不同,非常具体,而且要严格执行。一旦违背就必须承担相应的责任,扣减薪水,甚至追究法律责任

续表

内 容	学生角色	职业人角色
社会权利不同	主要是依法接受教育,并取得经济生活的保证或资助。也就是说生活上遇到困难可以依赖家长,学习上遇到问题可以请教老师	依法行使职权,开展工作,运用自己的知识和能力,向外界提供自己的劳动,并在履行义务的同时取得报酬。脱离对家庭的依赖,处于完全的独立状态,自己支付生活所需的一切费用。有自己的社会交往圈子,独立面对和处理工作以及生活中的种种问题
面对的环境不同	生活环境简单:寝室—教室—图书馆—食堂四点一线;学习时间可弹性安排,有较长的节假休息日;学术上多鼓励师生讨论甚至争论	承受不同地域的生活环境和习惯;工作节奏紧张:规定上下班时间,不能迟到早退,经常加班加点,节假日很少;领导通常对讨论不感兴趣,一切以经济利益为导向
人际关系不同	人际关系是比较简单的。可以保持个性,孤芳自赏,可以不喜欢同学、老师,那只是个人的事。竞争只是促进学习的手段,没有太大的利益冲突	人际关系是较为复杂的。与同事关系不好,就会影响团队的合作和业绩,成为出局的人。竞争的胜败关系到利益的分配,谁能在竞争中取胜,谁就能获得相应的收益
对社会的认识不同	学生对社会认识和了解的途径是间接的,主要来自于书本,来自于课堂。认识的内容主要是理论性的,他们对社会的期望值很高,有完美的理想,充满着浪漫的色彩	从业者认识的途径是直接的,他们是通过亲身的实践来加深对社会的认识和了解。认识的内容是具体的,带有现实主义的色彩

(四)克服角色转变中的心理问题

在学生角色到职业人角色转变的过程中,毕业生最容易出现的心理问题就是依恋和畏惧并存、自傲与浮躁同在。

1. 依恋和畏惧并存

许多大学毕业生走上工作岗位后,怀着对学生角色的依恋,对全新的职业角色充满了畏惧,即在角色转换过程中容易依恋学生角色,出现怀旧心理。经过十多年的读书生涯,学生生活使得每一位学生在学习、生活和思维方式上都养成了一种相对固定的习惯。因此,在职业生涯开始之初,许多人常常会自觉或者不自觉地把自己置身于学生角色之中,以学生角色的社会义务和社会规范来要求自己、对待工作,以学生角色的习惯方式来待人接物,来观察和分析事物。面对新环境,一些大学生在刚走进新的工作环境时,不知道工作应该从何入手,如何应对,在工作中缩手缩脚,怕担责任,怕出事故,怕闹笑话,怕造成不良影响。于是工作上就放不开手脚,前怕狼后怕虎,缺乏年轻人的朝气和锐气。

2. 自傲与浮躁同在

有一些毕业生对人才的理解不够全面和准确,认为自己接受了比较系统正规的高等教育,拿到了文凭,学到了知识,已经是比较高层次的人才了。因而,往往看不起基层工作和基层工作人员,甚至认为一个堂堂的大学毕业生干一些琐碎的不起眼的工作是大材小用,有失身份。于是就轻视实践,眼高手低。一些人在角色转换的过程中受社会环境的影响,表现出不踏实的浮躁作风和不稳定的情绪。一阵子想干这项工作,一阵子又想干那项工作,不能深入工作内部了解工作性质、工作职责以及工作技巧。

（五）角色转变的原则

1. 踏踏实实,安心本职

毕业生应尽快地从大学生活中脱离出来,努力地适应新环境,全身心地投入到工作中去,才能尽快地完成角色转换。许多大学生进入工作岗位后还留恋着大学生活,不能尽快地适应新的生活节奏,静不下心来,挑肥拣瘦,拈轻怕重,难以进入工作角色,这对角色的转换非常不利。

2. 善于观察,勤于思考——角色转换的有力保障

大学生要胜任职业角色,还需要积极开动脑筋,在工作中善于观察、勤于思考、勇于创新。只有善于观察,真正探索到职业对象的内部结构,掌握第一手资料,才能发现问题,并运用自己所学的知识努力去解决问题；只有勤于思考,在工作中才会有见解,才能逐步培养自己的独立工作能力,将所学知识和技术创新地应用于实际工作,不断提出问题、解决问题,不断总结提高,开拓工作新局面。

3. 甘于吃苦,乐于奉献

大学毕业生走上工作岗位后,应当从一开始就要甘于吃苦,严格要求自己,树立主人翁意识,增强社会责任感和归属感,培养无私奉献的精神,任劳任怨,不计较个人得失,努力承担岗位责任,主动适应工作环境,更快地完成角色转换。

二、成功转换角色的方法

（一）树立良好的第一印象

大学生就业后,在新的工作环境中树立的第一印象十分重要。第一印象好,人们与其交往的热情就高,就容易打开工作局面；第一印象不好,事倍功半。第一印象在人与人相互认识和交往过程中的作用十分重要。树立好的第一印象往往会"扩大"自己的优点,"弥补"自己的不足,即使出了点差错,也会得到别人的谅解；否则,建立了不好的第一印象,也可能会扩大自己的不足,要改变它,绝非一朝一夕。具体来讲,我们应该做到以下几点。

（1）衣着整洁,讲究仪表

初到工作单位,一定要注意衣着。服饰要同自己的身份相符,同工作单位的习惯相一致。衣服不一定时髦、高档,但应保持整洁。男士不宜蓬头垢面或油头粉面,女士不宜浓妆艳抹,要体现整洁、朴素、大方。

（2）言谈举止要得体

要体现亲切、热情、礼貌、理智,冒失莽撞、木讷呆板不可取。

（3）遵章守纪,讲究信誉

遵守时间,讲求信用,与人交往不失约,不失信,这既是工作关系中的纪律要求,又是人际交往中的一种美德。初到工作单位,提前上班,稍晚下班,严格遵守单位的规章制度,积极主动地做好力所能及的事情,工作要紧张、有序、高效。

（4）严守秘密，待人真诚

有些保密性强的单位，对工作人员的纪律要求比较严，比如，军队、安全部门等。到这些单位工作的大学生，应当严守机密，不随便向外人透露内部情况。在与同事相处时，要以诚相待，平等待人，不自惭形秽，也不傲慢无理。

同时，还应当注意做到"三勤"：嘴勤，多请教，多交流；眼勤，能够做到眼里有活儿，主动做事；手勤，多做力所能及的事。三忌：傲气，夸夸其谈；过于谦卑，不自信；过于随便或在办公室打电话聊天等。

总之，尽管良好的第一印象有助于大学生初到工作单位站稳脚跟、大学生与单位职员融为一体、大学生工作的起步与发展。但是，不能仅仅满足于建立良好的第一印象，大学生更需要通过长期不懈的努力，以自己良好的品质、正直的为人、出色的工作成绩去建立更深层次的长期印象。

（二）了解新集体

对每个大学毕业生来说，要更好地融入新的集体，必须首先对新集体有一个全面的了解。这里以公司为例，具体阐明如何了解新集体。

（1）理解公司企业文化

企业文化是一个公司长期以来形成的，具有纲领性和指导作用的一系列精神原则和行为规范的总和。公司的企业文化通常来源于高层领导者的思想和理念，反映了他们对于管理、客户服务、员工的价值和金钱等的观点和想法。从长远来看，你的满意度取决于你个人的思想和价值观与对公司的企业文化的认同程度。

（2）学习企业规章制度和"潜规则"

你在员工手册上已经看到了公司成文的规章制度，那么现在，你需要领会的三件事情是：哪些规章制度需要严格遵守？哪些没有？公司里不成文的规章制度是什么？如果你不在意，这些"潜规则"会使你在日后的工作中"碰钉子"，并且你永远意识不到是自己在犯错误。

（3）掌握初到职场的处事原则

刚参加工作，为了适应新的环境，应做好以下几个方面的事情。

① 找出单位里被大家所认可的礼仪和习惯，这对你会很有帮助，否则一旦"出错"，"忽略"不能被视为原谅你的理由。总之，以你希望别人对你的方式来对待别人是不会有错的。

② 尽快学习业务知识与技能。你必须具备丰富的知识和卓越的能力才能完成工作赋予你的使命。这些更实际的东西与学校所学的大不相同，学校里所学的是书上的理论知识，而工作更多需要的是实践经验。

③ 在预定的时间内完成工作。一项工作必定有预定的时间，初入职场的你必须在这个时间内将它完成，决不可借故拖延，若能提前完成会更好。

④ 在工作时间内避免"走私"。我们必须明确不能把丝毫个人的东西带进工作场所，哪怕是拿自家的事情与同事闲聊。

（三）克服不良心理品质

（1）性格内向、多疑。在单位里不太愿意主动和任何人交流，常给人一种冷漠、难以接近的感觉。同时,又觉得自己刚到一个新的单位容易受到别人的伤害,自我保护意识过强,经常把注意力集中在对其他人的防卫上。

(2) 自私、嫉妒心重。凡事总是先考虑自己,争名争利,既缺乏自知之明,又容不得别人超过自己,尤其是对在工作上做出突出成绩的人怀恨在心。

(3) 骄傲、瞧不起人。少部分毕业生自以为毕业于名牌大学,各方面条件都优越,专业基础扎实,一到单位就这个不顺眼,那个也看不惯,唯我独尊。

三、顺利入职的关键时期

企业招聘录用新员工的根本目的,在于让新员工尽快融入新的工作环境、遵守新的工作规则和程序,并尽早为公司做出贡献、实现绩效。为了达到这个目的,企业势必会采用多种方式引导职场新人尽快熟悉、适应新的工作环境,尽快融入新的团队。各种研究表明,"入职前三天"的积极投入对于一个职场新人来说至关重要。

(一) 入职前三天积极投入的重要性

1. 有利于职场新人尽快实现"组织社会化"

组织社会化是指将新员工转化为企业的有效成员的过程,它包括为新员工有效地完成工作做好准备、了解熟悉组织以及建立工作关系三方面的内容。正如美国人力资源管理专家、佛罗里达国际大学管理学教授加里·德斯勒所指出的那样:(新员工的)社会化过程是一个不断给员工灌输企业所期望的态度、标准、价值观以及行为模式的过程。只有当新员工完成"组织社会化"的全过程,他们才能全力为企业做出贡献。现在企业基本都认识到了入职前三天的有效引导对于职场新人短时间内实现"组织社会化"的意义,基本都会开展相应的活动帮助新员工尽快适应工作。

外因通过内因起作用。无论企业如何努力地对新人进行引导,最终能否在短时间内了解公司状况、熟悉公司环境,有效推进从学生转变成为职场人的过程,很大程度上还是取决于职场新人的投入程度。

2. 有利于职场新人快速对企业产生认同感和归属感

企业在员工入职的前三天,一般都会让职场新人了解企业的发展历史、战略发展目标、组织结构和管理方式、企业文化、工作的流程与制度规范,明确企业的经营竞争目标及工作中的职责、程序、标准等,帮助新人更快地适应新的工作环境和岗位要求,建立良好的人际关系,增进员工间的团队意识与合作精神。在入职的前三天培训中应尽快让新人对企业产生认同感和归属感。

3. 对职场新人的个人职业发展产生深远影响

入职前三天,是企业引导员工、员工融入企业的过程,也是企业考核员工、员工展示自我的过程。职场新人一定要以认真的态度把握好这样一次充实自己、表现自己和提升自己的良机。事实证明,很多毕业生就是因为入职初期显露才华、表现出色而被委以重任的。

4. 有利于职场新人尽快进入职业岗位稳定发展期

职业岗位适应期分为兴奋好奇期、矛盾冲突期、协调平衡期、稳定发展期四个阶段。在兴奋好奇期,职场新人刚走上工作岗位,心情异常兴奋,对新的环境充满新鲜感和好奇感,渴望全面了解职业岗位的特点、待遇、发展前途,希望能在岗位上大显身手。在矛盾冲突期时,好奇心理逐渐消失,随之而来的是矛盾和冲突,产生了理想与现实等一系列的矛盾。在协调平衡期时,一些人会灰心丧气,不能面对现实,若不及时调整,就会变得意志消沉,或逃避现实,或怨天尤人,产生退却的念头。进入稳定发展期后,职场新人逐步适应所处的职业环境,职业理想和兴趣开始形成并逐步稳定,对周围的人际环境开始认同,能主动地把自己融合到环境中去,在心理上成为集体中的一员。

5. 使职场新人能尽快了解职业岗位的特点

入职前三天的积极投入,使职场新人能尽快了解职业岗位的特点、待遇及发展前途等,确定自己的发展目标,为顺利地开展新的工作奠定良好的基础,进入良性的发展轨道,即使遇到各种困难,也能及时调整心态,稳步发展。

(二)入职前三天的目标任务

美国人力资源管理专家加里·德斯勒认为,有效的新员工培训应当完成四个主要任务:①新员工应当感到受欢迎和自在;②新员工应当对组织有一个宏观的认识;③新员工应当清楚在工作和行为方面组织对他们的期望;④新员工应当开始进入按企业期望的表现方式和做事方式行事的社会化过程。

(三)职场新人如何有效度过入职的前三天

入职阶段是职场新人专业发展的重要阶段。职场新人在入职期能否成功实现从学生到职业人这一角色的转变,不仅影响他们的职业认同感和职业持久性,还会影响他们整个职业生涯过程中的专业发展状况,决定着他们未来的职业形象。

1. 以积极的心态开启职场生涯

职场新人刚进入职场大多是从基层做起,要学会适应艰苦、紧张而又快节奏的基层生活。新人要学会入乡随俗,适应新的环境。

2. 认真参加入职培训,有意识地进行角色转换

认真参加企业的入职前培训,熟悉企业的状况、企业的文化、岗位的要求,转变思想观念,转变思维习惯,有意识地从"局外人""学院人""理论人"向"企业人""职业人""实践人"转变。初步对自己进行角色定位,明晰自己"职业化"的路径。

3. 积极主动融入新环境

一是做事要积极主动有耐性。俗话说:"良好的开端是成功的一半。"职场新人要准备好从底层做起,不断积累经验、提升能力,为今后的职业发展打下一个良好的基础。二是要学会职业交往,处理好职业适应期的人际关系。真诚、谦虚、主动、热情,懂得"善之下而方能之上"的道理,尊重他人。在适应新同事的过程中,一要注意观察,少发议论,尤其不要在一个同事面前指责另一个同事;二要为人随和、谦虚守信;三要关心他人,检点自己,要真诚关心周围的同事,别人有什么困难时,应主动问候,并提供力所能及的帮助;四要胸怀宽广,不斤斤计较。在新环境中,职场新人要尽可能地满足同事们对自己的"角色期待",缩短"角色距离"。

四、职业适应

与角色转变同样重要的是职业适应。对于一个刚刚毕业的大学生来说,如何尽快适应新的职场环境并有作为显得尤为紧要。

(一)职业适应中常见的问题

1. 定位问题

中国就业市场曾经爆出两条特别引人注目的新闻:南方某高校毕业生号召成立"薪资联盟",抵制用人单位压低薪资标准,拒签低于每月2500元的就业协议;与此同时,东北某高校毕业生为了挤进自己向往的单位,主动提出"零工资就业",即在见习期不要钱,经过考验认可后再建立劳资关系。这是两个截然相反的现象,但却同时反映了现今大学毕业生就业择业时在工作定位上的问题。前者体现了一些大学生不切实际的一厢情愿,对社会现实缺乏基本的判断力,没能根据现实情况的变化及时调整自己的心理定位。即使之后进入了职场,也会因为期望值过高、优势心理作祟而影响其职业适应力。另一方面,所谓零工资就业就显得过于被动消极,同样是对自己职业定位的偏差,无底线的低姿态未必换来工作上的好结果。

2. 心态问题

据一项对1万多名学生的调查显示,其中50%左右的学生认为,35岁前将达到自己职业生涯的顶峰。事实上,对于很多在职场上打拼多年的经验人士或成功人士来说,这样的想法实在不切实际。但是由于大多数大学生从未经历过社会的磨砺,心态容易浮躁。一方面,总是考虑自己能从社会从工作中得到什么,而很少思考自己为他人和集体所作的贡献。另一方面,很多大学生在就业时抱着"骑驴找马"的心态,总是想着先随便找到一个工作,随时都考虑是否能够跳槽或有更佳的选择,因此在工作的过程中不免会受到这种不安定心态的影响,不能脚踏实地地工作。这些心态上的偏差都会影响单位对大学生的评价。

3. 经验问题

造成大学生就业坎坷的另一个关键因素就是大学生缺乏实际工作经验。从现今许多单位招聘启事中不难看出,"具有相关工作经验"是单位非常看中的一个条件。某省高校曾经对即将毕业的近千名大学生作了问卷调查,结果发现,60.09%的大学生认为在择业中最缺乏的是实践工作经验,这也是在参加招聘中最令人尴尬的"短处"之一。调查还发现,约有27%的人力资源主管认为应聘者的工作经验越实用越容易被录用,超过七成的跨国企业会根据具体职位的要求选择应聘者。

社会原因和大学生个人的原因双方面的因素引发了毕业生出现各个方面的职业适应性不良现象。大学生若想从根本上解决当下的就业困难,就必须要从自身查找原因,并且积极克服,以提升个人的职业适应力。

(二)职业适应的标志

1. 自信快乐,形成良好的工作心态

当我们每天用积极愉快的态度走向工作岗位时,就能用富有创造性和建设性的方法去对待一切疑难和不顺利。快乐地工作其实是一种精神。

职场的自信心来自两个方面：一方面来自内在的知识、理想和人生体验积累；另一方面来自外在的得体、自如的表现。真正的自信心是一种坚定必胜的信念。

2．热爱工作，培养进取的工作作风

即使做的是一份自己不太喜欢的工作，也要心甘情愿去做，凭借对工作的热爱去发掘自己身上蕴藏着的潜力、热情和巨大的创造力。有可能你的热情能给予工作以生命和活力，使工作更具有挑战性和趣味性。热爱工作会使你的整个身心充满活力，使你不断地提高自己的能力和工作兴趣，使你精力充沛不知疲倦。

五、职业适应的策略

（一）调整心态

1．克服自傲心理，从小事做起

很多刚毕业的学生不屑于从身边的琐碎小事做起，看不起基层工作。年轻人刚参加工作，能力还未体现，不可能马上担任重要工作，领导往往会先安排一些普通的勤杂工作，这绝不是不重视，而是对年轻人素质的一种考验，要学会服从，遵守角色规范。在平凡小事中培养自己敬业、细致、耐心、认真的品质，切不可自傲自负，眼高手低。要对自己有个客观的认识，不要将工作目标定得过高。

2．消除畏惧心理，放开手脚踏实工作

许多大学毕业生在角色转换过程中容易依恋学生角色，从而对全新的职业角色充满了畏惧。要克服这些恐惧心理，放下架子虚心学习，深入实际工作当中，不怕吃苦、不计较个人得失，努力承担岗位责任、主动适应环境。

3．虚心接受批评，从容面对挫折

对刚刚毕业的大学生来说，从跨入工作岗位的那天起，必然会受到新群体对你的评价，当然这里不乏批评。正确的态度应当是接受批评，虚心求教，认真自省，积极调整，以实际的表现来改变别人对你的评价，应善于从他人对自己的批评中更加清楚地认识自己，以此来提高自己的工作能力。工作中遇到挫折时不能急于自我否定、畏缩不前，也不能怨天尤人，要用冷静的态度客观分析自己失败的原因，进行正确的受挫归因。

（二）学会沟通

1．正确处理与领导的关系

（1）尊重上级

下级服从上级是最基本的常识，但却经常有人不能做到，原因常常是下级认为上级在某些方面比较弱，不少人会因此对上级缺乏必要的尊重。职场比拼的是综合素质，而不是专能。上级抓的是全局，不必样样精通。所以要尊重上级，主动去配合上级做好工作。不要抱怨上司，也不要跟上司怄气。注意维护领导的权威，不在背后贬低领导，不当众指责领导,愿意接受领导的批评指正。

(2) 懂"规矩"

不懂"规矩",在不该说话的时候说话、不该做主的时候做主,这是刚入职的人常犯的毛病。必须知道,无论帮老板管了多少事,也无论老板多糊涂,但他毕竟是老板,还是要由他来做主,你不能自作主张、封闭工作信息、不汇报等。

2. 正确处理与同事的关系

(1) 尊重他人,平等相处

在新单位,虽然同事们的职务、能力、才学、气质、性格、爱好等各不相同,但每个人都是自己的老师,因为他们有丰富的工作经验和娴熟的业务技能,要尊重他们的劳动和劳动成果,尊重他们的人格和感情,尊重他们的习惯和价值。

要以平等的态度对待每一个同事。不要以职务的高低、权力的大小来决定对待他人的态度;不要亲近一部分人,故意疏远另一部分人;不要认为某人对自己有用就打得火热,尽力与所有同事发展平等的友好关系。

(2) 少说多做,注意分寸

由于刚刚工作,与同事都不熟悉,这时你的一举一动都会深深印在同事的脑海中。所以言谈举止要得体,对人讲话要彬彬有礼,并要注意分寸,不能想说什么就说什么,要多看、多想、多听、少说。对于与你看法不一致的,应保持沉默,不妄加评论。多从打水、扫地、分报纸这样的琐事做起,这样易于和大家打成一片。

(3) 开阔心胸,避免冲突

同事之间,是天然的合作者,又是客观的竞争者。这种微妙的关系,必然产生既渴望合作又警觉竞争的复杂心理。要处理好这种关系,就要以诚相待,互相支持;面对冲突,应学会有效沟通,如寻找合适的时间、合适的地点进行交流。最好以商量的口气提出自己的意见和建议,并要耐心地听取对方的意见和建议,然后在互相尊重、相互谅解中达成一致意见。如不能同意,也要用幽默的方式避免不愉快或转移话题。争论结束后,无论谁对,都要让对方明白你仅仅是对事不对人。

(4) 保持距离,远离是非

在职业生活环境中,职位的升迁,工资、奖金的发放等都与个人的利益相关,因此,同事之间的关系比较微妙和复杂,要保持距离,采取中道而行,适可而止。

不打听别人的隐私,如生活状况、感情纠葛等,不能什么事都过问。单位里总有一些人喜欢评论是非,难免出现各类小团体。刚到单位的新人,不可能了解事情的来龙去脉,更没有正确分析判断的能力,因此要远离是非,不参与议论,更不要散布传言。不利于团结的话不说,不利于团结的事不做,不挑拨是非,不猜疑嫉妒,堂堂正正做人,因为你缺乏资历,最容易成为是非旋涡的牺牲品。

(5) 参加活动,积累人脉

要培养自己的归属感,主动和同事打成一片,多参加集体活动。在闲暇之余,多与同事们一起出去吃饭和娱乐,如唱歌、跳舞、郊游、度假等,这不仅能彼此增进了解,也能让你获得更多的快乐和放松,还能使你了解到在公众场合难以获得的信息,这样会更自然地与同事们融为一体,培养和谐的人际关系。

六、培养良好的职业道德

职业道德是人们在一定的职业活动中应遵循的、体现一定职业特点的职业行为准则和规范。职业院校学生职业道德养成的途径和方法如下。

(一) 在日常生活中培养

职业道德行为的最大特点是自觉性和习惯性,而培养自己良好习惯的载体是日常生活。在日常生活中培养职业道德应做到以下两点。

1. 从小事做起,严格遵守行为规范

行为规范是指各项规章、制度及在行为方面约定俗成或明文规定的标准、准则。它告诉人们该怎样做,不该怎样做。大学生要从点点滴滴做起,切实按照学校的各种规范要求自己,衡量自己的言行,不能随心所欲,放纵自己。

2. 从自我做起,自觉养成良好习惯

良好的习惯是一个人终身受用的资本,不好的习惯是人一生的羁绊。大学生要从行为规范要求入手,从行为习惯训练抓起,持之以恒,养成良好的习惯。

(二) 在专业学习中训练

1. 增强职业意识,遵守职业规范

职业意识是人们对求职择业和职业劳动的各种认识的总和,是职业活动在人们头脑中的反映。职业规范是指某一职业或岗位的准则,包括职业规范和道德规范。"凡事预则立,不预则废。"大学生要在专业学习和实习中增强职业意识,遵守职业规范,这是未来做好工作、实现人生价值的重要前提。

2. 重视技能训练,提高职业素养

技能及职业技能是大学生就业最基本的职业素养。任何职业都有专门的职业技能,它是标志着大学生的能力是否能胜任工作岗位的基本条件,也是实现其人生价值的基本条件。

(三) 在社会实践中体验

丰富的社会实践是指导人们发展、取得成功的基础,是实现知行统一的主要场所。职业道德行为的养成离不开社会实践。社会实践是职业道德行为养成的根本途径。在社会实践中体验职业道德行为的方法有以下两点。

1. 参加社会实践,培养职业情感

社会实践是培养职业情感的有效途径之一,每位大学生都应该在生产实习、为民服务、青年志愿者活动、社会服务、社会调查、采访劳模和优秀毕业生等社会实践中有意识地进行体验,进而了解社会、了解职业、了解自我;熟悉职业、体验职业,明确社会对人才的道德素质要求;陶冶职业情感,培养对职业的正义感、热爱感、义务感、良心感、荣誉感和幸福感等。

2. 学做结合,知行统一

"知"是指在职业实践中经过总结经验和教训而获得的正确认识。"行"是指社会实践、职业活动,即人们改造客观世界的一切活动。在社会实践中,我们要把学和做结合起来,把学到的职业道德知识、职业道德规范运用到实践中,落实到职业道德行为中,以正确的道德观念指导自己的实践,言行一致,知行统一。

（四）在自我修养中提高

职业道德自我修养是指个人在日常的学习、生活和各种实践中,按照职业道德的基本原则和规范,在职业道德品质方面的"自我锻炼""自我改造"和"自我提高"。自我修养是提高职业道德水平必不可少的手段,是形成人们职业道德品质的内因。进行自我修养应注重以下两点。

1. 体验生活,经常进行"内省"

"内省"即内心省察检讨,使自己的言行符合规范与道德标准的要求。体验生活,经常进行"内省",就是要通过职业生活实践来认识职业,了解职业生活对从业者职业道德的要求,找出自己在职业活动中的行为与职业道德规范的差距,进行省察检讨,使自己的行为符合职业道德规范。

2. 学习榜样,努力做到"慎独"

"慎独"是指独自一个人在没有外界监督的情况下,也能自觉遵守道德规范,不做对国家、对社会、对他人不道德的事情。它既是一种道德修养方法,也是一种崇高的道德境界。有道德的人时刻注意自己的行为,尤其在别人看不见的时候更特别小心谨慎,在别人听不到的地方更特别心存畏惧。

（五）在生产实习和职业活动中强化

职业活动是检验一个人职业道德品质高低的试金石。在职业活动中强化职业道德行为要做到以下两点。

1. 将职业道德知识内化为信念

"内化"是指把学到的职业道德知识、规范变成个人内心坚定的职业道德信念。它是职业道德知识、情感和意志的结晶,也是人们职业道德行为的强大动力和精神支柱。只有这样的职业道德行为才有坚定性和持久性。

2. 将职业道德信念外化为行为

"外化"是指把内省形成的职业道德情感、意志和信念变成个人自觉的职业道德行为,指导自己的职业活动实践;在职业活动实践中,始终不渝地遵守职业道德规范,履行自己的职业责任和义务,做言行一致、表里如一的职场人。

【总结案例】

职业素养"四图"

职业素养是人们在社会活动中需要遵守的行为规范。本文所指的职业素养包含四个方面：工作境界、职场逻辑、职场行为、职业四度。职业素养是职业发展的基石。理解职业素养,以此为行动指南,你必将成为上级欣赏、同级信任、下级依赖的职场达人。

有人说,态度决定一切,这种观点未免太绝对了。但我们可以说,态度可以决定事业和人生的高度。有人把工作看成谋生手段，庸庸碌碌，他是用力在工作；有人把工作看成职业选择，忙忙碌碌，他是用心在工作；有人把工作看成事业追求，兢兢业业，他是用情在工作。用力、用心、用情，就是三个不同的境界，如图8-1所示。境界不同，事业和人生的高度自然不同。有正确态度的人，在漫长的人生道路上总会成为赢家！

价值逻辑的基本主张：价值观，不动摇。对个人来说，价值观稳定，工作、学习、生活才有秩序。不然，就会陷入混乱之中。价值观摇摆不定的人，尽管态度积极，到处寻找学习机会，也终将无法形成正确的知识体系，白白浪费了时间。如图8-2所示。

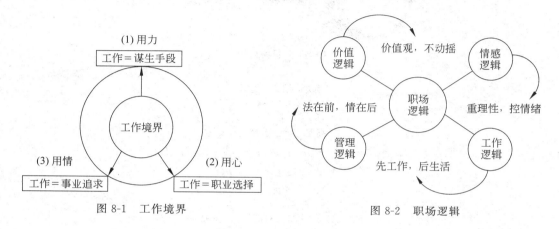

图8-1　工作境界　　　　　图8-2　职场逻辑

情感逻辑的基本主张：重理性，控情绪。对外界的刺激，我们不能做应激式反应，应该冷静思考。他人的言行伤害不了我们，唯一伤害我们的，是我们对他人言行选择的回应方式。

工作逻辑的基本主张：先工作，后生活。享乐在先，与任何企业的价值取向都是背道而驰的。先把本职工作做好，才可能有物质待遇的提升。努力通过出色的工作体现自己的价值，前途才会光明。

管理逻辑的基本主张：法在前，情在后。通常，西方人处理问题的逻辑是：法、理、情；中国人处理问题的逻辑是：情、理、法。企业发展初期，可以靠人治，但企业要想良性发展，必须靠法治。制度在先，适度考虑人情，毕竟，中国是人情社会。

职场行为是指规范、负责、合作，如图8-3所示。

规范包含流程、程序、制度、标准，对规范的遵守有三个境界：被迫、认同、自觉。因此，规范的最高境界是自觉遵守。

负责有三个境界：承担责任并采取行动；采取行动后的效果良好；思考对策并做好预防。所以，负责的最高境界是有预防意识。

合作就是与他人配合、为他人提供帮助，以利于工作完成。与规范、负责一样，合作也有三个境界：做好本职、主动协助、熟悉对方并主动支持。

态度、高度、精度、速度构成了职业四度，共同决定了职场人的未来，如图8-4所示。职业四度的形成是一个循序渐进的过程。

态度（用力、用心、用情）也就是工作的境界，本文开篇已经说明。

图 8-3 职场行为

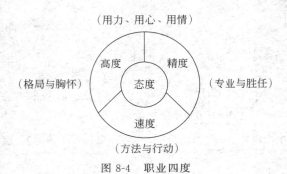

图 8-4 职业四度

高度(格局与胸怀)。有了正确态度,尤其当我们把工作当成事业的时候,当我们用情工作的时候,格局就已经形成了。格局,在一定程度上就是对未来的期许,是人生的规划。胸怀决定了格局的大小,容人容事,才能心宽路宽。

精度(专业与胜任)。每个岗位都有专业性,找对领路人,专心做事,用心体会,专业度就会不断提升。能够胜任工作,是职业发展的起点。先把事情做对,然后再把事情做好,就有了职业发展的精度。

速度(方法与行动)。把态度、高度、精度落实到具体的行动中。方法决定速度,不断优化工作方法,就会提升做事的效率。先把事情做对、做好(精度),再把事情做快(速度)。

【活动与训练】

信 任 之 旅

(一) 活动目的

通过助人与受助的体验,增加对他人的信任与接纳。

(二) 建议时间

20 分钟。

(三) 活动步骤

(1) 团体成员两人一组。一位做盲人,一位做帮助盲人的人,盲人蒙上眼睛,原地转3 圈,暂时失去方向感,然后在帮助人的搀扶之下,沿着指导者选定的路线,带领"盲人"绕室内外活动。其间不能讲话,只能用手势、动作帮助"盲人"体验各种感觉。

(2) 活动结束后两人坐下交流当"盲人"的感觉,与帮助别人的感觉,并在团体内交流。

(3) 互换角色,再来一遍,再互相交流。

(四) 讨论

对于"盲人",你看不见后是什么感觉?使你想起什么?你对你的伙伴的帮助是否满意,为什么?你对自己或他人有什么新发现?

对于助人者,你怎样理解你的伙伴?你是怎样想方设法帮助他的?这使你想起什么?

【探索与思考】

(1) 你认为自己的职业化程度如何?今后如何改进?

(2) 有同学说,大学期间人际关系好,日后进入职场人际关系也差不到哪里去,你是怎么考虑的?

8.2　全面提高职业素养

【名人名言】

财富是靠不住的。今日的富翁,说不定是明日的乞丐。唯有自身的学问、才干,才是真实的本钱。

——[法]罗曼·罗兰

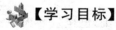【学习目标】

(1) 了解职业素养的内涵。

(2) 掌握职场的基本礼仪。

(3) 掌握职场基本管理技能。

【导入案例】

细小的举动,可以改变你的一生

小李是广东某高职的资产评估专业即将毕业的学生。两周前,校园招聘正如火如荼地在他们学校开展,小李也认真准备,带着他的个人简历去应聘。校园招聘会的现场真的是人山人海,小李选中了一家国内知名的资产评估事务所,准备投简历的时候,发现前面排队求职心切的同学们争先恐后把自己的简历硬塞给用人单位。小李因从入学开始就是班长,对于这种情况实在是看不下去,于是大喊一句:"前面的同学,请你认真排队好吗?"这一喊惊动了资产评估事务所招聘的人事经理,人事经理走到他面前,说:"同学,请问你也是资产评估专业毕业的吗?看一下你的简历可以吗?"小李顿时愣了下来,把简历递给他,人事经理看了简历说:"欢迎你这样的热心的孩子加入我们的团队,不知道你是否愿意呢?"小李受宠若惊,一定是他刚才的举动打动了人事经理的心。

分析:具备职业素质的人与他人的差别往往就在于无意识的举动。现在用人单位除了看重专业背景,更看重个人的职业能力,即为人处世、团队合作、沟通等能力,在用人单位看来,这些能力的体现就是职业化的体现。

良好的职业素养来自于良好的职业习惯、得体的职业礼仪,以及团队合作、时间管理、目标管理等娴熟的管理技能。

一、职业素养的含义

职业素养鼻祖圣·费朗西斯科(San Francisco)在其著作《职业素养》中这样定义职业素养:职业素养是人类在社会活动中需要遵守的行为规范,是职业内在的要求,是一个人在职业过程中表现出来的综合品质。职业素养具体量化表现为职商(Career Quotient,CQ),体现一个社会人在职场中成功的素养及智慧。

人的素养体现在职场上就是职业素养,它包括专业能力(职业能力)、敬业(职业态度)和道德(职业道德)、职业意识、职业行为、职业技能等方面的内容。在表现形式上,职业素养分为内化素养和外化素养。内化素养是职业素养中最根本的部分,包含个人的世界观、价值观、人生观等范畴;外化素养是指计算机、英语等属于技能范畴的素养,通过学习、培训可以获得,在实践运用中会日渐成熟。

如果说职业兴趣或许能决定一个人的择业方向,以及在该方面所乐于付出努力的程度,那么职业素养则能说明一个人在既定的职业方面是否能够胜任,也能说明一个人在该职业中取得成功的可能性。

智联招聘职场调查显示,在众多因素中,多数职场人认为扎实的基本功排在首位。

1. 专业技能

专业技能主要是指从事某一职业的专业能力。现今社会分工越来越细,已经发展为一个专业化的年代,专业人才越来越受到企业的青睐,专业能力是高级人才不可或缺的能力,它构成了高级人才的核心竞争优势。

2. 沟通能力

沟通能力包含语言文字表达能力、争辩能力、倾听能力和设计能力。一般来说,沟通能力是指沟通者所具备的能胜任沟通工作的优良主观条件。简言之,人际沟通的能力是指一个人与他人有效地进行沟通信息的能力,包括外在技巧和内在动因。其中,恰如其分和沟通效益是人们判断沟通能力的基本尺度。

实际上一个具有良好沟通能力的人,他可以将自己所拥有的专业知识及专业能力进行充分的发挥,并能给对方留下"我最棒""我能行"的深刻印象。

3. 情绪控制能力

情绪是人对事物一种肤浅、直观、不动脑筋的情感反应。它往往只从维护情感主体的自尊和利益出发,不对事物做复杂、深远的考虑。一个人真的想有所成就,就要有情绪调控的能力。成功者控制自己的情绪,失败者被自己的情绪所控制。所谓成功的人,就是心理障碍突破最多的人,因为每个人或多或少都会有各式各样、大大小小的心理障碍。

4. 解决问题的能力

一个人工作的过程就是不断地发现问题、解决问题的过程。工作的好坏在一定程度上取决于个人解决问题能力的高低。一个员工的持续竞争优势只有通过不断解决问题的价值创造过程才能获得。培养解决问题的能力也是我们职业生涯发展所不可缺少的一个重要方面。

5. 自学与创新能力

自学与创新能力也就是获取新知识的能力。现代社会是一个竞争日益激烈的社会,为了能适应现代社会的需要,要求从业者必须具备自学与创新能力。

二、职场礼仪

职场礼仪是指人们在职业场所中应当遵循的一系列礼仪规范。

(一) 个人礼仪

个人礼仪是社会个体的生活行为规范与待人处世的准则,是个人仪容、仪表、言谈、举止、待人、接物等方面的个体规定,是道德品质、文化素养、教养良知等精神内涵的外在表现。其核心是尊重他人,与人友善,表里如一,内外一致。

1. 仪容仪表

着装要得体。办公场合衣饰宜简洁、庄重。男性一般以西装为主。女性衣着忌过于短小、紧身或透明。发型要合适。男性头发前不盖眉,侧不掩耳,后不及领;女性根据年龄、职业、场合的不同,梳理得当。面部要清爽。男性宜每日剃须修面;女性宜淡妆修饰。保持口腔清洁。表情要自然,目光温和,嘴角略显微笑。手部要清洁。定期修剪指甲并保持手部洁净。女性在正式场合不宜涂抹浓艳的指甲油。

2. 行为举止

坐如钟,站如松。站的时候要两眼平视前方,两肩自然放平,两臂自然下垂,挺胸收腹提臀。坐的时候要轻稳,保持上身直立,双腿自然并拢。走的时候要抬头挺胸收腹,双臂自然摆动,脚步轻盈稳健。

(二) 办公室礼仪

1. 办公用品礼仪

公司里的物品要爱惜使用,不能挪为私用;借用他人或公司的物品,使用完以后,要及时归还或放回原处;工作台上尽量干净整洁,不能摆放与工作无关的物品;节约用水用电用纸,自觉节约公司开支;爱惜公司财物,不能有意损坏。

2. 手机礼仪

工作场合不要大声打电话;如有电话呼入,尽量不要接,或起身到人少处接听;重要会议时尽量关闭手机或调为振动;不能一边和人讲话,一边处理手机信息;不编辑或是转发思想内容不健康的短信。

(三) 商务礼仪

1. 名片使用礼仪

名片的交换是名片礼仪中的核心内容。我们在参加正式的交际活动之前,都应随身携带自己的名片,数量充足以备交往之用。交换或发送名片时应注意观察意愿,把握时机,讲究顺序。给别人的名片,应事先准备好,放在易取的地方;递名片的时候,应站立,双手递送,名片上端对自己,让自己的名字冲着对方;拿到名片后,应仔细阅读对方的姓名、职务、机构,再注视一下对方,以示尊重;收名片时,应将其小心放入上衣口袋,切忌放入裤兜。

2. 接打电话礼仪

(1) 来电铃声不可超过三次才接。

在电话铃声响了两次后接是最佳的状态。如果确实分不开身接电话,铃声超过了三次你才接起的时候,你应该向对方表示歉意,说一句"让您久等了"。拿起电话之后,先问好,并自报家门。手边准备好纸和笔,重要信息随时记录;自己的电话尽量自己处理,如需转接,应解释清楚;若对方要求与其他人通话,应尽快帮忙转接;若对方要找的人不在,应温和告知对方,并询问是否需要帮助。

(2) 接打电话时,声音大小适中,吐字清晰,表达准确,语言从容得体,自然恰当,态度热情大方,不卑不亢。

(3) 与客户通电话要坚持后挂电话的原则。

等对方先把电话挂掉,确认通话结束后你才能把电话挂掉。切忌挂电话时不要发出过大的声音。

3. 握手的礼仪

(1) 握手的方式

① 首先,起立。

② 迎向对方。如果两人距离较远,就需要马上迎向对方,在距其 1 米左右伸出右手,握住对方的右手手掌。

③ 神态专注、认真、友好,用眼神交会。

④ 微笑、致意。重复对方的名字不仅仅是一种恭维,也帮你记住对方的名字,"你好,史密斯经理。"

⑤ 时间和方式。握手的恰当时间应为两三秒钟,上下抖两三次,然后松开。握手应该是手掌对手掌,而不是指尖对指尖。

⑥ 握力。握力含义很深,不可过轻或者过重。轻握代表犹豫与胆怯。握得太用力表示过于热情或专横。中等握力传达出信心和权威。

(2) 伸手顺序

一般情况下,讲究"尊者居前",即由身份较高者首先伸手。

① 女士同男士握手时,应由女士首先伸手。

② 长辈同晚辈握手时,应由长辈首先伸手。当年龄与性别冲突时,一般仍以女性先伸手为主。同性老年的先伸手,年轻的应立即回握。

③ 上司同下级握手时,应由上司首先伸手。

④ 宾主之间握手:客人抵达时,应由主人首先伸手以示欢迎,如接待来宾,不论男女,女主人都要主动伸手表示欢迎,男主人也可以先伸手对女宾表示欢迎;客人告辞时,应由客

人首先伸手,以示主人可以就此留步。

⑤ 一人与多人握手时,既可按照由尊而卑的顺序,也可按照由近而远的顺序。

⑥ 异性间的握手,女方伸出手后,男方应视双方的熟悉程度回握,但不可太用力,一般只象征性地轻轻一握即可。

(3) 握手禁忌

与人握手时,如果不遵守约定俗成的礼仪规范,会被认为失礼。以下情况是不礼貌的:①用左手与人握手;②伸脏手、病手与人握手;③用双手与人握手(熟人之间例外);④握手时目光左顾右盼;⑤戴墨镜与人握手;⑥戴手套与人握手,社交场合中女士戴薄纱手套与人握手例外;⑦交叉握手,即越过其他人正在相握的手同另外一个人相握;⑧长久地握着异性的手不放。

三、职业习惯

The Seven Habits of Highly Effective People(中文译名是《与成功有约》)列出了成功人士必须具备的七个习惯。

1. 主动——把握命运

"主动"在这里赋予"把握命运"的意思,每个人都要为自己的人生负责。

2. 以始为终——从一开始就制定客户满意的目标

客户满意是职业人的使命,要使客户满意,首先要了解客户的期望值,据此确立目标、行动方案和行动计划,还要评估这个计划能够实现多大的客户满意度。

3. 要事为先——分清轻重

在制订计划之前,首先要认清楚:最重要的事情是什么。

4. 人际关系成功——从客户的角度考虑

对于职业经理人,成功的人际关系意味着与客户产生共鸣,获得客户满意。

5. 利人利己——双赢战略,获得最大的共同利益

利人利己,就是一种双赢战略,它的宗旨是共同利益的最大化双赢。

6. 集思广益——不断学习,不断超越自己

要集思广益,学别人所长,补自己所短,不断地超越自己。

7. 均衡发展——家庭事业双丰收

职业人所追求的全面发展的前提就是均衡发展,实现家庭和事业的双丰收。

四、时间管理

(一) 时间管理的内涵

所谓时间管理,就是指在同样的时间消耗下,为提高时间的利用率和有效性而进行的一系列控制工作。它包括以下几项内容。

(1) 做某事之前,确定使用多少时间。

(2) 利用分割与集中的方法增加自由时间,进行合理利用。

(3) 总结时间的利用情况,找出浪费时间的缘由并予以克服。
(4) 用定时定量的方法控制时间。

(二) 四象限法则

著名的管理学家科维提出了一个时间管理的理论,他把工作按照重要和紧急两个不同的维度进行划分,基本可以分为四个"象限",如图 8-5 所示。

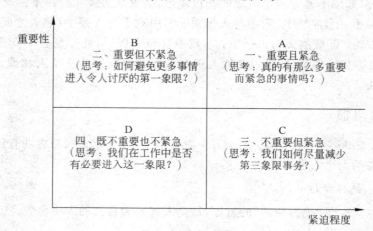

图 8-5　紧急—重要矩阵

1. 优先级 A

重要且紧急——危机和紧迫情况、有着最后期限的项目或亟待解决的重要问题,必须立即做(例如赶火车、乘飞机、上课、考试)。大多数团队领导会首先应对优先级 A。要完全消除危机是不可能的,但是可以通过预先安排来减轻危机的程度,也就是需要将它变成优先级为 B 的事情。许多优先级 A 的情况之所以会出现,是因为我们未能预见优先级 A 并对其做出计划。

2. 优先级 B

重要但不紧急——准备、预防措施、规划和审议、团队建设、团队和成员的发展,例如:制订计划、去做体检等。有效率的团队领导会将大部分精力投入到优先级为 B 的工作中,这些工作将有助于节省成员和团队的时间,最终也会有助于发展生产力,使组织取得长期业绩。

3. 优先级 C

不重要但紧急——电话、不必要的会议、帮助团队成员解决他们的问题。确实有为数不少的团队领导在优先级 C 上花费太多的时间,因为这些事情无论是看上去或是感觉上都很"紧迫",这样一来,那些团队领导就会让优先级 B 的工作(重要但不紧迫)一直积压着,直到变成危机。

4. 优先级 D

既不重要也不紧急——闲聊的电话、干扰、鸡毛蒜皮的琐事。这些都是所谓的"让人忙乱的工作",看起来也真的忙,可是都没忙到点子上。

五、目标管理

(一) 目标概述

目标是指个人、部门或整个组织所期望的成果。可以将目标通俗地理解为"目的＋标准";"目的"即做什么事,"标准"即把事做成什么样。

目标是衡量一个人行为的尺度。目标使你明确你为什么做事,你将要从中获得什么。没有目标,即使时间计划和工作方法再完美无缺,也无济于事。在一个人的奋斗历程中,最重要的不是看他在做什么,而是看他为了何种目标而努力。有了正确的目标,一个人做出的努力才有价值。

(二) 目标管理关键问题

(1) 要确定目标。一个组织总目标的确定是目标管理的起点。此后,由总目标再分解成各部门各单位和每个人的具体目标。总目标、分项目标、个人目标,左右相连,上下贯通,彼此制约,融汇成目标结构体系,形成一个目标连锁。目标管理的核心就在于将各项目标予以整合,以目标来整合各部门、各单位和个人的不同工作活动及其贡献,从而实现组织的总目标。

(2) 制订计划。健全的计划既包括目标的订立,还包括实施目标的方针、政策以及方法、程序的选择,使各项工作有所依据,循序渐进。计划规定每个目标完成的期限,否则,目标管理就难以实现。

(3) 目标管理与组织建设相互为用。目标是组织行动的纲领,是由组织制定、核准并监督执行的。目标管理实质上就是组织管理的一种形式、一个方面;它使权力下放,责权利统一成为可能。目标管理与组织建设相互为用、互相为功。

(4) 培养参与意识。培养参与管理的意识,认识到自己是既定目标下的成员,促使自己为实现目标积极行动,努力实现制定的个人目标,从而实现部门目标。

(5) 有效的考核办法。考核、评估、验收目标执行情况,是目标管理的关键环节。缺乏考评,目标管理就缺乏反馈过程,实现目标的愿望就难以达到。

六、团队合作

(一) 团队

团队是由员工和管理层组成的一个共同体,该共同体合理利用每一个成员的知识和技能协同工作,解决问题,达到共同的目标。

(二) 团队精神

团队精神反映一个人的素质、能力,一个人与别人合作的精神和能力。一个团队是个有机的整体,作为个人,只有完全融入这个有机整体之中,才能最大限度地体现自己的价值。团队精神的核心在于协同合作,有合作才能将团队的作用发挥到最大。

(三) 如何融入一个工作团队

(1) 低——放低姿态。牢记自己在工作资历方面基本是一无所有,要尊重每一个老同事,明白别人怎么做是别人的事,重要的是自己的工作做得如何,要认识到存在即是合理!

(2) 忍——小不忍则乱大谋。面对周围人的冷言冷语甚至小动作,不公开、不回应、不传播、不介入,兢兢业业地做好自己的工作,让你的工作成绩能看得到。

(3) 和——与团队融合。加快融于团队的进程,迅速变成"自己人"。

(四) 怎样培养团队合作精神

1. 尊重,无论新人或老人

尊重没有高低之分、地位之差和资历之别,平等待人,有礼有节,既尊重他人,又尽量保持自我个性,这是团队合作能力之一——尊重的最高境界。

2. 欣赏,学会欣赏、懂得欣赏

团队的效率在于每个成员配合的默契,而这种默契来自于团队成员的互相欣赏和熟悉——欣赏长处、熟悉短处,最主要的是扬长避短。

3. 宽容,让心胸更宽广

雨果曾经说过,"世界上最宽阔的是海洋,比海洋更宽阔的是天空,而比天空更宽阔的则是人的心灵"。宽容是团队合作中最好的润滑剂,它能消除分歧和战争,使团队成员能够互敬互重、彼此包容、和谐相处,从而安心工作,体会到合作的快乐。

4. 信任,成功协作的基石

团队是一个相互协作的群体,它需要团队成员之间建立相互信任的关系。信任是合作的基石,没有信任,就没有合作。信任是一种激励,更是一种力量。

5. 沟通,敢于沟通、勤于沟通、善于沟通

让所有人都了解你、欣赏你、喜欢你。一个人身在团队中,良好的沟通是一种必备的能力。成员间的沟通能力是保持团队有效沟通和旺盛生命力的必要条件。

6. 负责,自信地面对一切

负责,不仅意味着对错误负责,对自己负责,更意味着对团队负责、对团队成员负责,并将这种负责精神落实到每一个工作的细节之中。

7. 诚信,不容置疑

古人说:人无信则不立。诚信,是做人的基本准则,也是作为一名团队成员所应具备的基本价值理念——它是高于一切的。

8. 热心,帮助身边每一块"短木板"

只有一个完全发挥作用的团队,才是一个最具竞争力的团队;而只有身处一个最具竞争力的团队之中,个体的价值才能得到最大程度的体现!

9. 团队利益,至高无上

团队精神不反对个性张扬,但个性必须与团队的行动一致,要有整体意识、全局观念,要考虑到整个团队的需要,不遗余力地为整个团队的目标而共同努力。

10. 超越自我的团队意识

成功的团队提供给我们的是尝试积极开展合作的机会,而我们所要做的是,在其中寻

找到我们生活中真正重要的东西——乐趣——工作的乐趣和合作的乐趣。

七、升职策略

每一个人心中都有一座巨大的宝藏，这就是我们无限的潜能。

（一）好前途，先规划

每一位职场新人都渴望获得更好的发展机会，让自己有一个美好的事业和生活。好的前途除了必备的能力、心态和机会，首先要做的一点是认真规划。古人云："凡事预则立，不预则废。"

（二）适度弯曲，潜心积淀

年轻人心高气傲，喜欢表现自己，这种积极乐观的心态值得肯定。但工作岗位不是上演个人秀的舞台，刚刚参加工作的人一定要做事低调沉稳，"欲速则不达"，有时候适度弯曲，可以给自己省去很多不必要的麻烦。有句古话"不鸣则已，一鸣惊人"，这句话就告诉我们，人生需要潜心沉淀，只有存储的能量足够深厚，绽放时的光芒才会更加绚烂，那些弯曲就只是成长路上的小插曲而已。

（三）把握机会，秀出自己

不想当将军的士兵不是好士兵，想要有一个更好的发展机会，除了踏实做事，也要勇敢地、聪明地表现自己。可以主动请求新任务，上司欣赏的是那些不仅能胜任本职工作，而且能接受并做好分外工作的员工。可以经常与上司沟通，适度张扬自己身上的闪光点，给领导留下深刻的印象，从而让领导关注自己，提携自己。还有一点就是谦虚一定要讲究策略，做人要低调谦虚，做事却不可以。

（四）有能力，机会面前才会人人平等

只有能力强，才有可能在机会面前人人平等，与其抱怨没有机会，不如想一想自己是否有能力，能力是否强到足以为自己争取每一次机会。或许有时你会觉得没有人注意到你的努力、你的拼搏，但是如果能将自己的能力经营到完美，经营到无人可以替代，那么，机会就会主动光临。

【总结案例】

"绿叶行动"的倡议书

某天，上海师范大学的全体女教师收到了一封名为"绿叶行动"的倡议书，其主要内容是三条非常普通的要求：衣着端庄，准时上课，劝阻上课打瞌睡的学生。短短几天内，两百多名女教师积极响应倡议书。根据倡议，教师的衣着打扮无疑成了女教师们承诺的重点：杜绝穿背心、超短裙、拖鞋进课堂。"教师毕竟是教书育人的，衣着问题不得不引起足够重视。"在此次倡议发起人之一的上海师范大学妇委会常务副主任钱建萍看来，讲台上的女教师们要维护教师尊严，首先要从得体的衣着打扮开始。钱建萍说，除了拖鞋、超短裙外，吊带衫、无袖上衣等"局部暴露"的服饰也都被列入女教师"禁穿"的行列。上海师范大学法政学院青年女教师吴文艳表示，最近学校推出的"绿叶行动"其实并未引起轩然大波，因为传统教师的职业形象早已深入每位教师心中,"得体"和"端庄"作为教师的着装标准,一直以来都未随着时代的变迁而改变。

分析:作为教师,日常的职业形象对学生的影响很大。教师穿着得体,不仅是对课堂的尊重,也是对学生的尊重。规范女教师的衣着,也有助于形成教师自身良好的职业形象。

【活动与训练】

珍惜生命(时间管理)

(一)活动目的

使学员认识到时间没有弹性、无法储存、不可替代,而且是无法逆转的稀缺资源。

(二)活动时间

10分钟。

(三)活动准备

(1)游戏评价表。游戏评价表如表8-2所示。

表8-2 游戏评价表

内　　容	个人评价	学员互评	教师点评
你能否区分生活中各类事情的主次?			
你生活中是否有计划?			
你能否合理分配时间?			
自我肯定(强、中等、弱)			

(2)材料。纸、笔。请准备一张长条纸用笔将它划成10份(中间部分刚好每两列一份代表生命中的10年,分别写上10、20……的字样,最左边的空余部分写上"生"字,最右边空余部分写上"死"字,假设每个人的生命均处于0~100之间)。

(3)场地。教室。

(四)活动步骤

教师按以下顺序提出6个问题,学生按要求作答。

第一个问题:请问你现在的年龄是多少?(把相应的部分从前面撕去)过去的生命再也不会回来了,请撕得干净些!

第二个问题:请问你想活到多少岁?(假如你不想活到100岁,就把后面的撕掉)

第三个问题:请问你想多少岁退休?(请把相应的退休以后的部分从后面撕下来,不要撕碎,放在桌子上),就剩下这么长了,这是你可以用来工作的时间。

第四个问题:请问一天24小时你会如何分配?

一般人通常是睡觉8个小时,占了1/3,吃饭、休息、聊天、看电视、游戏又占了1/3,其实真正工作有生产力的约8个小时,占1/3。

所以请把剩下的折成三等份,并2/3撕下来,放在桌子上。

第五个问题:比比看。

请用左手拿剩下的1/3,用右手把退休那一段和刚才撕下的2/3加在一起,并请思考一下,你要用左手的1/3工作赚钱,提供自己右手上的吃喝玩乐及退休后的生活。

第六个问题：想一想，你要赚多少钱，存多少钱才能养活自己上述的日子，这不包括给子女和配偶的。

（五）讨论

教师引导学员讨论，请问你会如何看待你的未来？

（六）活动评价

请学员按照表8-3中的项目进行评价。评价要围绕本主题，用词要积极向上，对事不对人，不能进行人身攻击。

表8-3 游戏评价表

内　　容	个人评价	同学互评	教师点评
你还有多少事情没有做？它们需要多少时间？			
你是否能有效利用闲暇时间？			

一站到底（团队合作）

（一）活动目标

帮助同学体会团队合作的重要性。

（二）活动时间

15分钟。

（三）活动步骤

(1) 将学员分组，6～8个人一组。

(2) 在地上铺两张全开的报纸，请两组学员都站到各自小组的报纸上，要求无论用任何方式都可以，就是不可以把脚踏在报纸之外的地上。

(3) 两组都完成后，把报纸对折，请各组学员再进入报纸上。各组若有成员被挤出报纸外，则该组员将被淘汰不得再参加下一回合。

(4) 通过把报纸对折，缩小面积，不断将被挤出的成员淘汰，直到最后看哪组剩余的人多。

(5) 最后，每组派代表谈感想(1分钟)：你在游戏中学到什么？在日后的工作中，你打算如何和你身边的人进行团队合作呢？

【探索与思考】

(1) 什么是职业素养？职业人为何要具备职业素养？职业素养主要包括哪些内容？

(2) 你是如何看待办公室恋情的？这对职业生涯的发展有何利弊？

模块九　创业机会的把握

模块导读

　　创业能力是当今世界最为稀缺的社会资源,但创业是一个复杂、艰辛的过程,它需要超越自身拥有资源的限制,运用社会资本、市场机会、领导才能和大胆创新,来实现资源在更大范围内的整合和价值创造,因此我们需要培养和提高创业能力。

　　许多富有创业激情的大学生常常在各种名目繁多、种类复杂的市场机会间犹豫徘徊,为应该选择什么样的项目而烦恼。有关机构研究发现:发现市场机会并合理地选择创业项目是大学生创业成功最关键的因素之一。

　　本模块主要介绍创业意识和创业潜质的培养,以及创业潜质和创业模式、创业机会的发现和评估,目的是使得职业院校的学生具有创业意识,能将创业作为自己职业生涯发展的一个选项。

9.1　创业意识和创业者的特质

【名人名言】

　　创业,既不是科学,也不是艺术,而是实践。

——[美]彼得·德鲁克

【学习目标】

(1) 了解创业对于职业生涯的意义。
(2) 了解创业类型和特征。
(3) 熟悉创业者的品质特征。

【导入案例】

在积累中择机创业

　　武罕是某高职院校劳动与社会保障专业毕业生,在校时虽然各科学习成绩一般,但他对于自己感兴趣的课程却十分投入,上课认真,还大量扩展自己的相关阅读。另外,他还能够深入思考问题,总是追问老师一些思考不出答案的问题。毕业后他短暂从事了一段社会保障方面的工作后,发现并不是自己的兴趣所在,于是辞职选择了一家照明企业去做销售。这份工作给他带来了极大的挑战,他也爆发出了惊人的能量,充分发挥了自己知识面广、善于沟通交际的特长,当年成为公司的销售状元,并获得了较丰厚的回报。但他心中始终有一个创业的梦想,拿着这些初步的物质积累,他开始大胆地尝试一些创业项目,比如照明外围设备项目、中央空调清洁项目,甚至开过酒吧。虽然这些项目并未最终成功,但给他积累了丰富的创业经验,最终,他经过长期考察,获得了一家美国保健品企业在中国的代理资格,几年内迅速把事业做了起来,公司也越做越大。

分析: 我们要把创业作为职业生涯的一种选择。高职学生创业需要具备强烈的挑战精神、出色的沟通能力、较好的专业知识、优秀的领导艺术、良好的社会关系、敏锐的市场认知等多方面综合素质,必须了解一些国家的创业政策。由于每一个创业者的背景和所拥有的资源差异性都很大,不是每个人都适合创业。但如果创业的机会眷顾你的时候,你应该能准确地判断并抓住它!

一、创业是人生的一种选择

(一) 什么是创业

《现代汉语词典》对"创业"的解释是创办事业。而"事业"是指人所从事的具有一定目标、规模和系统并对社会发展有影响的经济活动。《辞海》对"创业"的解释是:创立基业。"基业"是指事业的基础。由此可见,创办事业是创业的本质。

创业有广义和狭义之分。广义的创业是指人类的创举活动,或指带有开拓、创新并有积极意义的社会活动。这种活动可以是盈利的,也可以是非盈利的,可以是经济方面的,也可以是政治、军事、文化、科学、教育等各个领域的。只要是人们以前没有做过的,对社会产生积极影响的事业,都可以说成创业。如美国的荣斯戴特提出:"创业是一个创造增长的财富的动态过程。"杰弗里·蒂蒙斯指出:"创业是一种思考、推理和行为方式,创业导致价值的产生、增加、实现和更新,不只是为所有者,也为所有的参与者和利益相关者。"

从狭义上所讲的创业概念,源于 Entrepreneur(企业家、创业者)一词,因而对其理解通常带有经济学的视角。如郁义鸿、李志能在《创业学》一书中指出:"创业是一个发现和捕捉机会并由此创造出新颖的产品或服务,实现其潜在价值的过程。"

我们将创业定义为:创业个人或创业团队通过寻找和把握各种商业机会,投入已有的知识、技能和社会资本,调动并配置相关资源,创建新企业,为消费者提供产品或服务,具有创新或创造性的、以增加财富为目的的活动过程。创业的概念有以下内涵。

(1) 创业的主体是个人或小规模群体。
(2) 创业的关键是商业机会的发掘与把握。
(3) 创业者的身份是资源(知识、能力、社会资本等)所有者和资源(资金、技术、人员、机会等)配置者。
(4) 创业需要创立新的社会经济单元。
(5) 创业的价值实现有赖于将所提供的产品和服务在市场上转化为商品。
(6) 创业是一个创造的过程,具有创新性。
(7) 创业具有明确的目的性:增加财富,包括个人和社会的物质与精神财富。

(二) 创业基本特征

创业具有以下几个基本特征。

(1) 自觉性。创业是创业者自觉做出的选择,是其能动性的反映。

(2) 创新性。创新是创业的主旋律,创业过程是一个不断创新的过程。

(3) 风险性。创业是有风险的,创业的过程充满成功和失败。一般来说,创业可能有政策风险、决策风险、市场风险、扩张风险、人事风险等方面的风险。

(4) 利益性。创业以增加财富为目的,没有利益的驱动,就不会有人能够承受创业所面临的风险。创业过程中获利的多少,往往也是人们衡量创业者成功与否的重要标志。

(5) 曲折性。创业者往往要受到重重挫折,经过多年艰苦奋斗,倾注大量心血,才能获得成功。创业者必须做好吃苦的思想准备,只有在困难前面不屈不挠,才能成为笑到最后的成功者。

(三) 大学生创业的原因

创业不是一件"少数人的独门绝技",创业是人人都需要了解的。也正因如此,"大众创业,万众创新"近几年经常被社会主流媒体提及,甚至成为一种风潮。那么,为什么对于大学生来讲,即便不创业,也要了解创业呢?常见的几种回答如下。

(1) 创业本身就是一种职业。

(2) 实现自我价值——这是证明自己的最好途径。

(3) 经济的要求。

(4) 替别人打工不如为自己打工。

(5) 不想回家"啃老"的无奈之举。

(6) 时间自由。

(7) 积累社会经验,提高个人能力。

(8) 是对个人能力的考验。

(9) 可以交到不少真心朋友。

(10) 国家自主创业的相关优惠政策。

(四) 大学生创业与就业的差别

选择就业与选择创业是大学生选择出路的两条完全不同的道路,主要有以下几个方面的差别。

(1) 担当角色的差异。二者在企业中的地位、所肩负的责任和使命均有较大差异。创业者通常处于新创企业的高层,在企业实体的创建过程中,创业者始终是负责人,始终参与其中;而就业者通常处于中低层,到达高层需要一个过程,也不需要对企业的成长负责,只需要做好本职工作就可以了。

(2) 要求技能的差异。创业者通常身兼多职,要有战略眼光,也要有具体的经营技能,从而要求其具备相当全面的知识和技能;就业者通常具备一项专业技能即可开展自己的工作。

(3) 收益与风险的差异。就业的主要投入是数年的教育成本,而创业除了教育成本外,还包括前期准备中投入的人力、物力和资金成本。一旦失败,就业者并不会丧失教育成本,但创业者会损失在创业前期投入的几乎一切成本;而一旦成功,就业者只能获得约定的工资、奖金及少量的利润,创业者则会获得大多经营利润,其数额理论上没有上限。

(4) 成功依赖因素的差异。就业很大程度上可以依靠企业实体,但创业更多的还要考虑自身的经验、学识与财力,以及各种需求和各种资源占有等条件。

二、创业的意义

(一)"济天下"——创业对社会的意义

1. 创业可以增加社会财富,促进经济发展和社会繁荣

创业过程是增加社会财富的过程,企业在生产经营的过程中,为社会创造了财富,增加了社会价值,并大大增加了国家的财政税收。企业的产品和服务拉动了国内市场需求,满足了人民生活的需要,丰富了市场,促进了社会经济的繁荣。在创业过程中,社会资源得到优化配置,市场体系不断得到完善,市场竞争活力得以保持。

2. 创业可以实现先进技术转化,促进生产力提高和科技创新

创新是创业的主要驱动力量,创业是新理论、新技术、新知识、新制度的孵化器,也是新理论、新技术、新知识、新制度形成现实生产力的转化器。

3. 创业可以提供就业岗位,缓解社会就业压力

中小型创业企业不仅解决了创业者本身的工作岗位,同时也为需要工作的人们提供了大量的工作岗位,扩大了就业率,降低了失业率,大大缓解了社会就业压力,从而稳定了社会秩序。

4. 创业可以激发整个社会的创新意识和创业精神,有利于观念的转变

近年来如火如荼的创业大潮使得无数个人进入了经济和社会的主流,对于形成创新、宽容、民主、公正、诚信等观念和文化具有积极作用。

【案例】

创业者的社会价值

20世纪90年代以来,美国社会经济科技高速增长堪称当代奇迹。对此,相关研究者认为,创业革命是美国经济持续繁荣的基础。据统计,美国95%以上的财富是由1980年以后新出现的比尔·盖茨等新一代创业英雄们创造的。在世界上的其他地方,欧洲、日本,创业同样推进着经济的快速增长。

在我国,经过近30年的改革开放,创业活动催生了中小企业的迅速崛起,新创的中小企业是中国经济新的增长点,提供了大量的产品和服务,对我国经济持续高速增长,促进我国的城市化进程和现代化建设,起到了重要的作用。

(资料来源:常建坤,李时椿. 论美国创业活动和创新精神及其对中国的启示[J]. 南京财经大学学报,2007(6).)

(二)"善其身"创业对创业者的意义

创业是一个伟大的历程,是一个精彩的大舞台。创业起步可高可低,创业的发展空间无限。通过创业,能有效实现人生价值,把握人生航向。

1. 创业可以主宰自己，充分发挥自己的才干

创业可以摆脱许多上班族原有的种种羁绊，摆脱在行为上受制于人的局面，充分施展自己的才华，发挥最大潜能，使自己的人生价值得到更好的体现。

2. 创业可以帮助个人积累财富，一定程度上满足个人对物质的追求欲望

工薪阶层的收入有高有低，但都是有限的，没有太多提升的空间。而摆脱这些烦恼的最佳途径就是，开创一份完全属于自己的事业，创业成功提供给创业者的利润是没有极限的。

3. 创业能够使个人有机会和实力回馈社会，具有极高的成就感

创业者创造的企业一方面为社会提供了产品或服务，一方面为个人、社会创造了财富。企业融入社会再生产的大循环之中，从多个环节中为国家和社会做出了贡献。这种贡献使得创业者个人能够从中收获巨大的成就感。

4. 创业使个人能够从事喜欢的事业并从中获得乐趣

创业者选择创业项目，通常都会从个人感兴趣的领域着手，将其与自己的知识技能、专业特长等结合起来。而做自己喜欢做的事本身就是一种享受。

5. 创业使个人从挑战和风险中得到别样的享受和刺激

创业充满挑战和风险，同时也充满克服种种挑战的无穷乐趣。在创业过程中，可以感受到无穷的变化、挑战和机遇，这是一个令人兴奋的过程，创业者可以通过征服创业过程中的重重困难来获得一种激励和快感，丰富自己的人生体验。

总之，创业是实现人生理想和价值、获得自身全面发展的有效途径。

三、创业的类型

创业从不同的角度、根据不同的标准可以做不同的分类。

1. 根据创业动机，可分为机会型创业与就业型创业

（1）机会型创业是指创业的出发点并非谋生，而是为了抓住、利用市场机遇。它以市场机会为目标，能创造出新的需要，或满足潜在的需求。

（2）就业型创业是指为了谋生而走上创业之路。这类创业是在现有的市场上寻找创业机会，并没有创造新需求，大多属于尾随型和模仿型，因而往往小富即安，极难做大做强。

2. 根据创业者数量，可分为独立创业与合伙创业

（1）独立创业是指创业者独立创办自己的企业。其特点在于产权是创业者个人独有的，企业由创业者自由掌控，决策迅速。但它需要创业者独自承担风险，创业资源准备也比较困难，还受个人才能的限制。

（2）合伙创业是指与他人共同创办企业。其优劣势与独立创业相反，优势在于资源准备相对容易，风险均摊，决策制衡，可以发挥集体智慧。但缺点在于权力多头，决策层级多，响应速度慢。

3. 根据创业项目性质，可分为传统技能型创业、高新技术型创业和知识服务型创业

（1）传统技能型创业是指使用传统技术、工艺的创业项目，它具有永恒的生命力。尤

其是酿酒、饮料、中药、工艺美术品、服装与食品加工、修理等与人们日常生活紧密相关的行业中,独特的传统技能项目表现出了经久不衰的竞争力,许多现代技术都无法与之竞争。国内外均是如此。

(2) 高新技术型创业是指知识密集度高,带有前沿性研究开发性质的新技术、新产品项目。

(3) 知识服务型创业是指为人们提供知识、信息的创业项目,如律师事务所、会计师事务所、管理咨询公司、广告公司等。这类项目投资少、见效快。

4. 根据创业方向或风险,可分为依附型创业、尾随型创业、独创型创业和对抗型创业

(1) 依附型创业,可分为两种情况:一是依附于大企业或产业链而生存,为大企业提供配套服务。如专门为某个或某类企业生产零配件,或生产、印刷包装材料。二是特许经营权的使用。

(2) 尾随型创业即模仿他人创业,其特点一是短期内只求能维持下去,随着学习的成熟,再逐步进入强者行列;二是在市场上拾遗补阙,不求独家承揽全部业务,只求在市场上分得一杯羹。

(3) 独创型创业是指提供的产品或服务能够填补市场空白。大到商品独创性,小到商品的某种技术的独创性。但其也有一定的风险性,因为消费者对新事物有一个接受的过程。

(4) 对抗型创业是指进入其他企业已形成垄断地位的某个市场,与之对抗较量。这类创业风险最高,必须在知己知彼、科学决策的前提下,抓住市场机遇,乘势而上,把自己的优势发挥到淋漓尽致。

大学生在实际创业时,应根据自身的情况,综合考虑各种因素,选择合适的创业领域和创业类型。

四、创业者的特质

(一) 创业者的定义

从词源上讲,"创业者"(Entrepreneur)一词来源于法语 Entre 与 Perndre。两个法语词汇分别表示"中间"和"承担"的意思。从词源上来说,"创业者"一词表达了买卖双方之间承担风险的人,或承担创建新企业风险的人(Barringer & Ireland,2011)。

其中,发明家和创业者不同。发明家创造新事物,而创业者聚集并整合所有的必需资源(金钱、人力、商业模式、战略和对风险的忍耐力等),以便将发明转化为可存活的企业。因此,创业者可以理解为不仅仅发明产品,还需将产品推广、运作,变成可运转形式的人。

对于创业者,也可以用这样一句话来概括:"任何想体验充满各种不确定性和模糊性的战场的人都可能成为创业者,任何想跨越诸多高峰的人都可以成为创业者。"不管面对何种情景,都有意愿持续前行的人,都可以称之为"创业者"。

创业者具备的常见优良特质有以下几点。

1. 执着

创业几乎都具备执着不懈的精神,对于看准的事业坚忍不拔,坚持到底,往往会在第

100次失败时进行第101次的尝试,最能忍受黎明前的黑暗。

2. 洞察力

在大多创业公司的产品都在"满足需求"时,乔布斯能够发现消费者自己都不曾发现的需求,甚至iPhone当初刚推出后,受到了其他厂商的嘲讽。然而事实证明,对于科技的追求以及好的用户体验,才是人们真正的内心诉求。

3. 从失败中吸取教训

史玉柱,面对巨人集团资金链断裂、负债2.5亿元的危机状况,选择再次创业,并在调查市场需求后进行"脑白金"保健产品以及"征途"等网络游戏的运营,顺利扭转败局。从失败中学习,快速调整状态,才能转败为胜。

4. 追求成功

说到吉利汽车公司的李书福,大部分人对他的评价是——这是一个不甘于平庸的人。1982年,他用从父亲那里借来的120元开办了照相馆,赚取了第一桶金。但是他不甘于平庸,想要追求成功。从事过电冰箱生产、摩托车生意、汽车制造行业,直至1998年,第一辆汽车出厂。2009年年底,吉利与沃尔沃达成了收购协议,《华尔街日报》将他评论为中国的"亨利·福特"。

5. 合作

相信很多人都可以从电影《中国合伙人》里看到创业团队的重要意义。俞敏洪创办新东方,除了自身的努力和奋斗外,很大程度上也和"三驾马车"另外的两位成员——徐小平和王强有着紧密的关联。同样,暴雪娱乐公司的麦克·莫怀米(Michael Morhaime)、艾伦·阿德汗(Allen Adham)和弗兰克·皮尔斯(Frank Pearce)也是团队协作的典范。

除此之外,我们可以通过很多案例看到创业者身上很多不同的特质,如表9-1所示。

表9-1 创业者的42项特征

特 征	特 征	特 征
1. 自信	15. 聪明	29. 性格开朗
2. 有毅力、坚定	16. 目标明确	30. 个人主义
3. 精力充沛、勤奋	17. 勇于迎接挑战	31. 有勇气
4. 机智多谋	18. 独立	32. 有想象力
5. 风险承担能力强	19. 开放的心态	33. 有洞察力
6. 有领导力	20. 追求效率	34. 能够容忍不确定性
7. 乐观	21. 决策果断	35. 有进取心
8. 追求成功	22. 有责任心	36. 懂得享受
9. 知识丰富	23. 有远见	37. 追求效率
10. 创新、创造力	24. 执行认真	38. 全力以赴
11. 有影响力	25. 团队合作精神	39. 信任下属
12. 善于与人相处	26. 利润导向	40. 敏感
13. 积极主动	27. 从失败中快速学习	41. 诚实
14. 灵活	28. 有权力感	42. 成熟、考虑周全

(二) 企业家的六大要素

美国学者杰弗里·蒂蒙斯教授是公认的创业学领域的学术权威。他通过跟踪研究进入百森商学院杰出创业者学会的学员,总结出成功企业家作为创业者的"六大要素",如图 9-1 所示。

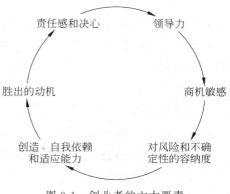

图 9-1　创业者的六大要素

1. 责任感和决心

责任感和决心会使创业者在面对团队、企业内部的困难时成为敢于承担的团队领袖,能够更好地获得团队成员的信赖与尊重。逃避责任者,最终会被团队成员以及合伙人所唾弃。

所谓老板(Boss)和领导(Leader)最大的差异也在于此。有的老板指挥下属,不愿以身作则。时间久了,下属会产生厌恶情绪。而好的创业团队领导身先士卒,带领团队共同进退。这样很容易形成示范效应,凸显了创业者的责任感。

创业者的责任感与决心,除了体现为对团队内部的事情负责外,另外一个重要的体现是对外的社会责任感。因此,企业家通常心怀天下,心系百姓,有着强烈的责任感与决心。你的责任多大,你的决心多大,你的事业就能做多大。

2. 领导力

所谓的领导力,有其不同的方式和风格,就如同《三国演义》中魏、蜀、吴三国领导者的领导风格不同一样。可以把这三个国家比喻成彼此竞争的三个创业团队,那么这三个创业团队中的领导力风格也是千差万别的。领导力风格不仅仅包含这三种,哈佛大学心理学教授丹尼斯·戈尔曼曾经把领导力风格分为六种:远见型、关系型、民主型、教练型、示范型和命令型。然而,无论领导力风格属于何种,创始人都需要有足够的个人影响力和个人魅力,这样才会给创业企业带来长远的价值,毕竟在创业伊始,团队成员往往是因为个人关系而凝聚在一起的。

3. 商机敏感

洞察力的提升,来源于长期对于某项事物的投入。门捷列夫在梦到"元素周期表"之前,已经对于化学元素有过多年的研究。机会总是垂青于那些做好准备的人。持续地学习与投入,才能给你带来前所未有的、持续的商业敏感性。

创业过程中,你的团队需要保持始终的敏感和快速的行动。产业结构变动、消费结构升级、城市化加速、观念改变、政府改革、人口结构变动、居民收入水平提高、全球化趋势等这些变化中都蕴藏着大量的商机,敏感的创业者应善于发现和利用。

4. 对风险和不确定性的容纳度

英国经济学家马歇尔教授认为,企业家是不同于一般职业阶层的特殊阶层,他们最大的特殊性是敢于冒险和承担风险。然而,创业者更多的都是倾向于冒险的适度风险承担者。他们并不是疯狂，而是对于不确定性的接受程度相较于普通人更高，包括不稳定的收入、不确定的时间安排、工作上的操劳、个人休闲时间和照顾家人的时间减少等。

5. 创造、自我依赖和适应能力

正因为创业者需要面对一个不确定的环境，他们才要具备更强大的适应和自我依赖能力。他们不满足于停留在现有规模上，创业者希望他的企业能够尽可能地快速增长、员工能够拼命工作。他们在不断寻找新趋势和机会，不断地创新，不断地推出新产品和新的经营方式。

6. 胜出的动机

卓越的创业者有很强的雄心壮志，有一种必须要赢、敢于挑战任何对手的决心。创业者们往往是自我驱动型人格，他们受到内心强烈愿望的驱动，希望和自己定下的标准竞争，追求并达到富有挑战性的目标。

（三）关于创业者的种种看法

"一千个读者眼里有一千个哈姆雷特"，同样，创业者在每个人的眼中也有着不同的理解。如何成为创业者？在通往创业者的路上，并没有唯一的答案。每个人的成功都无法复制。

1. 创业者是天生的吗

虽然在很多情况下，你看到的创业者总是有一些"不寻常"，例如青少年时期喜欢飙车的比尔·盖茨，情绪总无法自控的史蒂夫·乔布斯，但是，大部分创业者的特征都与其周围环境、生活经历和个人选择的结果有关。

事实上，许多有关创业者心理和社会构成要素的研究显示：创业者在遗传上并非异于他人。没有人天生是创业者，每个人都有成为创业者的潜力。例如研究表明，父母是自我雇用的人，其子女更可能成为创业者。人们看到工作场所中独立自主的父亲或母亲，就更可能发现自主精神的诱人之处。

因此，是先天影响作用更大，还是后天影响作用更大？总结研究发现，没有一个创业者是天生的创业者，他们都受到了后天的种种影响，才决定了创业。

2. 什么年龄适合创业

那么，在什么样的年龄阶段适合创业呢？仍然没有统一、绝对的答案。更理想的表达是：不同年龄、不同性别的人在创业上有着自己的特点和优势。例如美国劳工局数据表明，在51~61岁年龄段，1/3的男性工作者是自我雇用者，他们的优势在于经验丰富，财务资源、社会资源充足。从性别上来讲，女性创业也是最近几年的热点之一。

大学生创业者，一般意义上属于青年创业者。青年创业的优势在于：更了解青年人这一主流消费市场；有一定的专业知识和文化；有热情，敢于拼搏和行动；最重要的是，即便失败，也有能够东山再起的能力和时间。

（四）大学生创业者的能力要求

一般而言，大学生创业者需要具备以下六种能力。

1. 创新能力

创新能力是创业人才的核心。在创业者的创业过程中,无论是发现新的创意、捕捉新的机遇、寻找新的市场,还是撰写一份有潜质的创业计划,以至于创业融资、创办公司和企业运作、管理和控制,都包含着创新的内容。所以,作为一个创业者或创业团队,必须具备市场、技术、管理和控制的创新能力。创新能力又来源于创造性思维,一个成功的创业者一定具有独立性、求异性、想象性、新颖性、灵感性、敏锐性等人格特质。

2. 策划能力

根据外部环境和掌握的创业机会,进行富有创意的策划,对创建企业是至关重要的。因此,创业者发挥策划能力必须注意几方面的问题:第一,创业者必须弄清策划项目的价值所在、所涉及的范围和有关的限制因素,创建企业市场服务的定位;第二,确定由谁担任该项目的策划负责人以及确定策划团队;第三,创业者必须考虑策划的时机。

3. 组织能力

组织能力是指领导者为了组织的利益和实现组织制定的目标,运用一定方法和技巧,把来自不同地区、不同系统、不同职业、不同文化背景以及民族、性别、年龄等均不相同的人组织在一个团结向上的集体中,使大家朝着一个共同方向和目标去努力、去奋斗。组织能力包括合理选择和激励下属的能力、黏合能力、架构能力、沟通能力、协调能力、授权能力、应变能力和合理分配资源(人力、财力、物力)的能力等。

4. 领导能力

领导能力是指领导者的个体素质、思维方式、实践经验以及领导方法等,这些影响着具体的领导活动效果的个性心理特征和行为的总和,领导能力是领导者素质的核心。领导力意味着我们总能从宏观和大局出发分析问题,在从事具体工作时保持自己的既定目标和使命不变;领导力也意味着我们可以更容易地跳出一人一事的层面,用一种整体化的、均衡的思路应对更加复杂、多变的世界;领导力还意味着我们可以在关心自我需求的同时,也对自己与他人的关系给予更多的重视,并总是试图在不断的沟通中寻求一种更加平等、更加坦诚也更加有效率的解决方案。

5. 管理能力

管理能力是每一个创业者必备的重要能力,要在工作中不断地培养、积累自己的组织管理能力。管理能力与组织能力有密不可分的联系。管理能力主要包括:激励的能力、控制情绪的能力、幽默的能力、演讲的能力、倾听的能力等。管理不仅是对自身的管理约束,更是对创业团队的管理,管理能力高对形成一个良好的创业团队非常重要。

6. 公关能力

个人的公关交际能力对于创业成功非常重要,这种能力实际上是善于获得和利用社会支持的能力,有时候这种支持的重要性甚至超过经济上的支持。善于与别人进行互利互惠的合作实际上也是公关交际能力强的表现,对于立志商业上成功的人来说,有意识地培养这种能力非常重要。

【总结案例】

我国的创业发展与"大众创业,万众创新"

1978年改革开放以后,创业企业如雨后春笋般不断涌现,海尔、联想、新希望等许多民营企业发展起来。在创业家的领导下,许多小企业一步一步发展成为中国著名企业。

从1984年我国正式接入国际互联网开始,创业又进入了一个飞速发展的阶段。1997年,丁磊创办网易;1998年,王志东成立新浪网;1998年马化腾创立腾讯,本来想将QQ以100万元的价钱卖给几家代理商,结果没人接受这个价格,马化腾就一直做了下去,一手打造了现在的企鹅帝国,2015年,腾讯市值达到1955亿美元;1999年马云创立阿里巴巴,从淘宝、支付宝、天猫、口碑网、一淘网,再到创立了电商独特的日子——"双十一",马云在不断创新;2000年,李彦宏创建百度……进入互联网时代,创业的主角趋于年轻化,淘宝、天猫等电商的出现改变了人们的购物方式,可以满足消费者的多元化多层次需要,无论是图书、服装、化妆品还是电子科技产品等;支付宝、余额宝、财付通、微信钱包等改变了我们的消费方式与理财观念,钱不再放在银行,而是选择放入各种新出现的理财产品中,不断挑战传统银行商业模式的经营底线。

早上起床之后,打开新闻客户端看新闻;上午通过滴滴等软件打车,让我们等车时不再望眼欲穿,工作时通过邮件传递信息,或者通过视频会议实现远程交流;中午通过大众点评或者美团叫外卖省时省力;晚上下班之后通过微信、微博浏览当天发生的"国家大事",不时地参与其中讨论,或者通过远程教育为自己充电。找工作、租房子、买卖二手车和二手房等个人生活的所有活动都能在58同城、智联、赶集网这些网站上完成,甚至个人的终身大事也可以通过互联网牵线搭桥。互联网改变着我们的生活,互联网时代背景下的创业同样在改变我们的生活。

创业是我国新时代背景下的大主题。李克强总理在2014年夏季达沃斯论坛开幕式上首次对外提出了"大众创业、万众创新"的战略性想法。李克强总理说:"要借改革创新的'东风'推动中国经济科学发展,在960万平方公里的土地上掀起'大众创业''草根创业'的新浪潮,形成'万众创新''人人创新'的新态势。"为了提高创业效率,政府也颁布了一系列政策帮助创业者创业,首先就是进行商事制度改革,将工商、税务、质检的"三证三号"合并为"一证一号",降低企业注册场所要求,简化企业登记和注销流程,原来办理这些手续需要30个工作日,现在压缩到了5个工作日。

自从2014年我国正式实施商事制度改革以来,已经有很多人投入到创业的大潮中。取消注册资本实缴制之后,许多人的创业热情空前高涨,一位50多岁的退休妇女就计划办一个婚庆公司,她说:"我知道我们这个地方办婚礼的礼数,有些人家就希望遵循过去的礼数,这就是我的核心竞争力。"在没有进行商事制度改革之前,想要创业就得先有营业执照,而营业执照必须要求有办公场所,工商部门凭租赁合同办照,此外还得有3万元钱以上的注册资金,还需要会计师事务所提供验资报告,等等,这一系列的事情办下来得花去七八万元,一般人承受不起这么折腾。

2015年5月7日上午10点左右,国务院总理李克强走进北京中关村创业大街的一家咖啡店,与年轻人聊起了"大众创业、万众创新"话题。李克强总理考察的这家咖啡店是专门为创业者提供服务的"孵化器"。总理的出访,也被认为是对创业者的鼓舞,同时也为创业者打了一针强心剂。不仅如此,总理还考察了深圳的柴火创客空间,体验了年轻"创客"的创意产品。总理在现场评价说:"创客充分展示了大众创业、万众创新的活力。这种活力和创造,将会成为中国经济未来增长的不熄引擎。"

在许多咖啡屋、大学科技园、孵化园、众创空间,可以使用创业的基本工具,年轻人的奇思妙想在这里汇集,相互交流,分享彼此的想法,志同道合的伙伴可以组建团队,一起将创业想法转变成现实。他们研发的产品适应时代的发展、带动市场的需求。在"北上广"这些大都市,创客的数目很多,为创客提供服务和支持的创客空间、孵化器等也很成熟。"大众创业、万众创新"会激发全社会的创新潜能,让整个社会焕发创业活力。国家与地方也密集推出了推动"创新、创业"的系列举措,将创客们带入一个"黄金时代"。

分析: 随着我国经济的进一步发展,资源竞争日益激烈,环境约束日益强化,经济发展步入新常态,原来的要素驱动、投资驱动向需要驱动、创新驱动转变,所以国家鼓励和支持各类市场主体不断开发新产品、开拓新市场,培育新兴产业,形成小企业"铺天盖地"、大企业"顶天立地"的发展格局,实现创新驱动发展,打造新引擎,形成新动力。

【活动与训练】

创业经验分享会

进行一次创业人物访谈,其内容包括:访谈时间、地点、被访问者姓名、年龄、性别、创业的动机、经历、如何发现商机、成功的关键因素、如何寻找合伙人、如何融资、在初期生存阶段所经受的压力和危机有哪些、获得的外部帮助有哪些,重点是创业者的经验、体会、教训等,并将访谈结果记录下来。访谈可参考以下提纲。

(1) 你的创业点子、创业想法是如何产生的?
(2) 你是如何确定创业项目的?
(3) 创业前期需要进行哪些筹备工作?
(4) 如何进行创业资金的筹集?
(5) 你是单独创业还是建立了一个团队?团队是如何建立的?
(6) 创业的过程中如何抓住机遇,充分利用资源?
(7) 创业中可能遇到什么样的困难和风险?作为创业者该如何应付不可控的因素?在遭遇困难时,你是如何重树信心的?
(8) 你对自己的创业前景有何展望?接下来有何打算?
(9) 你认为作为一个创业者应该具备哪些素质?
(10) 哪些素质是创业者需要自己有意识地锻炼培养的?
(11) 大学生创业者应该做好怎样的心理准备?

选择你最想了解的1~2位创业者和企业,可以是你心目中的典范或仰慕的榜样,也可以是你所知甚少但非常想了解的,撰写一篇访问的专题报告。

【探索与思考】

(1) 当代大学生创业的现实意义是什么?
(2) 大学生创业的特征和优劣势都有哪些?请用SWOT法进行分析。

9.2　创业模式和创业机会

【名人名言】

人类需要的不是一个没有挑战的世界,而是一个值得他去奋斗的世界。

——[美]维克多·埃米尔·弗兰克尔

【学习目标】

(1) 了解创业的基本要素。
(2) 了解创业的过程和大学生创业的主要模式。
(3) 能把握和评估创业机会。

【导入案例】

杨建军:"丑小鸭"变成白天鹅

25岁的杨建军坐在他小小的办公室里,看起来一点也不像"老板"。没有穿光鲜笔挺的西服,只是简单的T恤,言谈间却又给人以踏实干练的感觉。"大学生毕业创业当老板,没有外人想的那么潇洒,每天一大堆事情要亲力亲为,不过这也是创业的乐趣吧。"杨建军说。

大学毕业后,杨建军起先按父母意愿到公司上班,但8个月后,他辞职了。

"趁还没结婚、有冲劲时,一定得干点事情。"杨建军说。在高中、大学期间,杨建军曾在学校做过小生意,这不仅让他赚到人生第一桶金,也积累了不少创业经验。

在国内大学生创业搞的几乎是清一色的食品行业时,杨建军发现,专业的家电清洗在市区存在着市场空白,一般的清洗工人都是"打游击"的个体户,且不注重服务质量。在口袋里只有800元的情况下,杨建军找亲朋好友凑足5000元,创立漳州市丑小鸭网络科技有限公司,专门提供清洗空调、抽油烟机等家电保养服务,并建立自己的网站、微信公众号,让客户可以在网上下单。很快,"丑小鸭"在市区的家电保养服务行业占据了一席之地,高峰期一天能清洗50台家电。

分析:如同"世界并不缺少美丽,而是缺少发现美丽的眼睛"一样,市场并不缺少创业机会,而是缺少识别和发现创业机会的敏锐眼光和嗅觉。识别好的创业机会的途径很多,如新闻报道、政府工作简报、行业信息等,其中都能捕捉到创业机会。

机会是一种稀缺的创业资源。好的创业项目,就是创业成功的开始。

一、创业基本要素

由创业的概念可知,创业的要素包括创业者、商业机会、技术、资源、人力资本、组织、产品服务等几个方面。

（一）创业者

创业者是创业过程中处于核心地位的个人或团队，是创业的主体。创业者在创业过程中起着关键的推动和领导作用，包括识别商业机会、创建企业组织、融资、开发新产品、获取和有效配置资源、开拓新市场等。

（二）商业机会

商业机会是创业过程中的核心，创业从发现和识别商业机会开始。创业商业机会指没有被满足的市场需求，它是市场中现有企业留下的市场空缺。商业机会就是创业机会，它意味着顾客能得到比当前更好的产品和服务的潜力。

（三）技术

技术是一定产品或服务的重要基础。产品与服务当中的技术含量及其所占比例，是企业满足社会和市场需求的重要保障，是企业的核心竞争力。

（四）资源

资源是组织中的各种投入，包括各种人、财、物资源。不仅指有形资产，如厂房、机器设备，也包括无形资产，如专利、品牌；不仅包括个人资源，如个人技能、经营才能，也包括社会网络资源，如信息、权力影响、情感支持、金融资本。

（五）人力资本

人力资本是创业的重要资源投入。成功的关键在于创业者的识人、留人、用人，形成创业的核心团队，制定有利的政策制度和有效的组织结构、建立良好的企业文化是建立人力资本的核心。

（六）组织

组织是协调创业活动的系统，是创业的载体，是资源整合的平台。创业型组织的显著特征是创业者的强有力领导和缺乏正式的结构和制度。从广义来说，创业型组织是以创业者为核心形成的关系网络，不仅包括新设组织内的人，还包括这个组织之外的人或组织，如顾客、供应商和投资人。

（七）产品服务

产品服务是创业者为社会创造的价值，它既是创业者成功的必要条件，也是创业者对社会的贡献。正是通过为社会提供更多更好的产品和服务，人类社会的财富日益增多，人们的生活才变得丰富多彩。

总之，创业是具有创业精神的创业者、商业机会、组织与技术、资金、人力资本等资源相互作用、相互配置，以创造产品和服务的动态过程。

二、创业过程模型

杰弗里·蒂蒙斯（Jeffry A. Timmons），毕业于哈佛商学院，是著名创业学家。根据对创业的理解和研究，他提出了创业过程模型，认为三个要素影响了创业整个历程：商机、资源以及团队。这三者随着企业发展而保持动态平衡的关系。

（一）商机：无处不在

约翰·多尔是一位著名的风险投资人，他以风险投资人的身份，见证了近30年的创业发展史。康柏电脑、网景公司、亚马逊、谷歌，一个个响亮的名字，对于他来说，这些企业都如同自己的孩子一样，需要自己对他们进行投资，呵护其茁壮成长。关于创业机会，有人曾经对他进行过一个访谈。他说："如果你要建立一个公司，没有比现在更好的时机了。过去，创业者只是开始一项事业；而现在，他们是在创造新的商业模式。"

今天的世界，依旧如此。比如，我们在金钱的使用上，曾经保持着如此保守的方式，到银行排队存钱取钱，现金消费。而科技改变了人类的生活方式。银行业更新，银行结合互联网，产生了网上银行服务，随即带来了新的服务体验和消费方式；进而，人们在消费习惯上，选择了更为简便的消费方式；而支付宝的出现，又进一步改变了人们的消费方式。新机会的产生，催生了一系列企业和公司。2014年，基于微信庞大的用户总量，微信又推出了微信钱包功能，给消费者带来了更便捷的服务和体验，进而催生了一系列新的商业机会。所以，没有什么比这个变革的时代更好的了。

（二）资源：重在均衡

要想创业成功，资源是不可或缺的必要保证。资源对创业者的要求是，创业者要合理配置资源，不要被资源牵着鼻子走。

创业研究发现，资源缺乏并不一定导致企业主的创业失败；很多时候，资源的聚集，反而让创业者手足无措。这有点像中国那句俗语："有钱没地方花。"投资人和成功创业者也常常说，创业者经常遇到的大麻烦是，"过早地拥有了太多资金"。有的团队能够有效地借助外界资源——投资人、顾问、专业人士等来管理资源。因此，学会遵守规则，并且发现规则之外的机会（漏洞），是创业者需要具备的素质。

（三）团队：目标一致

没有一个优势互补、相互信任、目标一致的团队，任何项目的开展都会面临巨大的挑战。新东方的"三驾马车"、雷军和黎万强的合作……这些都在印证着中国的俗语："单丝不成线，独木不成林。"一个企业如果没有一支核心的"特种兵"团队冲在前线，时刻保持创新创造，那么这家企业到底能存活多久？

（四）三者的平衡关系

如果仅仅谈到三个要素的重要性，那么创业过程模型只能算一个传统管理学的理论。蒂蒙斯创造性地将三个要素从时间维度上理解为一个动态平衡的变化过程。如图9-2所示，团队位于三角形底部，始终保持顶部（商机和资源）的平衡。创始人就像是马戏团的杂技演员，一边脚踩跷板，另一边保持手中的"杂耍球"（商机、资源和团队）不落地。

一般意义上，创业初期，商机这个"杂耍球"的重量更大，而企业往往不具备丰富的资源（资金、知识、技术等）；随后资金注入，知识技术团队介入，资源不断加入，创业企业开始慢慢趋向于均衡，达到一个相对稳定的状态。

而此时，作为创业企业，创始人以及团队会追求更好的企业发展与业绩。资源越来越

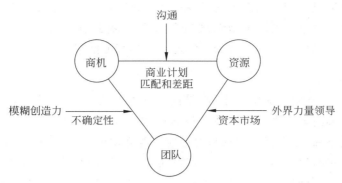

图 9-2 蒂蒙斯创业过程模型

多,企业就需要通过扩充团队、发现和探索良好商机,来更好地确保要素之间的平衡。企业发现了新的创业商机,就开始发展新业务,聘用更多的人来完成项目,三要素又进入了新的平衡。

这样的平衡是动态变化的,企业会在这三者中间追求相对的平衡状态。创业者必须思考的问题是:目前的团队是否能引导企业不断健康成长、合理配置资源;在下一阶段能否成功解决企业面临的危机。这些问题在不同的阶段以不同的形式出现,关系到企业的可持续发展。

三、大学生创业的主要模式

大学生尽管资金、能力、经验有限,但在知识结构、IT 技能、创意策划等方面具有优势,因而在创业的方向上,可以根据自己的特点找好切入点。以下几个方向可以看作是大学生创业的优势领域。

（一）科技创业

大学是高科技研究的前沿阵地,大学生在高科技方面具有天然的优势。"易得方舟""视美乐"等大学生创业企业的成功,就是得益于创业者的技术优势。一般来说,技术功底深厚、学科成绩优秀的大学生在科技创业方面具有更大的成功把握。有意在这一领域创业的大学生,可积极参加各类创业大赛,获得脱颖而出的机会,同时吸引风险投资。

（二）网络创业

全球面临网络经济的新一轮浪潮,大学生创业可以利用现成的网络资源进行创业,其主要有 4 种形式。

网上开店,在网上注册成立网络商店。

网上加盟,以某个电子商务网站门店的形式经营,利用母体网站的资源和销售渠道。

网上智力服务,如电子商务、利用网络寻求国际订单、建立虚拟办公服务等。

网络销售,为传统行业进行专门的网络销售。

（三）概念创业

概念创业是指凭借创意、想法儿开创的创业活动。概念创业适合本身没有很多资源的创业者，他们需要通过独特的创意来获得各种资源，包括资金、人才等。这些创业概念必须足够新颖，至少在打算进入的行业或领域是个创举，只有这样，才能抢占市场先机、吸引风险投资商的眼球。同时，这些超常规的想法还必须具有可操作性。

（四）连锁加盟

对创业资源十分有限的大学生来说，借助连锁加盟的品牌、技术、营销、设备优势可以较少的投资、较低的门槛实现自主创业。但连锁加盟并非"零风险"，在市场鱼龙混杂的现状下，大学生涉世不深，在选择加盟项目时更应注意规避风险。一般来说，大学生创业者资金实力较弱，适合选择启动资金不多、人手配备要求不高的加盟项目，从小本经营开始为佳；此外，最好选择运营时间在5年以上、拥有10家以上加盟店的成熟品牌。

（五）团队创业

团队创业就是具有互补性或者有共同兴趣的成员组成团队进行创业。如今，创业已非纯粹追求个人英雄主义的行为，团队创业成功的概率远远高于个人独自创业。一个由研发、技术、市场、融资等各方面组成的互补优势的创业团队，是创业成功的法宝，对高科技创业企业来说更是如此。

（六）大赛创业

大赛创业即利用各种商业创业大赛，获得资金提供平台，然后进行创业的活动。如Yahoo（雅虎）、Netscape（网景）等企业都是从商业竞赛中脱颖而出的，创业大赛也被形象地称为创业"孵化器"。参加创业设计大赛的项目大多具有技术上的创新性、经济上的合理性、操作上的可行性，因此吸引了众多企业和风险投资的关注。

（七）内部创业

内部创业是指一些有创业意向的员工在企业的支持下，承担企业内部某些业务或项目，并与企业分享成果的创业模式。创业者无须投资就可获得丰富的创业资源，内部创业由于具有"大树底下好乘凉"的优势，受到越来越多创业者的关注。现在许多大学建立了鼓励学生兼职创业的创业园，大学生在创业园中开展创业尝试，也属于内部创业。

四、识别创业机会

对创业过程来说，真正的创业过程开始于商业机会的发现。如何从繁杂多变的市场环境中找到富有潜在价值的商业机会，进而开发并最终转化为新创企业，是创业研究的重要内容。

（一）创业机会的含义

"机会"一词，在《辞海》中的解释是"行事的际遇机会、时机"；针对创业活动来说，创业机会是创业活动中的机遇，是对新产品、新服务或新业务需求的一组有利环境，是一种有利于创业的偶然性和可能性，或者说还没有被实现的商业必然性。

创业机会存在于社会和经济的变革过程中。环境的变化，会给各行各业带来良机，透过变化，就会发现新的前景。例如，产业结构的变化，科技的进步，价值观与生活形态的变化,人口因素的变化,社会和政治结构的变化,以及顾客需求的变化,甚至着眼于大家"苦恼的事"和"困扰的事",都能从中发现某些创业机会。创业机会有四个本质特征:有吸引力、持久性、及时性、创造或增加价值。

创业机会就是通过把资源创造性地结合起来,迎合市场需求(或兴趣、愿望)并传递价值的可能性。因此创业机会实际上是一个动态发展的概念。从创业机会的最初形式到商业机会和新企业的形成,理论上是一个有序的系统化过程。但在实践中,这一过程很少是有序或完全系统化的。在创业者的不断开发下,机会从一个简单的概念发展得越来越复杂。所以,在一定意义上,机会不是被发现的,而是被创造出来的。

(二)创业机会的类型

创业机会一般分为技术机会、市场机会和政策机会。

(1)技术机会。技术变化带来的创业机会,是最为常见的创业机会。具体表现形式主要有以下三类:①新技术代替旧技术;②实现新功能、创造新产品的新技术的出现;③新技术带来的新问题。

(2)市场机会。市场变化产生的创业机会,主要有以下四类:①市场上出现了与经济发展阶段有关的新需求;②当期由于市场供给缺陷产生的新商业机会;③先进国家(或地区)产业转移带来的市场机会;④从比较中寻找差距,差距中隐含着商机。

(3)政策机会。政府政策变化所赐予创业者的商业机会,主要有以下两类:①政策变化可能带来新的商业机会;②政府可能的政策变化。

(三)创业机会的特征

(1)客观性和偶然性。创业机会是在特定条件下产生的,它是客观存在的。但是,机会的识别具有一定的偶然性。

(2)时效性和不稳定性。创业机会的持续时间受众多因素影响,如专利保护、先占优势、学习曲线等都会增加持续时间。

(3)均等性和差异化。市场机会在特定范围内对某一类人或企业是均等的;但是,不同个人和企业对同一市场机会的认识会产生差异;创业主体素质和能力不同,利用机会的可能性和程度也会产生差异。

(四)创业机会的来源

创业机会通常有五大来源,分别如下。

1. 问题

创业的根本目的是满足顾客需求,而顾客需求在没有满足前就是问题。寻找创业市场机会的一个重要途径是善于去发现和体会自己和他人在需求方面的问题或生活中的难处。

2. 变化

创业的市场机会大都产生于不断变化的市场环境。环境变化了,市场需求、市场结构必然发生变化。这种变化主要来自产业结构的变动、消费结构升级、城市化加速、人们思想观念的变化、政府政策的变化、人口结构的变化、居民收入水平提高、全球化趋势等诸方面。

3. 创造发明

创造发明提供了新产品、新服务,更好地满足了顾客需求,同时也带来了创业机会。例如,随着计算机的诞生,计算机维修、软件开发、计算机操作的培训、图文制作、信息服务、网上开店等市场机会随之而来。

4. 竞争

如果他人或企业能弥补竞争对手的缺陷和不足,这也将成为他们的创业机会。

5. 新知识、新技术的产生

当今社会是科技高速发展的时代,知识更新速度越来越快。新知识、新技术如果能够转化为生产力,必然会刺激人们的需求,促进社会的进步。

(五)创业机会的评估

评估创业机会的目的是在众多的机会中,通过分析、判断和筛选,发现利己的、可以利用的创业机会。一些创业者的经验表明,固然抓不住机会无法创业,但抓错了机会则有害于创业。

对特定的创业者而言,为了做出理性的判断,他必须回答以下一些问题。

(1)自己是否拥有利用该机会所需的关键资源,诸如相应的企业运作能力、技术设计与制造能力、营销渠道、公共关系等。面对某个商业机会,企图利用这一机会的创业者不一定必须拥有所需的全部资源,但他必须拥有利用这一机会的关键资源。否则,要么创业无法起步,要么在创业中会受制于人。

(2)自己是否能够"架桥"跨越"资源缺口"。在特定的商业机会面前,多数情况下,企业不可能拥有所需的全部资源,但他必须有能力在资源的拥有者与自身之间架起桥梁,以弥补相应的资源缺口。如某掌上电脑产销公司,尽管其自身没有研制开发该类产品的能力,但将自己的设计思想按契约传递给某家专业设计公司,设计公司为其设计出了符合功能要求的产品方案;将生产订单委托给某些制造企业后,制造企业为其生产出消费者满意的产品。

(3)遇到竞争力量,自己是否有能力与之抗衡。现实中,一旦某个商业机会逐渐显露,就会有不少的创业者、竞争者蜂拥而上,这是十分平常的现象。但是,假若某个创业者想利用特定机会并获得创业的成功,他就必须具备与其他创业者、竞争者进行竞争的能力。

(4)是否存在可以创造的新增市场以及可以占有的远景市场。理性地看,某个商业机会是否值得创业者利用,除了要有足够大的原始市场规模之外,其市场也应是可创造、可扩展的,具有足够的成长性,存在远景市场。创业者真正可把握的是"可创造的市场部分",而不是"顺其自然成长的市场部分"。

(5)利用特定机会的风险是否是可以承受的。显然,创业者要想利用某个商业机会,他就必须具备利用该机会的风险承受能力。这包括承受相应的技术风险、财务风险、市场风险、政策风险、法律风险和宏观环境风险的能力。

【总结案例】

不安分的小朱

小朱就读于山东某高职院校,在校期间小朱总有一些"不安分"的想法。例如,新生军训刚刚结束,面对几乎不可能再穿的军训迷彩服,多数同学选择了丢弃,而小朱却认为这是一个小小的商机。他挨着宿舍去收衣服,每件5元,而有的学生则直接将衣服送给了他。之后,小朱将衣服送到洗衣店洗干净,再拿到学校附近的建筑工地以30元一件的价格卖给工地上打工的工人,收获颇丰。再有,经过了新生报到时办理各项手续的忙乱,小朱想能不能给新生一个方便的指引。于是他设计了一份新生入学彩页,包括了导引地图、办事流程、相关部门的位置和电话等。然后他拿着这张彩页样本去找校园周边的商铺拉广告,将正面边框和背面用作登广告的地方,总共吸引了十几个小超市、小饭店的广告,当然,也获得了一笔赞助费用。

有了这些上学时不安分的经历,毕业后小朱毅然选择了创业,虽然经历了一些曲折,但终于初步创业成功,还吸引了不少同学、校友的加盟。

分析:小朱所谓的"不安分",其实是一种对商业机会的敏锐感觉,更为可贵的是,他还善于把这种商业机会务实地转化为人们的实际需求,并善于利用各种资源渠道进行"架桥",以获得商业收益。

【活动与训练】

蒂蒙斯的商业机会评价框架

利用蒂蒙斯的商业机会评价框架如表9-2所示,对提出某个商业机会进行评价。

表9-2 蒂蒙斯的商业机会评价框架

项 目	评价观察点
行业与市场	(1) 市场容易识别,可以带来持续性收入 (2) 顾客可以接受产品或服务,愿意为此付费 (3) 产品的附加价值高 (4) 产品对市场的影响力高 (5) 将要开发的产品生命长久 (6) 项目所在的行业是新兴行业,竞争不完善 (7) 市场规模大,销售潜力达到1000万~10亿元 (8) 市场成长率在30%~50%,甚至更高 (9) 现有厂商的生产能力几乎完全饱和 (10) 在五年内能占据市场的领导地位,达到20%以上 (11) 拥有低成本的供货商,具有成本优势
经济因素	(1) 达到盈亏平衡点所需要的时间在1.5~2年以下 (2) 盈亏平衡点不会逐渐提高 (3) 投资回报率在25%以上 (4) 项目对资金的要求不是很大,能够获得融资 (5) 销售额的年增长率高于15% (6) 有良好的现金流量,能占到销售额的20%以上 (7) 能获得持久的毛利,毛利率要达到40%以上 (8) 能获得持久的税后利润,税后利润率要超过10% (9) 资产集中程度低 (10) 运营资金不多,需求量是逐渐增加的 (11) 研究开发工作对资金的要求不高

续表

项　　目	评价观察点
收获条件	(1) 项目带来的附加价值具有较高的战略意义 (2) 存在现有的或可预料的退出方式 (3) 资本市场环境有利，可以实现资本的流动
竞争优势	(1) 固定成本和可变成本低 (2) 对成本、价格和销售的控制较高 (3) 已经获得或可以获得对专利所有权的保护 (4) 竞争对手尚未觉醒，竞争较弱 (5) 拥有专利或具有某种独占性 (6) 拥有发展良好的网络关系，容易获得合同 (7) 拥有杰出的关键人员和管理团队
管理团队	(1) 创业者团队是一个优秀管理者的组合 (2) 行业和技术经验达到了本行业内的最高水平 (3) 管理团队的正直廉洁程度能达到最高水平 (4) 管理团队知道自己缺乏哪方面的知识
致命缺陷	不存在任何致命缺陷
创业者的个人标准	(1) 个人目标与创业活动相符合 (2) 创业者可以做到在有限的风险下实现成功 (3) 创业者能接受薪水减少等损失 (4) 创业者渴望进行创业这种生活方式，而不只是为了大钱 (5) 创业者可以承受适当的风险 (6) 创业者在压力下状态依然良好
理想与现实的战略性差异	(1) 理想与现实情况相吻合 (2) 管理团队已经是最好的 (3) 在客户服务管理方面有很好的服务理念 (4) 所创办的事业顺应时代潮流 (5) 所采取的技术具有突破性，不存在许多替代品或竞争对手 (6) 具备灵活的适应能力，能快速地进行取舍 (7) 始终在寻找新的机会 (8) 定价与市场领先者几乎持平 (9) 能够获得销售渠道，或已经拥有现成的网络 (10) 能够允许失败

【探索与思考】

(1) 大学生应如何培养创业者的品质特征？

(2) 大学生创业的主要模式有哪些？

参 考 文 献

[1] 李怀康,梁美娜.职业发展和就业创业指导[M].北京:高等教育出版社,2018.
[2] 戴安·萨克尼克,丽莎·若夫门.职业指导——职业生涯规划教程[M].李洋,张奕,小卉,译.11版.北京:中国劳动社会保障出版社,2017.
[3] 丁晔.职业生涯规划专项技能培训教程:成为自己的生命设计师[M].北京:中国劳动社会保障出版社,2019.
[4] 王林,陈淑刚.职业生涯规划与就业指导[M].北京:北京理工大学出版社,2013.
[5] 文祺,牛相燕.2018年新高考高中职业生涯规划读本[M].北京:北京理工大学出版社,2018.
[6] 于海波,董振华.职业生涯规划实务[M].北京:机械工业出版社,2018.
[7] 许湘岳,黄东斌.职业生涯规划——职业核心能力系列丛书[M].北京:人民出版社,2017.
[8] 苏文平,丁丁.本科生职业生涯规划与就业指导案例集[M].北京:北京航空航天大学出版社,2019.
[9] 徐蔚,刘玉梅,等.职业生涯规划实践[M].北京:清华大学出版社,2018.
[10] 石建勋.职业生涯规划与管理[M].北京:清华大学出版社,2017.
[11] 陈济.职业生涯规划教师参考用书[M].北京:中国人民大学出版社,2015.
[12] 王莹,王玉君,丛婵娟.大学生职业生涯规划[M].北京:清华大学出版社,2019.
[13] 迟云平.职业生涯规划[M].广州:华南理工大学出版社,2019.
[14] 孙宗虎.职业生涯规划管理实务手册[M].北京:人民邮电出版社,2018.
[15] 田秀萍.职业生涯规划[M].上海:上海交通大学出版社,2014.
[16] 闫龙民,王璐.职业生涯规划与就业指导[M].北京:中国医药科技出版社,2019.
[17] 杨俊峰.职业指导实务[M].上海:复旦大学出版社,2013.